KB107140

가치투자자의 탄생

가치투자자의 탄생

경이적인 수익률을 기록한
투자 대가 17인의 삶과 투자 전략

로널드 챈 지음 | 김인정 옮김

에프엔미디어

추천의 글

투자를 공부하는 사람은 회계 기법과 기타 정보를 결합해 좋은 투자 결과를 가져올 공식을 찾으려 한다. 역사상 가장 성공적인 투자 관행인 가치투자의 창시자이자 정신적 지주인 벤저민 그레이엄조차 그런 공식을 찾는 데 많은 시간을 들였다. 우리는 성공에 이르는 투자 공식을 얻기 위해 기술적 자료와 뛰어난 수익률을 낸 투자자의 회고록을 읽는다. 하지만 결과는 대체로 실망스럽다.

기술적 접근이 성공한 기록은 미미하다. 물론 주목할 만한 책도 있다(예를 들면 조엘 그린블랫의 《주식시장의 보물찾기(You Can Be a Stock Market Genius)》, 그레이엄과 도드의 《증권분석(Security Analysis)》이 있다). 기술적 접근이 실제로 통한다고 해도 일관되고 높은 수익으로 이어지는 경우는 드물다(일관되고 높은 수익을 낸다면 모두가 같은 방법을 선택해서 결국 자멸했을 것이다).

성공한 투자자의 회고록을 읽어도 만족하기 어렵다. 회고록은 투자 철학을 자세히 다루는 반면 특정 유가 증권을 사는 방법 등에 대한 구체적인 조언에 인색하다. 그래도 실제로 성공한 투자자가 쓴 회고록을 추천할 이유는 충분하다. 구체적이지 않더라도 실무에서 효과적이었던 접근 방식에 대한 설명이 있기 때문이다. 또한 회고록은 성공적인 투자에 중요한 한 가지 요소를 효과적으로 포착해 보여준다. 바로 '성공은 수학적·기술적 능력이 아니라 기질에 좌우된다'는 것이다. 이것이 투자 회고록에 담긴 일관된 메시지다.

문제는 성공적인 투자에 필요한 기질에 대해 저마다 다른 관점을 제시한다는 것이다. 다양한 저자만큼 다양한 특징이 강조된다. 침착한 위기 대응, 폭넓은 호기심, 정보를 추구하는 근면함, 독립적 사고, 세세한 정량적 이해와 대립되는 개념인 광범위한 정성적 이해, 겸손, 위험과 불확실성에 대한 적절한 인식, 장기적 투자 기간, 지적으로 활력 있고 균형 있는 분석, 군중에서 벗어날 수 있는 의지, 일관되게 비판적인 관점을 유지하는 능력 등 다양하다. 안타깝지만 이런 자질을 모두 갖춘 투자자는 극히 드물다.

로널드 챈이 이 책을 쓴 이유가 바로 여기에 있다. 챈은 주목할 만한 가치투자자를 폭넓게 다루면서 적절한 분량으로 철저하고 밀도 있게 묘사했다. 월터 슐로스와 어빙 칸에서 윌리엄 브라운에 이르기까지 다양한 세대를 아울렀고 아시아, 미국, 유럽 등 다양한 지역을 넘나들며 가치투자 스타일의 모든 것을 조명했다. 각 인물이 투자에 접근하는 방법을 그 배경과 연결해 설명함으로써 개인의 기질과 효과적인 투자 행위 사이의 연관성을 들여다본다. 현역 가치투자자라면 과거 투자 기록을 면밀히 살펴보고 자신에게 가장 적합한 방식을 찾는 데 도움이 될 것이다. 챈의 작업은 초보 가치투자자에게 중요한 출발점이, 노련한 투자자에게는 귀중한 참고가 될 것이다.

브루스 그린왈드 Bruce C. N. Greenwald
그레이엄 앤드 도드 인베스팅 헤일브룬 센터 이사
컬럼비아대 경영대학원 재무·자산 운용 전공 로버트 헤일브룬 기금 명예 교수

서문

성공한 사람이 되려고 노력하기보다 가치 있는 사람이 되려고 노력하라.

— 알베르트 아인슈타인

돌아가신 아버지는 성공한 창업 전문가였다. 아버지는 70년 동안 왕성하게 일했다. 식당, 약국, 놀이공원을 운영하고 그 분야에 투자했으며 나중에는 부동산 개발과 접객업에도 종사했다. 아버지는 투자를 하며 수익과 함께 기업의 메커니즘에 대한 통찰력도 얻었다. 사업은 대부분 성공적이었지만 그렇지 못한 것도 있었다. 내가 사회생활을 할 준비가 되었을 즈음, 아버지는 오랜 경험에서 얻은 조언을 들려주었다. 그중에서도 가장 귀중한 지침은 '무엇을 해야 하는지가 아니라 무엇을 하지 말아야 하는지'에 관한 것이었다. 즉 '노동력, 임대료, 재고 부담이 큰 일을 피하라'는 조언이었다.

아버지는 말했다. "모든 노동 집약적 사업은 결국 인간 정치의 문제로 이어지기 때문에 최소한의 인력이 필요한 사업을 찾아야 한다. 홍콩 같은 국제도시는 이윤과 수익을 잠식하는 높은 임대료로 악명이 높은 만큼 일류 입지가 필요한 사업은 피해야 해. 재고는 대부분 인력과 공간을 필요로 하니까 사서 고생할 일은 만들지 않는 것이 좋아."

아버지의 지혜로 무장한 나는 자산 운용 분야에서 일을 시작했다. 이 분야에서는 내 두뇌가 곧 노동력이며 굳이 일류 입지에 사무실을 열지 않아도 된다. 이 사업의 재고는 투자 포지션이고 은행에 간단히 보관할 수 있다. 제1 계명을 준수하는 것을 본 아버지는 내가 다음 과제를 수행할 준비가 되었다고 여겼다. 나는 자본 비용(cost of capital) 부담을 넘어서는 법을 배웠다. 아버지는 내게 주식을 주고 은행에 가서 그 주식을 담보로 대출을 받게 했다. 그리고 "대출 비용 이상의 수익을 꾸준히 실현한다면 재정 문제에 정통하게 되고 재정적 독립을 이룰 것"이라고 말했다.

아버지가 내준 과제 덕분에 나는 젊었을 때부터 투자에 신중할 수 있었다. 투자 철학을 더욱 발전시키기 위해 벤저민 그레이엄과 워런 버핏이 설파한 가치투자의 교리에 눈을 돌렸다. 그레이엄은 가치투자를 가리켜 "철저한 분석을 바탕으로 원금의 안전과 적절한 수익을 약속하는 투자"라고 했다. 다음과 같은 버핏의 주장 역시 반박하기 어렵다. "'투자'라는 것이 적어도 지불한 금액을 정당화하기에 충분한 가치를 추구하는 행위가 아니라면 달리 무엇이겠는가. 누군가 더 높은 가격에 사줄 것을 기대하며 애초 산출한 가치보다 더 많은 금액을 지불하는 것은 투기로 분류되어야 한다."

나는 2002년에 투자회사를 설립했고 현재 차트웰 캐피털이라는 이름으로 영업 중이다. 초창기에는 저PBR, 저PER 등 낮은 밸류에이션 배수에 거래되는 가치주에 집중했다. 투자의 성배처럼 여긴 전략이었지만 곧 그렇지 않다는 것을 알게 되었다. 가격이 싸다는 이유만으로 선택했다가는 비우량 사업이나 무능한 경영진처럼 원하지 않는 짐이 딸려 오는 경우가 많았다. "주방에 바퀴벌레가 한 마리만 있을 수는 없다"라는 버핏의 가르침은 진리였다. 모든 자료를 검토해 확인했다고 해도 유동성이 부족해 대형 자금이 들어가기 어려운 주식도 있다. 이런 요소 사이에서 성공적으로 균형을 찾는 것은 내 경험상 절반은 예술이고 절반은 과학이다.

사업의 질과 밸류에이션뿐 아니라 투자자의 기질 역시 성공적인 투자의 관건이다. 시장이 행복감에 도취되어 있을 때 광기에 휩싸인 군중에서 벗어나 그들과 거리를 둘 수 있는 분별력과 용기가 있는가? 위기는 어떤가. 시장에 유혈이 낭자할 때에도 매수에 나서려면 역발상적 관점과 용기가 필요하다. 호황과 불황의 사이클에서 뛰어난 투자 계획을 실행하려면 엄청난 정신 훈련을 통해 인내심, 지혜, 안목을 균형 있게 갖추어야 한다. 펀드매니저로서 나는 신중하면서도 시기적절하게 투자 판단을 내리도록 기질을 키워왔지만 여전히 매끄럽지 못한 면이 있다. 경험으로 볼 때 내 기질은 아직도 진화하는 중일 것이다.

거의 20년이 지난 지금, 투자에서 성공하는 유일한 공식 같은 것은 없다고 생각한다. 하지만 가치를 지향하는 많은 투자자에게 올바른 투자 기술과 사고방식을 체득하는 법을 배울 수 있었던 것은 행운이었다. 2012년에 펴낸 《가치투자자의 탄생(The Value Investors: Lessons from the World's Top Fund Managers)》 초판에서 내가 배운 것을 공유했다.

부담 없는 분량의 이 책은 북미, 유럽, 아시아의 펀드매니저를 인터뷰해서, 그들이 살면서 쌓아온 경험으로 가치투자자가 되는 과정을 직간접적으로 보여준다. 벤저민 그레이엄과 같은 시대를 살아온 어빙 칸과 월터 슐로스, 워런 버핏의 동료인 장마리 에베이야르, 일본의 아베 슈헤이, 홍콩의 체아 쳉 하이 등 다양한 가치투자자의 목소리와 개성을 담으려고 노력했다.

다행히 초판은 좋은 반응을 얻었고 다양한 언어로 번역되었다. 2018년에 출판사로부터 개정판을 제의받고 더 많은 인물을 소개하기 위해 오크트리 캐피털의 채권 전략가 하워드 막스, 스위스 콰에로 캐피털의 소형주 및 초소형주 전문가 필립 베스트, 홍콩 아가일 스트리트 매니지먼트에서 채권과 주식을 아우르는 전략을 구사하는 킨 챈, 스페인 아스발로르 에셋 매니지먼트에서 팀을 이루어 가치주를 발굴하는 알바로 구스만 데 라자로와 페르난도 베르나르 마라세를 만났다.

이번 개정판을 통해 '가치투자자의 유형은 단 한 가지로 정해져 있는 것이 아니다'라는 이야기를 하고 싶었다. 이 책에서 소개하는 다양한 가치투자자는 각자 살아온 경험에 따라 시장에 관여하며 뛰어난 수익을 냈다. 이 책을 읽어나가다 보면 가치투자가 재미없고 고리타분한 전략이 아니라 역동적이고 끊임없이 진화하는 전략이라는 사실을 알게 될 것이다. 가치투자에서 중요한 것은 신중하고 규율을 준수하는 태도다. 하워드 막스가 거듭 강조했듯이 "무엇을 사는지가 아니라 얼마를 지불하는지"가 중요하다.

개정판 원고가 인쇄기에 걸린 지금까지도 가치투자의 정확한 정의를 내리기는 어렵다. 실제로 여기 소개한 투자자 인터뷰도 '성공적인 투자에 이르는 길은 단 하나가 아니'라는 것을 알려준다. 목표는 하나지만 그 목표를 달성하는 방법은 다양하다. 가치투자는 성공을 위한 여정에 나서는 사람을 위한 포괄적 원칙이다.

2020년 6월

로널드 챈 Ronald W. Chan

차례

추천의 글 _ 브루스 그린왈드 4
서문 6

1장 시장 순환 주기의 대가
하워드 막스(오크트리 캐피털 매니지먼트)

주식에서 채권으로 21
손실 회피가 우선이다 26
진자 운동 31
투자는 덜어냄의 예술이다 35
아무도 모른다 39

2장 가치의 땅에서 누리는 선택의 자유
월터 슐로스(월터 앤드 에드윈 슐로스 어소시에이츠)

대공황을 살아내다 46
살아남는다는 것의 의미 50
넷넷 주식 51
올바른 속도 설정하기 55
너 자신을 알라 60

3장 원스 어폰 어 타임 온 월스트리트
어빙 칸(칸 브러더스 그룹)

그레이엄의 제자가 되다 69
가치를 설파하다 73
100세 식습관 79

4장 역발상 투자자의 탄생
토머스 칸(칸 브러더스 그룹)

변형된 그레이엄식 접근법 86
잘 알려지지 않은 유가 증권 91
시장을 되돌아보며 95

5장   가치투자 거인의 어깨 위에서
윌리엄 브라운(트위디 브라운 컴퍼니)

돌아서 온 길 104
통계와 그 너머 106
국제적 표준을 세우다 109
투자는 사회과학이다 113
우리 앞의 시장 116

6장   가치의 중심으로의 여행
장마리 에베이야르(퍼스트 이글 펀드)

눈물의 계곡 124
비효율적인 시장 126
가치의 의미 130
아니라고 말할 용기 134
보호 수단을 찾아서 137

7장   독학으로 배운 스페인의 가치투자자
프란시스코 가르시아 파라메스(코바스 에셋 매니지먼트)

혼자 힘으로 찾아 나선 가치투자 기회 146
단순화한 투자 149
오스트리아학파 경제학과 시장 153
글로벌 리밸런싱 158

8장   가치 이끌림의 법칙
알바로 구스만 데 라자로, 페르난도 베르나르 마라세(아스발로르 에셋 매니지먼트)

가치투자를 향한 기로 167
다시 만난 가치투자자들 171
집중의 예술 175
모든 가치주를 찾아서 180

9장   가치투자 브로커의 오디세이
필립 베스트(콰에로 캐피털)

최고의 인맥을 구축하다 192
최고의 기술을 습득하다 196

발길이 닿지 않은 곳에 투자하다 199
지속 가능한 투자 플랫폼 204

10장 '인컴'에 민감한 영국인
앤서니 너트(주피터 에셋 매니지먼트)

빅토리아 시대 사고방식 213
올바른 투자 문화를 찾아서 217
유형의 소득만 믿어라 220
계속해서 나아갈 용기 225

11장 늘 출장 중인 가치투자자
마크 모비우스(모비우스 캐피털 파트너스)

생각의 행간을 읽다 231
크게 생각하기, 작게 생각하기 234
위기를 기회로 237
시장을 느끼다(FELT) 243

12장 가치를 지향하는 사업가
텡 응이예크 리앤(타깃 에셋 매니지먼트)

숫자를 배우다 250
역발상의 예술 252
아시아의 좋은 기업을 공략하다 256
밸류에이션의 상대성 259
가치를 추구하는 생활 방식 261

13장 잃어버린 10년과 가치투자
아베 슈헤이(스팍스 그룹)

음악으로 출발하다 269
언어의 장벽을 허물다 272
서구에서 배우다 273
스팍스의 진화 275
서구화된 아시아를 건설하다 279
가치를 찾아서 280

14장 가치를 추구하는 마음의 영원한 행복
브니 예(밸류 파트너스 그룹)

여러 학문 분야를 섭렵하다 288
편안한 가격을 찾아서 291
가치투자 파트너를 만나다 293
가치투자자를 알아보는 눈 296
가치 있는 사람 299

15장 형식을 벗어던진, 저평가 기업 딜 메이커
킨 챈(아가일 스트리트 매니지먼트)

빈민가를 헤쳐 나오다 309
부실기업 투자에 특화하다 312
비정형 투자 구조 315
안 된다는 생각 321

16장 우연한 가치투자자
체아 쳉 하이(밸류 파트너스 그룹)

좋아하는 것을 판매하다 331
가치의 사원을 짓다 334
산업화한 투자 공정 337
가치로 무장하고 진격하다 341

17장 가치투자자의 탄생
투자 스튜어드십을 가져라 347
지적 겸손이 필요하다 349
자신만의 리듬을 개발하라 353
관습에 얽매이지 말라 356
분산과 집중 사이에서 균형을 찾아라 357
기질이 가장 중요하다 359

감사의 글 361

1
시장 순환 주기의 대가

하워드 막스
Howard Marks

오크트리 캐피털 매니지먼트(미국)
Oaktree Capital Management

위험은 운명이 아니라 선택이다.
위험에 관한 이 이야기는 곧 인간의 과감한 행동에 관한 이야기다.
그리고 그 과감한 행동은 인간이 얼마나 자유롭게
선택할 수 있는지에 좌우된다.

— 피터 번스타인

하워드 막스는 1995년 설립된 오크트리 캐피털 매니지먼트의 공동 창업자이자 공동 회장이다. 오크트리는 부실채권, 하이일드(high-yield, 고위험 고수익) 채권, 전환 증권, 부동산 채권, 신흥 시장 등 대체 신용 전략을 전문으로 다루는 투자 운용사다. 연기금, 재단, 기부금 펀드, 일반 기업과 보험사, 국부 펀드 등을 고객으로 확보하고 2018년 기준 1,200억 달러를 운용했다. 본사는 로스앤젤레스에 있고 전 세계 18개 도시에 950명 이상의 직원과 사무실을 두고 있다.

2012년 4월, 오크트리는 뉴욕증권거래소에 상장해 3,800억 달러를 조달했다. 2019년 3월 브룩필드 에셋 매니지먼트가 오크트리 지분 62%를 인수한 뒤에도 38% 지분을 소유한 막스와 여러 동료가 계속해서 회사 경영을 책임졌다.

막스의 저서는 《투자와 마켓 사이클의 법칙(Mastering the Market Cycle: Getting the Odds on Your Side)》, 《투자에 대한 생각(The Most Important Thing: Uncommon Sense for the Thoughtful Investor)》이 있다. 로스앤젤레스와 뉴욕을 오가며 활동하는 그는 메트로폴리탄미술관 투자위원회 수탁자 겸 의장을 맡고 있으며 런던에 있는 로열 드로잉 스쿨 투자위원회 위원장이기도 하다. 2000년부터 2010년까지 펜실베이니아대학교 투자위원회 이사회 의장직을 역임했으며 현재는 명예 이사로 활동하고 있다. 2020년 3월, 순자산 22억 달러로 〈포브스〉 선정 미국 400대 부자에 이름을 올렸다.

Howard Marks

막스는 오크트리 캐피털 매니지먼트에서 독서 모임을 운영한다. 팀이 지혜를 얻고 업무에 적용할 수 있는 책을 선정하기 때문에 단순한 여가 활동은 아니다. 그는 2019년 말 뉴욕 사무실에서 가진 인터뷰에서 이렇게 말했다. "매년 한 차례 만나 책에 대해 토론합니다. 올해는 존 케네스 갤브레이스의《A Short History of Financial Euphoria(행복감에 도취된 금융시장에 관한 짧은 역사서)》를 읽었습니다."

갤브레이스는 행복감에 도취된 금융시장의 속성을 "첫째는 금융시장에 관한 극히 짧은 기억력, 둘째는 부와 지적 능력을 그럴듯하게 연관 짓는 분위기"라고 요약한다. 갤브레이스와 마찬가지로 막스는 투자자의 기억이 오래가지 않는다는 것을 인정한다. 투자자는 자연스럽게 순환하는 호황과 불황의 주기를 잊고 주기마다 같은 실수를 반복한다. 2005년에 쓴 '그럴 줄 알았다고 말하기 전에: 그들은 무슨 생각을 하고 있었을까?[Hindsight First, Please(or, What Were They

Thinking?)]'라는 제목의 짧은 글에서 막스는 투자자에게 다음과 같이 조언했다. "최근의 경험에 지나치게 연연하지 말고 미래를 보십시오. 과거를 신중하게 평가한 후 현재 어떻게 진전되었는지 고려하십시오."

일생 동안 금융시장의 역사에 관심을 가져온 막스는 이 주제를 다룬 추천 도서 목록을 기꺼이 공유했다. "피터 번스타인의 《신을 거역한 사람들(Against the Gods)》에는 위험과 확률에 관한 모든 것이 있습니다. 1999년에 에드워드 챈슬러의 《금융투기의 역사(Devil Take the Hindmost)》를 읽고 당시 기술주 거품 상황과 많은 유사점을 발견해 그에 관한 글을 썼습니다."

막스는 일 년에 몇 차례 투자에 관해 '경영자의 글'을 쓴다. '뛰어난 투자 성과 달성'에 대한 글을 쓰겠다는 의무감으로 1990년부터 지켜온 습관이다. 취임 당시 쓴 '성과를 향한 길(The Route to Performance)'이라는 제목의 글에서 그는 "장기적으로 평균 이상의 성과를 거두기 위한 가장 좋은 토대는 큰 실패를 겪지 않는 것입니다. 어느 한 해의 뛰어난 성적이 아니라 일관성과 이익의 보호를 추구하는 것이 제 글의 공통적인 주제인 것도 바로 이 때문입니다"라고 강조했다.

"왜 쓰기 시작했는지는 정확히 모릅니다." 막스가 설명했다. "뚜렷한 목적이 있거나 많은 독자를 끌어모으려는 생각은 아니었어요. 제가 글을 쓰는 것은 토론할 가치가 있는 주제이기 때문입니다. 초기에는 별로 주목받지 못했습니다. 2000년이 시작된 첫날, 저는 '버블닷컴(bubble.com)'이라는 제목으로 글을 썼습니다. 글을 쓸 때에는 두 가지 요소가 중요합니다. 정확성과 신속성. 독자를 끌기 위해서 꼭 필요한 요소입니다. 정확해야 하고, 제 주장이 옳다는 것이 신속하게 드러나야 합니다. 이 과정이 너무 오래 걸리면 주장이 틀린 것으로 인식되겠죠. 제 글의 상당수는 《금융투기의 역사》에서 영감을 받았습니다."

이제 투자자는 막스의 글을 내려받기 위해 오크트리의 웹사이트로 몰려든다. 막스가 글을 쓰는 과정은 매우 단순하다. "30년 넘게 이런 글을 써왔는데 방식은 늘 똑같습니다. 말하듯 쓰려고 노력하죠. 말하는 방식과 다른 글쓰기 방식을 따로 개발할 필요는 없습니다. 유일하게 어려운 점이 있다면 머릿속 생각을 종이 위에 옮기는 일이죠."

브레인스토밍을 할 때 막스는 영감을 주는 뉴스 기사와 글을 모아둔 믿음직한 서류철로 눈길을 돌린다. "글의 주제는 대개 머릿속에 있습니다. 글을 쓸 준비가 되면 모아둔 기사를 봅니다. 금융위기처럼 시의성이 있는 글을 쓰는 데는 하루가 채 걸리지 않습니다. 휴가 중에 글을 많이 씁니다. 놀이나 마찬가지니까요. 주로 여름에 글을 써서 9월에 발표하고 크리스마스 때 쓴 글을 1월에 발표합니다."

2015년 여름, 막스는 워런 버핏의 투자 파트너 찰리 멍거에게 영감을 받아 '쉽지 않다(It's Not Easy)'라는 제목으로 경영자의 글을 썼다. 이 글에서 "쉽다고 생각한다면 어리석은 사람입니다"라는 말로 투자의 본질을 요약하고, "투자를 쉽게 생각하는 것은 미묘한 차이와 복잡성을 간과하는 것"이라고 설명했다. 우수한 투자자가 되려면 막스가 말하는 이른바 2단계 사고, 즉 명백한 것을 넘어 생각하는 능력이 필요하다. 그의 주장에 따르면 1단계 사고는 피상적이며 사실을 왜

곡하고 미래에 대한 그릇된 의견을 가지게 만든다. 2단계 사고를 하려면 복잡한 시나리오와 각각의 결과를 최대한 고려해야 한다. 글의 제목처럼, 1단계 사고에서 2단계로 도약하기는 '쉽지 않다'.

막스는 글에서 이렇게 강조했다. "투자의 목표는 평균 수준의 수익률이 아니라는 것을 명심해야 합니다. 평균을 넘어서야 합니다. 그러려면 다른 사람보다 더 뛰어난 사고를 해야 합니다. 더욱 강력해야 하고 더욱 수준이 높아야 합니다. 다른 사람이 똑똑하고, 정보가 많고, 고도로 전산화되어 있을 가능성이 있으므로 그들에게 없는 우위를 확보해야 합니다. 남들이 생각하지 못한 것을 생각해야 하고, 그들이 놓친 것을 보아야 하며, 그들이 가지지 못한 통찰력을 갖춰야 합니다. 남들과 다르게 대응하고 다르게 행동해야 합니다. 올바른 판단이 성공적인 투자를 위한 필요조건일 수 있지만 그것만으로 충분하지 않습니다. 다른 사람을 뛰어넘는 올바른 판단을 해야 합니다. 문자 그대로 생각부터 달라야 한다는 뜻입니다."

막스는 탁월한 투자자는 위험에 접근하는 방식도 평범하지 않다고 강조했다. "탁월한 판단력과 실행력 없이는 어떤 전술이나 기법도 탁월한 성과로 이어지지 못합니다." 같은 맥락에서 버핏은 이렇게 말했다. "다른 사람이 신중하지 못할수록 우리는 더 신중하게 일을 처리해야 합니다." 이것은 막스가 처음 금융계에 발을 들였을 때 경솔한 투자자에게 배운 교훈이기도 하다.

주식에서 채권으로

펜실베이니아대학교 와튼스쿨에서 학부를 마친 막스는 시카고대학교 부스경영대학원에서 MBA를 취득하고 뉴욕 퍼스트 내셔널 시티 뱅크(현 씨티뱅크)에서 인턴으로 근무한 뒤 주식 애널리스트로 정식 입사했다.

"1967년 인턴 업무를 시작한 곳은 투자 부서가 아니라 투자 부서를 지원하는 백오피스였습니다. 제가 원하는 곳이 아니라는 것을 금세 알았죠. 1968년 두 번째 인턴 업무 때 퍼스트 내셔널은 저를 투자 리서치 부서에 배치했는데, 기업을 깊이 알아볼 수 있어 만족했습니다. 1968년에 정식으로 주식 애널리스트가 되었을 때, 은행은 이미 니프티 피프티Nifty50, 즉 소수 성장주 위주로 투자하고 있었습니다. 가치투자와 정반대되는 투자였는데, 한동안은 괜찮았지만 성공과 거리가 멀었고 1970년대에는 끔찍하게 실패했습니다."

니프티 피프티는 1960년대부터 1970년대 초 사이, 미국에서 크게 인기를 누렸던 50개 대형주를 가리킨다. 이들은 장기 성장 전망이 뛰어나 안전하며 안정적인 투자 대상으로 여겨졌고, 투자자는 높은 주가수익배수(price-earnings ratio, 이하 PER)에도 아랑곳하지 않고 이들 주식을 사들였다. 하지만 독일 속담에도 있듯이 "나무가 하늘을 뚫고 자라지는 않는 법"이다. 이들 주식은 1973년부터 1974년까지 이어진 약세장에서 타격을 받았다. 일부는 사라졌고 2020년 현재는 3M, 일라이 릴리, IBM, 맥도날드, 머크, 월트 디즈니 등 29개 기업만 존재한다.

니프티 피프티의 소멸을 목격한 것은 막스가 가치주 중심의 사고를 발전시키는 데 도움이 되었다. "1968년 여름 인턴 업무 첫날 그들 종목을 사서 5년간 보유했다면 돈을 거의 전부 잃었을 겁니다. 우량주를 사는 것이 전부가 아닙니다. 가격이 적정한지를 고려해야 합니다. 이것이 바로 투자입니다. 투자에 대한 개념이 발전하기 시작한 것도 바로 그 시기입니다. '좋은 투자는 좋은 것을 사는 것이 아니라 잘 사는 것'입니다. 그 차이를 알아야 합니다. 무엇을 사는지가 아니라 얼마에 사는지가 중요합니다. 결국 중요한 것은 가격의 적정성입니다."

막스는 경력에 관해 이야기를 이어나갔다. "1970년대에 퍼스트 내셔널의 투자 실적은 형편없었습니다. 모두가 니프티 피프티에 투자했고 많은 은행도 마찬가지였죠. 새로 영입된 최고투자책임자는 리서치 부서장을 직접 밖에서 데려오고 싶어 했습니다. 우리 팀의 실적이 워낙 안 좋아서 저는 해고당하지 않은 게 다행일 정도였죠. 1978년 5월에 최고투자책임자가 앞으로 어떤 일을 하고 싶은지 물었습니다. 저는 머크와 일라이 릴리 중에 어떤 주식을 선택할지 고민하면서 남은 생을 보내는 것만 아니라면 무엇이든 하겠다고 대답했습니다. 저는 채권 부서로 재배치되었고 전환사채 펀드 업무를 시작했습니다."

막스는 다른 은행과 증권사 사람에게 채권 부문에서 기대하는 것이 무엇인지 직접 물어가면서 그 세계에 대한 이해를 키웠다. 현장에서 검증된 방법론으로 채권시장에 발을 들인 다음 퍼스트 내셔널에서 전환 가능 증권과 하이일드 증권 포트폴리오 매니저로 일했다.

그는 과거 자신이 수행한 투자 사례를 언급하며 40년 전 채권시장은 그다지 복잡하지 않았다고 말했다. 그는 그때가 투자에 관한 한 "무지한" 시대였다고 생각한다. "지금은 스마트폰 같은 기기 덕분에 누구나 모든 것을 알죠. 그때는 모르는 것이 많았습니다. 지금과 비교하면 무지한 세상이었죠. 투자자에게 완전히 유리한 기회가 오기도 했습니다. 지금도 가끔 그런 일이 있지만 예전처럼 흔하지는 않습니다."

막스는 1984년 유로본드Eurobond를 발견한 일을 떠올렸다. 유로본드는 달러화가 아닌 다른 통화로 발행되어 상장된 미국 기업 채권을 가리킨다. "특히 허니웰 사례가 기억에 남습니다. 3년 만기 채권이었는데 전환 프리미엄(전환 가격과 발행 가격의 차이)이 작았습니다. 허니웰은 신용이 좋아서, 다시 말해 돈을 잃을 염려가 없어서 액면가 부근에 채권을 매수해 6% 표면 금리로 이자를 지급받다가 액면가로 상환받을 수 있는 구조였습니다. 게다가 전환 프리미엄이 작았기 때문에 주가가 오르면 돈을 더 벌 수 있었습니다. 주가가 오르면 전환 프리미엄도 그만큼 확대되니까요. 상승 잠재력은 있지만 하락할 위험은 없는 아주 좋은 기회였죠. 저는 역회전을 막는 미늘이 있는 톱니바퀴를 떠올리게 하는 것들을 좋아하게 되었습니다. 영리한 시장에서 손실에 대한 두려움 없이 돈을 벌 수 있는 매수 기회는 없습니다. 그런 기회가 있다면 남들도 결국 그 사실을 알 것이고 그러면 가격이 달라지니까요. 하지만 앞서 이야기했듯이 그때는 시장이 무지했고 그래서 미늘이 있는 톱니바퀴 같은 기회를 발견할 수 있었습니다."

막스는 메릴린치가 개발한 LYON(Liquid Yield Option Notes, 무이표 환매 조건부 전환사채)이라는 상품도 검토했다. "무이표zero-coupon 전환 가능 채권으로 1달러짜리가 40센트에 나오는 경우도 있었습니다. X년 후 만기에는 1달러짜리가 100센트가 되겠죠. 40센트가 100센트가 되는 과정에서 수익률 Y를 제공합니다. 다시 말해 3년 만기마다 액면가로 수렴하는 곡선을 따라가는 가격에 풋옵션(채권의 발행자에게 되팔 기회)을 얻게 되므로 손해를 볼 일이 없었습니다. 덕분에 LYON은 만기 수익률, 조기 상환 수익률, 단기 유동성, 가치 보장이 매우 양호한 상품이었습니다."

이런 형태의 전환사채를 최초로 발행한 곳은 폐기물 관리 업체인 웨이스트 매니지먼트였다. "웨이스트 매니지먼트는 인기가 높고 변동성도 큰 종목이었습니다. LYON은 채권에 워런트(warrant, 신주 인수권: 특정 시점에 미리 정해진 가격으로 주식을 인수할 수 있는 권리)가 결합된 형태라고 생각하면 됩니다. 기초 자산의 변동성이 클수록 워런트도 가치가 더 나가게 됩니다. 웨이스트 매니지먼트의 채권은 좋은 수익률, 잦은 풋옵션 행사 기회, 주가 변동성이 큰 보통주로 전환 가능한 옵션이라는 훌륭한 조합을 가진, 안전하고 신뢰할 수 있는 채권이었죠." 막스가 볼 때 웨이스트 매니지먼트의 LYON은 말도 안 되는 좋은 기회였다. 더는 존재하지 않는 상품인 것을 보면 결국 그의 생각이 옳았다고 할 수 있다.

이런 투자 기회가 가능했던 것은 시장이 '무지하고' 비효율적이었기 때문이기도 하지만 전환사채의 수요와 공급도 또 다른 원인이었다. 1992년 막스의 글에 따르면 1977년부터 1984년까지 전환사채에 투자하는 뮤추얼 펀드는 총 7개였고 운용 자산(assets under management, AUM)은 총 4억 5,200만 달러에 불과했다. 그러나 1987년 말 시장에는 총 30개 펀드가 존재했고 총 운용 자산은 58억 달러로 불어났다.

막스는 1992년 경영자의 글에서 이렇게 언급했다. "돌이켜 보면 1985~1987년 전환사채를 향한 강력한 자본의 흐름이 우물을 오염시켰고 그것이 가격 규율 상실, 고평가된 증권 매수, 형편없는 수익률로 이어졌음이 분명합니다." 그러나 막스는 선도 진입자로서 우위를 누리며 한동안 어렵지 않게 수익을 올렸다.

경력 초반을 되돌아보며 막스는 주식에서 채권 부문으로 전환한 것을 행운으로 여긴다. "주식 투자를 하려면 어느 정도 낙천주의자이자 몽상가가 되어야 합니다. 채권 상품 투자에서 수익은 계약상의 문제입니다. 상황을 검토해서 이자 지급과 최종 상환 약속이 잘 이행될지 여부만 파악하면 됩니다. 그것만 알면 됩니다. 오크트리에서 우리의 좌우명은 '손실만 나지 않게 하면 수익은 알아서 난다'였습니다. '자, 앉아서 크게 수익을 낼 방법을 찾아봅시다'라고 할 필요 없이 지급 약속을 이행할 채권을 찾기만 하면 되었죠. 훨씬 쉽습니다. 창의성을 크게 요구하지 않는 일이죠. 저처럼 천성이 보수적인 사람에게는 채권이 더 낫습니다. 1978년에 상사에게 벤처 캐피털 펀드를 출시하라는 지시를 받았다고 상상해보십시오. 저는 몽상가가 아니기 때문에 아마 재앙이었을 겁니다. 사람은 자신에게 맞는 일을 할 때 비로소 최선의 결과가 나옵니다. 채권은 제 적성에 꼭 맞습니다."

손실 회피가 우선이다

1985년, 막스는 씨티뱅크를 떠나 로스앤젤레스에 본사를 둔 자산 관리 회사인 TCW 그룹에 입사했다. TCW 그룹은 기업 연금, 공적 연금, 기부금, 재단 등을 고객으로 두고 있었다. "1980년에 캘리포니아로 와서 거의 혼자서 일했습니다. 뉴욕에 애널리스트 한두 명이 있었는데 셸던 스톤은 37년이 지난 지금도 여전히 동업자 관계입니다. 씨티뱅크를 떠나 TCW에 올 당시 셸던과 저는 그곳에서 10억 달러 규모의 하이일드 채권과 전환사채를 운용하고 있었습니다."

막스는 자신의 수익 전략을 TCW에 도입해 조직을 확장하고 애널리스트를 추가 채용했다. "1986년에 영입한 래리 킬이 전환사채 업무를 맡았고 나중에는 전환사채 포트폴리오 운용을 책임졌습니다. 1987년에 합류한 브루스 카시는 지금 저와 동등한 파트너이자 오크트리의 최고투자책임자, 부실채권 펀드 최고 포트폴리오 매니저로 일하고 있습니다. 1988년에는 리처드 메이슨을 부실채권 리서치 책임자로 영입해 부실채권 투자를 시작했습니다." 이 화려한 군단은 1995년 TCW를 떠나 오크트리 설립에 참여했다.

1980년대에 활동한 투자자라면 1987년 10월 19일 자신이 어디에 있었는지 틀림없이 기억할 것이다. 그날은 다우존스산업평균지수가 508포인트, 22.6% 급락해 사상 최대 일일 하락 폭을 기록한 날(검은 월요일)이었다. 채권시장은 이 사건을 거의 의식하지 않았다. "주식시장에 있지 않았기 때문에 직접적인 영향은 없었습니다. 우리는 전환사채를 운용했기에 가치 보전 기능을 가지고 있었고 그 덕분에 주식

만큼 수익률이 급락하지는 않았습니다. 분별력을 유지하고 허둥대지 않았던 이들에게는 1987년이 빨리 끝났습니다." 물론 모두가 그런 것은 아니었다. 전 세계 시장이 붕괴하면서 커다란 손실이 발생했고 무려 20% 급락한 시장도 있었다.

막스는 검은 월요일이 닥치기 8일 전인 10월 11일, 〈뉴욕타임스〉에 실린 기사를 떠올렸다. 전설적인 투자자 존 템플턴이 투자에서 가장 위험한 단어의 조합이라고 한 '이번에는 다르다!(This time it's different!)'라는 말에 금융 분야 기고가인 아나이스 윌리스가 쓴 글이었다. "상황이 잘 풀릴 때 대중이 주식시장의 변화를 어떻게 합리화하는지 생각하는 계기가 된 글이었습니다. 투자자는 가격이 급등할 때 밸류에이션이라는 족쇄를 벗어던지는데, 이것은 대개 실수입니다. 앞서도 말했듯이 무엇을 사는지가 아니라 얼마에 사는지가 중요합니다. 중요한 것은 가격의 적정성입니다."

TCW에 있을 때 막스의 팀은 상품을 계속 확대해서 1990년대까지 하이일드 채권, 미국 전환사채, 해외 전환사채, 파산 전환사채(busted convertibles, 전환 대상이 되는 주식의 가격이 전환 가격 이하로 하락한 기업의 전환사채), 부실채권 등 총 일곱 가지 전략을 도입했다. 그 팀은 1995년 70억 달러를 운용했는데 이는 1985년 막스가 TCW에 입사해 시작했을 때보다 7배 커진 규모였다. "대체로 상황이 좋았고 금리가 내려가고 있었습니다. 1990년대 초반은 부실채권 부문에서 큰 기회가 있었지만 그 후로는 기회가 점점 사라졌죠."

실제로 1994년 2월 경영자의 글에서 막스는 투자자에게 다음과 같이 경고했다. "매우 강력한 두 가지 추세가 지난 몇 년 동안 이어졌고 지금도 계속되고 있습니다. 하나는 금리 하락입니다. 금리가 30년 사이 최저 수준으로 하락했고, 저위험 고정 수익 증권 투자 수익률은 상당히 불만족스러운 수준입니다. 다른 하나는 1991년부터 1993년까지 거의 모든 유가 증권 투자에서 놀라운 수익률이 달성되었다는 것입니다. 위험을 감수한 투자가 보상을 받은 시기로, 커다란 위험을 감수한 사람에게 거의 예외 없이 높은 수익이 돌아갔습니다. 흔히 시장은 공포'와' 탐욕으로 움직인다고 하지만 공포'나' 탐욕으로 움직인다고 하는 편이 옳다고 생각합니다. 즉 둘 중 하나가 더 우세한 경우가 대부분이지요. 지금으로 말할 것 같으면 앞서 언급한 두 가지 추세로 인해 탐욕이 더욱 고조된 상태이고, 더욱 중요한 사실은 공포가 부족한 상태라는 것입니다."

모두가 성급할 때 막스가 신중했던 것은 결과적으로 행운이었다. 몇 주 뒤 연방준비제도(연준, Fed)는 금리를 인상했고 곧 시장이 하락하기 시작했다. 다우지수는 1994년 2월부터 3월까지 10% 조금 넘게 하락했다. 30년 만기 미국 국고채 금리는 약 1.2% 상승했다. 국고채 가격은 14% 하락했다. 막스에 따르면 여기서 중요한 교훈은 금리가 모든 것의 가치에 영향을 미친다는 사실이다. 금리가 하락할수록 투자자들은 위험이 큰 자산을 선호하고, 금리가 상승할수록 위험 자산에 대한 투자를 꺼린다.

1995년, 막스와 동료들은 독립하기로 결정했다. 막스는 동료들과 함께 오크트리 캐피털을 설립했다. 그는 직접 회사를 차리게 된 몇 가지 문제를 언급했다. "TCW에서 저는 매출액의 일정 비율을 지급받는 방식으로 계약했습니다. 그러다가 저와 팀 전체가 일정 비율을 받는 방식으로 바뀌었죠. 괜찮았습니다. 다만 1988년에 부실채권에 투자하기 시작하면서 우리가 '캐리(carried interest)'라는 형태로 성과 보수를 받게 될 가능성이 나타났습니다. 문제는 성과 보수를 어떻게 배분하는가였습니다. TCW는 마케팅, 건물, 회계, 백오피스, 세무 조언 등 제반 업무를 제공하고 운용 보수의 절반을 가져갔습니다. 실제 운용 업무는 저와 파트너들이 했고요. 우리가 운용 보수로 100만 달러를 벌면 회사가 50만 달러를 가져갔고 우리가 50만 달러를 받는 식이었죠. 그런데 우리가 2억 달러를 운용해 6억 달러를 만들고 4억 달러 수익의 20%인 8,000만 달러를 성과 보수로 받는다면 어떨까요? 8,000만 달러를 어떻게 나누어야 할까요? 여기에는 8,000만 달러에 대한 각자의 기여도라는 전혀 다른 차원의 질문이 필요합니다. 여기서 회사와 의견이 엇갈렸고 TCW를 나온 중요한 이유가 되었습니다."

막스에게 오크트리 설립 자금을 마련하는 것은 어렵지 않았다. "1995년 초반에 TCW를 떠날 때 70억 달러를 운용하고 있었습니다. TCW 고객에게 오크트리로 오겠느냐고 물었고 많은 고객이 우리를 따라왔습니다. TCW 당시 고객을 그대로 유지했습니다. TCW에서 운용했던 70억 달러 가운데 50억 달러가 영업 시작 후 첫 9개월 동안 넘어왔습니다. TCW가 아니라 우리와 맺은 관계라고 고객이 결론을 내린 것이죠."

막스에게 회사를 설립하고 가장 어려웠던 것은 과거 수익률을 정리하는 일이었다. "1985년에 씨티뱅크에서 TCW로 갔을 때 '여기, 제 수익률입니다' 하고 자료를 내밀었죠. TCW가 그 수익률 자료를 공개했고 운용할 자금이 들어왔습니다. 1995년 오크트리를 설립하고 '우리 실적을 공개하자'고 했을 때 '그럴 수 없다'는 대답을 들었습니다. 왜 그랬을까요? 그사이 법규가 달라졌기 때문입니다. 해당 기간의 감사 결과 없이는 이전 직장에서 올린 수익률을 공개할 수 없게 된 것이죠."

전 직장을 떠나는 것은 모든 서류와 내부 정보를 두고 나온다는 것을 의미한다. 따라서 1995년에 막스는 팀의 수익률 기록에 접근할 수 없었다. "그날을 결코 잊지 못할 겁니다. 우리 수익률 기록을 활용할 수 없다고 팀에 알리는 것은 꽤 어려운 일이었죠." 과거 수익률을 공개할 수 없다면 새로운 자금을 조달하기도 어려울 터였다.

그러나 방법을 찾았다. "TCW에서 넘어온 첫 번째 고객에게 '지난 10년 동안의 명세서를 주시면 감사를 거쳐 고객님께 보고된 실적이 정확했는지 여부를 확인하겠습니다'라고 이야기했죠. 그렇게 해서 처음으로 기록을 확보했습니다. 고객이 추가될 때마다 자료도 늘었습니다. 그리고 마침내 공개하기에 충분한 자료를 구했습니다."

1995년 막스는 '게임은 어떻게 해야 하는가(How the Game Should Be Played)'라는 제목의 글에서 자신의 비전을 투자자와 공유했다. "부진한 수익률을 '결코' 용납하지 않으며, 그 부진한 수익률을 훗날 커다란 한 방을 위한 불가피한 부작용이라고 핑계 대지도 않는 것이 '우리의 방식'입니다. 우리는 매년 시장 평균 이상의 수익률을 달성하기 위해 노력할 것이며, 우리의 철학에 따라 고객의 돈을 잃지 않도록 노력하는 데 가장 역점을 둘 것입니다."

막스는 그 방법을 구체적으로 설명했다. "(1) 우리 역시 미래에 어떤 큰 그림이 그려질지 알지 못하는 많은 사람 가운데 하나라는 사실을 인정합니다. (2) 따라서 전문성, 기술, 부단한 노력이 가치를 더해 시간이 흐르며 평균 이상의 성과를 낳을 비효율적인 시장을 선택합니다. (3) 마지막으로, 천리안을 가지지 못한 만큼 스스로의 한계를 인정하며 과감한 전략을 실행에 옮기기보다 손실 회피를 최우선으로 합니다."

진자 운동

오크트리에서 꾸준히 부실채권 투자 기회를 찾던 막스의 팀은 부실 모기지(mortgage, 주택 저당 대출)를 공략했다. "부실 모기지는 건물 가치가 대출금의 액면가 미만으로 하락한 모기지를 가리킵니다. 예를 들어 1,000만 달러 대출의 담보 건물 가치가 800만 달러라면 문제를 어떻게 해결해야 할까요? 이런 주택을 가리켜 이른바 '깡통 주택(upside down 혹은 under water)'이라고 합니다. 1990년대 초반에는 이런 모기지에 투자를 많이 했지만 1997년에는 이런 부실 모기지가 없었습니다. 깡통 주택이 없었죠. 당시 주식시장은 해마다 평균 20% 상승했습니다. 미국에 부실이 아주 적었던 시기죠."

1990년대 후반은 오크트리에 조용한 시기였다. 다우지수는 1997년 23%, 1998년 16%, 1999년 25% 상승했다. 모두가 탐욕에 휩싸였지만 신중한 투자자는 두려워했다. 막스는 말했다. "가만히 앉아 기다리는 것은 이 일에서 굉장히 중요합니다. 그다지 많은 기회를 찾지 못해서 오랫동안 기다렸습니다."

1998년 헤지펀드 회사 롱텀 캐피털 매니지먼트LTCM의 파산을 시작으로 좋은 시절이 끝났다. 살로먼 브러더스 전 부회장이자 채권 운용 책임자였던 존 메리웨더가 설립한 LTCM은 계량 모델을 도입해 채권의 가격 괴리에서 발생하는 차익 거래 기회를 활용했다. LTCM은 저평가된 채권을 사고 고평가된 채권을 팔았다. 시간이 지나며 이런 채권의 가격은 적정 수준으로 수렴했고 LTCM은 시장 위험에 노출되지 않으면서 절대 수익을 창출했다. 방법론은 좋았지만 러프 패치(rough patch) 상황이 닥쳤다. 러프 패치는 경기 회복 국면의 일시적인 침체를 뜻하는 소프트 패치(soft patch) 국면이 길어지는 것을 뜻한다. 이로 인해 과도한 부채 활용(leverage)이 이 방법론을 무너뜨린 것이다.

로저 로웬스타인의 저서 《천재들의 실패(When Genius Failed)》에 따르면 LTCM은 자기 자본이 47억 달러, 부채가 1,245억 달러로 부채 비율이 26배에 달했다. 또한 LTCM은 명목 가치가 약 1.25조 달러에 달하는 부외 파생상품(off-balance sheet derivative) 포지션을 보유하고 있었다. 1998년, 펀드는 몇 달 만에 46억 달러 손실을 입었고 급기야 뉴욕 연방준비은행에 금융시장 전체의 붕괴를 막기 위한 구제 금융을 요청했다.

막스는 1998년에 쓴 경영자의 글 '천재성이 전부는 아니다: LTCM의 또 다른 교훈들[Genius Isn't Enough(and Other Lessons from Long-Term Capital Management)]'에서 다음과 같이 설명했다. "채권 투자는 종이 한 장 차이로 승패가 결정되는 게임입니다. 그렇다면 LTCM은 어떻게 해서 대부분의 기간에 연 40% 이상의 수익을 올릴 수 있었을까요? 답은 레버리지입니다. 자기 자본의 몇 배에 해당하는 채권을 살 수 있는 돈을 빌린 것입니다. (중략) 투자 금액이 자기 자본을 크게 초과하면 증권의 가격이 조금만 하락해도 파산할 수 있습니다. '변동성 + 레버리지 = 다이너마이트'입니다. LTCM이 몰락한 주요 원인은 증권을 잘못 선택하거나 시장이 하락해서가 아니라 레버리지를 썼기 때문일 것입니다. 평균적으로 보면 포지션의 가격 하락 폭은 단 몇 퍼센트에 불과할지도 모릅니다. 그러나 자산이 자기 자본의 25배를 초과한 상황에서는 단 4%만 가격이 하락해도 얼마든지 파산할 수 있습니다."

막스는 LTCM 사례를 이용해 자신과 오크트리가 지키는 기본 원칙을 강조했다. "미래에 대한 모든 것을 알 수는 없습니다. 질문이 '큰 그림'에 관한 것일수록 답을 찾기는 더 어렵습니다. 무엇인가 잘못된 것이 있을 수 있다는 것을 감안하고 오차 범위를 늘 계산에 넣어야 합니다. 시장이 지나친 탐욕을 드러낼 때 우리는 반드시 현존하는 위험을 인식해야 합니다. 시장이 지나치게 공포에 휘둘릴 때 우리는 주식을 싼값에 살 수 있는 기회를 활용해야 합니다. 자신의 한계를 끊임없이 떠올려야 하며 온 힘을 다해 자만을 피해야 합니다. 자만하게 되면, 우리의 방법론이 타당하고 우리 직원의 능력이 뛰어나더라도 우리는 실패할 수 있습니다."

LTCM 사태가 지나고 나서 2000년대 초반에 인터넷 거품이 꺼졌다. 마침내 막스와 오크트리 팀의 기다림에 보상이 주어진 것이다. "기술주 거품이 꺼질 때 많은 것이 함께 사라졌습니다. 많은 통신회사가 빚을 내서 지나치게 많은 광섬유망을 구축했고 노텔, 코닝, 퀘스트 등에 기회가 생겼습니다. 이어서 엔론, 아델피아, 월드컴 등에서 스캔들이 있었죠. 스캔들에 휘말린 기업과 통신회사 덕분에 우리 회사 역사상 2001년과 2002년 최고 수익률을 기록한 카시의 부실채권 펀드가 가능했습니다."

부실채권 투자는 경기에 민감하다. 막스는 이 사실을 원칙으로 고수한다. "엄청난 수익을 올렸던 때도 있고 그저 그럴 때도 있습니다. 우리는 30년 넘게 이 일을 해왔고 내부 수익률도 매우 우수하지만 이 특별한 내부 수익률 대부분은 최고의 해였던 지난 5년의 결과입니다. 1990년, 1991년, 2001년, 2002년, 2008년에 우리가 만든 펀드가 뛰어난 성과를 내면서 평균 수익률을 밀어 올렸습니다. 나머지는 그저 그랬죠."

막스는 시장에서 이기려면 시장의 순환 주기(cycle)에 대한 이해가 필수라고 강조했다. 2001년에 쓴 '예측은 불가능해도 예비는 가능하다(You Can't Predict. You Can Prepare)'라는 글에서 그는 이렇게 말했다. "현재 순환 주기의 어디쯤 위치해 있고 그것이 미래와 관련해 어떤 의미인지 아는 것과, 다음 순환 주기의 시기, 범위, 양상을 예측하는 것은 별개의 문제입니다."

투자자는 주어진 시점에서 그때 작동하는 몇 가지 순환 주기를 파악해야 한다. 즉 경제 전반의 확장과 위축을 이끄는 경제 순환 주기, 자본의 가용성을 결정하는 신용 순환 주기, 특정 산업에 속하거나 특정 사업을 영위하는 기업의 수명 주기, 투자자의 심리와 위험 선호도 및 투자 대상에 대한 가치 평가가 반영된 시장의 순환 주기 등이다. 막스는 2001년 글에서 이렇게 말했다. "순환 주기에 대처하는 것이 쉽다는 뜻은 아닙니다. 하지만 불가피한 노력이라고 생각합니다. 우리가 어디로 향해 가는지, 조수가 언제 바뀔지는 모르더라도 우리가 어디에 있는지는 알고 있는 편이 좋을 테니까요."

2018년 막스는 《투자와 마켓 사이클의 법칙》이라는 책을 썼다. 그동안 쓴 경영자의 글에 담은 교훈과 새로운 일화로 순환 주기를 설명한 그는 무엇을 사는지가 아니라 얼마에 사는지가 중요하다고 강조했다. 그렇다고 해서 최저점을 기다려 매수해야 한다고 주장하는 것은 아니다. "첫째, 어디가 바닥인지 알 수 있는 방법이 없습니다. 바닥은 지난 다음에야 알 수 있습니다. 바닥의 정의가 '회복이 시작되기 전날'이니까요. 둘째, 대개 시장이 미끄러져 내리면서 매도자가 기권을 선언하고, '떨어지는 칼은 잡지 않는' 사람이 옆에서 방관할 때가 원하는 것을 다량으로 살 수 있는 기회입니다. 시장이 미끄러지다가 바닥에 닿으면, 바닥의 정의상 매도할 수 있는 사람은 거의 없게 됩니다. 이어지는 상승기에서 우위에 있는 사람은 미리 매수한 사람입니다." 이것은 밸류에이션 배수가 높아지고 투자자의 심리가 낙관적인 호황기에도 마찬가지다.

투자는 덜어냄의 예술이다

오크트리의 공동 회장으로서 막스는 이제 투자금을 운용하지 않는다. "큰 그림을 생각하는 것이 주된 임무입니다. 전적으로 매수 후 보유(buy-and-hold)를 고수하는 가치투자자가 아닌 한, 모든 투자자는 주어진 시점에서 공격적으로 투자할 것인지 아니면 방어적으로 투자할 것인지 스스로에게 질문해야 합니다. 이 주제에 대한 의견을 제시하는 것이 제 일입니다."

이 일을 위해 막스는 읽고, 생각하고, 쓴다. 그는 '지금, 여기'에 지나치게 집중하지 말라고 경고한다. "단기적인 방향 설정을 너무 자주 하는 것은 큰 실수입니다. 무언가를 매수했다가 가격이 떨어지면 '아, 모르겠다. 보유하면 안 되겠어'라고 하는 식이죠. 그렇게 영향을 받으면 안 됩니다. 가격을 보는 대신 좋다고 믿는 것을 사서 펀더멘털을 추적하는 편이 낫습니다. 투자는 과학이 아닙니다. 게임스맨십(gamesmanship, 규칙을 어기지 않는 선에서 다양한 전술로 상대의 주의를 흩뜨리거나 심리적으로 우위를 차지해 이기려는 시도)을 이해해야 합니다. 여러분은 다른 투자자와 반대로 베팅하고 있고 시장과 반대로 베팅하고 있습니다. 가치의 원천, 가격을 상승시키는 요인, 고평가 요인, 매력적인 투자 대상의 정의를 알아야 합니다. 바로 이런 것을 생각해야 합니다. 그리고 그 답은 늘 다릅니다."

막스와 카시는 2008년 리먼 브러더스 사태 당시 이 게임 이론을 적용했다. 그 결과 오크트리는 투자 심리가 가장 약할 때 공격적인 매수세에 나섰다. 2018년 밸류 인베스트 뉴욕 콘퍼런스에서 막스는 투자자의 심리를 아는 것이 투자 대상의 밸류에이션을 아는 것만큼 중요하다고 말했다. "자산의 가격은 현실(펀더멘털)에 인식(감정, 심리 혹은 인기)을 곱한 함수입니다. (중략) 인기나 인식이 저평가일 때에는 매수하고, 인기나 감정이 고평가일 때에는 보유나 매수를 피하는 편이 낫습니다."

또한 막스는 미래를 분석하는 것이 무의미하다고 생각한다. 리먼 브러더스 붕괴 당시 시장 상황을 생각하면 더욱 그렇다. "미래는 절대로 분석할 수 있는 대상이 아닙니다. 모두가 금융 시스템의 종말을 이야기하고 있었죠. (중략) 앞으로 어떤 일이 벌어질지 어떻게 알 수 있을까요? 투자를 했고 금융시장이 무너진다면 앞서 무엇을 했든 상관없겠죠. 하지만 투자를 하지 않았고 금융시장도 무너지지 않는다면 주어진 일을 하지 않은 것이 됩니다. 우리는 그 후 15주 동안 일주일에 평균 6억 5,000만 달러를 투자했습니다. 브루스 카시는 부실채권 포트폴리오를 운용합니다. 카시는 2006년, 2007년, 2008년에 차입 매수(leveraged buyout) 방식으로 인수된 우량 기업의 최고 선순위채를 좋은 가격에 살 수 있는 여러 사례를 제시했습니다. 회사의 가치가 차입 매수 가격의 3분의 1 혹은 4분의 1만 되어도 우리는 손해를 보지 않는 상황이었습니다. 우리는 인수 가격이 10~20% 고평가될 수는 있어도 400%나 고평가될 수는 없다고 생각했습니다. 이 생각에 자산은 우량하고 사람은 지나치게 비관적이라는 의견이 더해지면서 좋은 매수 기회라고 여겼습니다."

위기가 절정일 때 막스는 '부정적 사고의 한계(The Limits to Negativism)'라는 제목의 글에서 경기 침체 시 투자자의 반응을 이야기했다. "미래를 다룰 때 우리는 (a) 어떤 일이 일어날 것인지, (b) 그 일이 일어날 확률은 얼마나 되는지 두 가지를 생각해야 합니다. (중략) 위기가 진행 중일 때에는 많은 나쁜 일이 가능해 보이겠지만 그렇다고 해서 그런 일이 반드시 일어나는 것은 아닙니다. 위기 중에는 대중이 그 차이를 구별하지 못합니다." 막스의 깨달음은 다음과 같다. "회의와 비관은 동의어가 아닙니다. 회의적인 태도는 낙관론이 과도할 때 비관론을 불러냅니다. 반대로 비관론이 과도할 때에는 낙관론을 불러냅니다."

막스에게 투자의 예술은 끊임없이 진화하는 중이며 이 게임에서 앞서 나가는 유일한 방법은 유연한 태도를 유지하는 것이다. "특정한 방식으로 생각할 수는 있지만 그 생각을 구현하는 방법은 유연해야 합니다. 여러분의 접근 방식은 돌에 새겨진 불변의 것이 아닙니다. 가치투자의 정의를 생각해보십시오. 그레이엄과 도드가 1934년 《증권분석》을 발표하고 버핏이 60년도 더 전에 '담배꽁초' 투자를 시작한 이래로 가치투자의 정의 자체가 진화해왔습니다. 어제의 해결책이 내일은 효과가 없을 수도 있습니다. 그것이 투자를 흥미롭게 하지만 같은 이유로 좌절하게도 합니다. 나심 탈렙이 쓴《행운에 속지 마라(Fooled by Randomness)》는 제게 큰 영향을 미쳤습니다. 탈렙은 투자를 치의학과 비교합니다. 치과대학에 가서 충치를 치료하는 법을 배운 다음 매번 같은 방식을 적용하면 매번 치료가 잘 끝날 것입니다. 반면 경영대학원에 가서 투자하는 방법을 배워 적용하면 매번 통하지는 않을 것입니다. 이것은 큰 차이입니다. 투자자는 사고방식이 유연해야 합니다. 진화해야 하고, 수용해야 하며, 매번 들어맞는 정답은 없다는 사실이 수반하는 모호성에도 불구하고 평정을 유지해야 합니다."

채권 투자를 하며 막스는 자신의 스타일에 '덜어냄의 예술(negative art)'적 요소가 있다고 생각한다. "《증권분석》에서 그레이엄과 도드는 고정 이자부(fixed interest) 투자를 덜어냄의 예술로 정의했습니다. B등급 채권 100개가 있고 금리는 모두 6%라고 가정해봅시다. 그중 90개는 이자를 지급하고 10개는 지급하지 않는다(파산했다)고 가정합니다. 이자를 지급하는 90개 중 어느 것을 보유했는지는 중요하지 않습니다. 모두 6% 이자를 지급할 테니까요. 유일하게 중요한 것은 이자를 지급하지 않는 채권을 보유하지 않는 것입니다. 이처럼 무엇을 샀는지가 아니라 무엇을 제외했는지가 포트폴리오 성과를 향상시킵니다. 그렇기 때문에 채권은 덜어냄의 예술입니다. 채권은 제게 굉장히 잘 맞습니다. 제 성격과 성향은 덜어냄의 예술을 실천하는 데 최적화된 것 같습니다." 그는 손실만 나지 않게 하면 수익은 알아서 난다는 회사의 좌우명이 옳다고 굳게 믿고 있다.

아무도 모른다

1946년에 태어나 뉴욕 퀸즈에서 자란 막스는 지금과 같은 미래를 상상하지 못했다. "당연히 어릴 때 투자자가 된다는 꿈을 꾸지는 않았습니다. 13세에 바르 미츠바(bar mitzvah, 유대교 소년 성인식) 축의금을 굴리기 시작한다고들 하지만 저는 그런 아이가 아니었어요. 평범했고 미래에 집중하지도 않았죠." 사학과 교수나 건축가 등 다양한 직업을 생각하던 그였지만 고등학교 회계 수업이 모든 것을 바꾸었다. "그 수업이 좋아서 언젠가 회계사가 되겠다고 마음먹었어요. 그래서 펜실베이니아대학교 와튼스쿨에 들어갔습니다."

막스는 행운이 자신의 경력에 큰 영향을 미쳤다고 생각하지만 그것이 유일한 요소는 아니었다. "운은 제 인생에서 큰 부분을 차지해왔습니다. '열심히 일할수록 운도 더 좋아진다'는 말도 있죠. 열심히 일하는 것만으로는 충분하지 않고, 운이 따른다고 전부가 아니죠. 노력, 능력, 행운이 모두 갖춰져야 합니다."

막스에 따르면 적절한 시기에 적절한 장소에서 태어난 것은 말콤 글래드웰이 《아웃라이어(The Outliers)》에서 밝힌 인구통계학적 행운의 한 형태다. 즉 아이비리그 교육을 받은 베이비붐 세대 미국 남성이라는 것은 상당한 경쟁우위를 확보하는 것이다. 그 뜻밖의 행운은 막스에게도 통했다.

막스는 자신의 글 '행운(Getting Lucky)'에 이렇게 썼다. "운이 좋아서 베이비붐 세대의 선두에 서게 되었고, 마찬가지로 시기적으로 운이 좋아서 시카고학파의 경제학을 배울 수 있었습니다. 제가 캠퍼스에 발을 디딘 1967년은 재무학에 대한 시카고학파의 새로운 접근법을 가르치기 시작하고 불과 몇 년 지나지 않았을 때입니다. 자본 자산 가격 결정 모형(capital asset pricing model, CAPM), 현대 포트폴리오 이론, 효율적 시장 가설, 랜덤 워크를 비롯한 오늘날 투자 이론을 구성하는 요소에서 학생 대부분이 저를 이길 수 없었습니다."

2020년 시작된 코로나19 대유행은 금융시장을 비롯해 전 세계를 휩쓸었다. 다우지수와 S&P500지수는 2008년 금융위기와 1987년 검은 월요일 이후 가장 큰 일일 및 주간 하락 폭을 기록했다. 막스는 시기적절하게 '아무도 모른다 II(Nobody Knows II)'라는 글을 공개했다. "지난번 이 제목으로 글을 쓴 것이 리먼 브러더스가 파산 신청을 한 날부터 이틀 후인 2008년 9월 19일이었습니다. 이 제목을 다시 쓰기에 지금이 분명히 적기입니다. 사람들은 제게 의견을 물을 것입니다. 제가 똑똑하거나 투자자로서 성공했다고 생각해서일 수도 있고, 많은 역사를 경험한 것을 알기 때문일 수도 있겠지요. 그렇다고 모든 분야에 전문성을 갖추었다고 혼동해서는 안 됩니다."

막스는 어떤 위기 상황이든 "예측하는 사람의 수만큼 많은 예측이 있다"라고 믿는다. 그는 미래를 예측하는 대신 "정말로 중요한 것은 가격의 변화가 펀더멘털 악화에 비례하는지 여부"라고 강조한다. "투자자 대부분은 '악재 → 가격 하락'이라는 상당히 단순한 관계를 생각하는 것 같습니다. 확실히 지난 한 주 동안 그런 현상이 일부 관찰되었습니다. 하지만 저는 그것이 전부가 아니라고 줄곧 주장해왔습니다. 실제 과정은 '악재 + 심리 위축 → 가격 하락'입니다. 우리는 악재를 경험했고 가격 하락도 경험했습니다. 하지만 심리가 지나치게 위축된 상황이라면 악재 자체의 나쁜 정도보다 가격 하락이 과도했다는 주장도 가능할 것입니다."

요점은 현명한 투자자라면 언제나 가격과 가치의 관계에 초점을 맞추어야 한다는 것이다. 아마도 문제는 행동보다 말이 쉽다는 사실일 것이다. 막스는 글에서 이렇게 당부한다. "'붕괴가 더 진행될 것인가'가 아니라 '지금까지 진행된 붕괴 이후, 현재 유가 증권의 가격은 제대로 책정되었는가, 펀더멘털을 고려할 때 지나치게 비싸거나 싼 수준인가'를 질문해야 합니다. 가치 대비 가격을 평가하는 것이 장기적으로 가장 신뢰할 수 있는 투자 방법이라는 데는 의심의 여지가 없습니다."

막스는 이 글을 발표하기 석 달 전 자신의 사무실에서 이렇게 말했다. "리먼 사태 이후, 조수는 더 이상 모든 배를 들어 올리지(밀물 효과) 않습니다. 사람은 교육이나 자본 중 하나라도 가지거나 둘 다 가졌을 때만 성공합니다. 더딘 경제 성장이 자동화와 결합되며 육체노동으로 성공할 확률이 낮아진 것도 일부 원인일 것입니다. 자동화 시대에 교육이나 자본 중 하나라도 갖지 못하거나 둘 다 없다면 어떻게 성공할 수 있을까요? 이것은 우리가 직면한 중대한 문제입니다. 어쩌면 가장 큰 문제일 것입니다. 오늘날 세상이 불행한 것도 바로 이 때문입니다. 11년 동안 하락 주기가 나타나지 않았습니다. 이처럼 오랫동안 하락 주기를 기다려야 했던 적은 없었습니다. 역발상 투자, 순환 주기에 역행하는 투자를 하는 오크트리는 어려운 시기에 투자해서 대부분의 수익을 올립니다. 다시는 경기 침체를 겪지 않을 거라고 생각하는 사람도 있지만, 다음번 하락 주기가 되면 이번에도 다르지 않았다는 것을 다시 한번 알게 될 것입니다.”

　지구, 자신의 아이들, 그 아이들이 낳은 세 아이의 미래를 알지 못하는 막스는 이렇게 말한다. “‘당신의 아버지는 당신에게 무엇을 바라셨나요?’라고 물었을 때, 아들이 ‘제 안전과 행복을 바라셨습니다’라고 대답한다면 좋겠습니다. 영국 작가 크리스토퍼 몰리의 말을 늘 생각합니다. ‘자신의 방식대로 자신의 인생을 쓸 수 있는 것, 이것이 유일한 성공이다.’ 아이들과 손자들에게 그들의 방식이 무엇인지 혹은 어떤 것이어야 하는지 말해줄 수는 없습니다. 그것은 아무도 모르니까요.” 자기 자신을 아는 것, 그것이 어쩌면 성공의 핵심 요소일 것이다.

2

가치의 땅에서 누리는
선택의 자유

월터 슐로스
Walter Schloss

월터 앤드 에드윈 슐로스 어소시에이츠(미국)
Walter & Edwin Schloss Associates

나를 파괴하지 못하는 것은 나를 강하게 만들 뿐이다.

— 프리드리히 니체

월터 슐로스는 1955년 월터 슐로스 앤드 어소시에이츠를 설립했다. 가치투자의 아버지 벤저민 그레이엄의 제자인 슐로스는 1930년대부터 저평가된 미국 주식을 찾았다. 1946년 그레이엄-뉴먼 파트너십에서 증권 애널리스트로 일한 슐로스는 1955년 그레이엄이 은퇴를 결정하자 자신의 펀드를 설립했다. 아들 에드윈이 1960년대 말 펀드에 합류하면서 1973년 회사의 공식 명칭을 월터 앤드 에드윈 슐로스 어소시에이츠로 변경했다.

그는 운용 보수 대신 이익의 25%를 성과 보수로 받았다. 자본금 10만 달러로 시작한 펀드의 운용 자산 규모는 한때 3억 5,000만 달러까지 성장했다. 1956년부터 2002년까지 펀드의 연평균 수익률은 16%(이익 분배 이전 기준으로 약 21%)였으며 같은 기간 S&P500 연평균 수익률은 10%였다. 차이가 크지 않아 보일 수 있으나, S&P500에 투자한 1만 달러는 46년 동안 약 90만 달러 이익을 창출했겠지만 슐로스에게 같은 금액을 투자했다면 복리의 마법 덕분에 약 1,100만 달러를 벌어들였을 것이다.

그는 1963년 공인재무분석사CFA 자격을 취득했고 민주주의, 정치적 자유와 인권에 대한 연구를 수행하고 지지하는 워싱턴 D. C. 소재 국제 비정부기구인 프리덤하우스의 재무 관리를 책임졌다.

슐로스는 2012년 2월 19일 뉴욕 맨해튼에서 세상을 떠났다. 향년 95세였다.

Walter Schloss

슐로스는 '그레이엄과 도드 마을의 위대한 투자자'라는 유명한 별명을 얻었다. 평범한 일반인이 아니라 역사상 가장 존경받는 투자자인 워런 버핏의 평가다. '오마하의 현인'의 입을 빌려 슐로스를 소개하는 편이 적절하겠다.

버핏은 2006년 버크셔 해서웨이 주주에게 보낸 서한에서 슐로스를 지목하며, "투자자가 돈을 벌지 못하면 단 한 푼도 받지 않으면서" "대단히 성공적으로 투자 파트너십을 운용했습니다"라고 평가했다. 게다가 이 모든 것이 경영대학원은 고사하고 대학교도 다니지 않았으며 "비서, 사무 직원, 부기 담당자도 두지 않은 채 아들 에드윈이 유일한 동료가 되어" 이룬 성과였다고 강조했다.

버핏의 서한은 이렇게 이어진다. "1989년 〈아웃스탠딩 인베스터스 다이제스트〉가 '접근법을 한마디로 요약한다면?'이라고 질문했을 때 에드윈이 대답했습니다. '주식을 싸게 삽니다.' 현대 포트폴리오 이론, 기술적 분석, 거시경제적 사고와 복잡한 알고리즘은 이것으로 충분합니다."

버핏이 슐로스의 놀라운 기록을 처음 공개적으로 거론한 1984년은 효율적 시장 가설이 주요 경영대학원 대부분을 지배한 시기였다. "(일부는 운으로 가능하겠지만) 공개적으로 이용 가능한 정보만을 활용해 주식시장의 평균 수익률을 능가할 투자자는 거의 없다는 것이 효율적 시장 가설의 기본적인 가르침이었습니다. 제가 23년 전 월터에 관해 이야기했을 때 그의 수익률 기록은 이런 신조를 강력히 반박하는 사례였습니다."

그러나 슐로스의 명백한 성공 사례를 받아들이는 것은 고사하고, 경영대학원 교수들은 "효율적 시장 가설에 도취되어 그것이 경전처럼 절대적이라는 주장"을 계속 이어갔다고 버핏은 덧붙였다. "효율적 시장 가설에 의문을 제기할 배짱이 있는 재무학 강사가 있었다면 그가 승진할 가능성은 갈릴레오가 교황으로 임명되는 것만큼 낮았을 겁니다. 그 사이 월터는 계속해서 시장을 이기는 수익률을 냈고, 학생들이 잘못된 교육을 받을수록 일은 더 수월해졌습니다. 잠재적인 경쟁자 모두 지구가 평평하다고 배우면 기존에 해운업을 하는 사람은 오히려 유리해지는 것처럼 말입니다."

'월터가 대학에 가지 않은 것이 월터의 투자자를 위해서는 잘된 일'이라는 것이 버핏의 결론이다.

대공황을 살아내다

슐로스는 1916년 뉴욕에서 태어났다. 세상을 떠나기 넉 달 전인

2011년 10월, 그는 맨해튼 아파트에서 이렇게 회상했다. "제가 태어났을 때 세계는 전쟁 중이었고 미국에서는 스페인 독감이 유행하고 있었습니다. 병원에서 병이 옮을까 봐 걱정한 어머니(에블린)는 저를 집에서 낳으셨습니다." 유럽에서 시작된 독감은 그 후 2년 동안 전 세계로 퍼졌고 제1차 세계대전보다 더 많은 사망자를 냈다.

1918년 슐로스 가족은 독감의 공포를 피해 뉴저지의 몽클레어로 이사했다. "너무 외지고 접근하기 어려운 곳이었어요. 얼마 후 다시 뉴욕으로 이사해 그곳에서 자랐습니다." 슐로스는 어린 시절부터 전차를 타고 시내 돌아다니기를 즐겼다. 원하는 곳은 어디든 자유롭게 갈 수 있다는 특권에 흠뻑 빠진 그의 어릴 적 꿈은 전차 운전사가 되는 것이었다. "때로는 행운이 우리를 적시에 적절한 장소로 데려다 줍니다. 조금만 일찍 태어났더라면 전차 운전사가 되는 것을 진지하게 고민했을 겁니다. 다행히 전차는 점점 사라져 1930~1940년대에 버스로 대체되었습니다. 그래서 결국 월스트리트로 가게 되었죠."

아직 중학생이었지만 슐로스는 1929년 주식시장의 붕괴와 그로 인해 야기된 어려움을 잘 알고 있었다. 어머니는 유산을 모두 잃었고, 매티슨 알칼리라는 미국 기업 주식을 신용으로 사들인 아버지(제롬)는 모든 것을 잃었다. "부모님은 정직한 분들이었지만 가난한 투자자로서 재정적으로 힘드셨습니다. 대공황 시기에 아버지는 당신이 얻은 교훈을 말씀하셨죠. '네게 피해를 입히지 않는 한 모든 악재는 호재란다!' 그 조언을 마음에 새겼습니다. 그래서 월스트리트에 들어갔을 때 제 목표는 돈을 잃지 않는 것이었습니다!"

1934년 고등학교를 졸업한 17세 슐로스는 일자리를 찾기로 결심했다. 어머니의 도움으로 증권회사 칼 롭에 들어가 주문서를 전달하는 러너runner로 일하며 주급 15달러를 벌었다. 회사는 훗날 롭 로즈로 명칭을 바꾸었다. "아버지가 대공황 때 직장을 잃는 바람에 대학에 가지 못하고 가족을 도와야 했습니다. 경제는 암울했고 길모퉁이마다 사람들이 서서 사과 한 개를 1센트에 파는 것을 본 기억이 납니다. 가족의 지인 중에는 제가 증권회사에서 일하게 내버려 둔다고 어머니를 비난하는 사람도 있었습니다. 1940년이 되면 월스트리트가 사라질 것이라고 믿었기 때문이죠. 그 정도로 비관적인 시절이었습니다."

러너로서 그는 매매 내역을 정산하기 위해 날마다 여러 증권회사에 서류와 증권을 전달했다. 배달원이나 마찬가지였다. 회사에 들어가고 얼마 되지 않아 승진해서 '케이지cage'라고 불리는 출납 부서로 이동했다. 브로커 간의 증권 이전을 관리하고 추적하는 일이었다. "1년 동안 일한 뒤, 파트너이자 지금의 리서치 부서와 비슷한 일을 하는 통계 부서를 책임지던 아르망 어프 씨에게 저도 증권 애널리스트가 될 수 있는지 물었습니다. 그는 그 일을 하면 중개 수수료를 전혀 벌지 못한다면서 안 된다고 했습니다. 어쩌면 지금도 그렇겠지만 그 시절에는 주문을 더 받아 오는 것이 우선이었고 투자 지식보다는 사업상의 친분이 더욱 중요했습니다. 당시 리서치 애널리스트는 회사 내에서 크게 성장할 수 없었고 무엇을 아는지보다 누구를 아는지가 더 중요했습니다."

어프는 젊은 슐로스에게 매우 중요한 조언을 해주었다. 그레이엄과 도드가 쓴 《증권분석》이라는 신간을 소개한 것이다. "그 책을 읽으렴. 그 안의 내용을 모두 알고 나면 다른 건 더 읽을 필요도 없을 테니."《증권분석》을 읽고 자극받은 슐로스는 뉴욕증권거래소 연구소에서 재무 수업과 회계 수업을 수강했다. 이 과정을 수료하자 그레이엄이 직접 강의하는 '증권 분석' 과정을 수강할 자격을 얻게 되었다. 슐로스는 한 학기당 약 15달러를 지불하고 1938년부터 1940년까지 그레이엄의 수업을 들었다.

가치투자의 아버지에게 직접 배운 것은 슐로스의 인생을 바꾸는 경험이었다. "벤의 강의는 단순하고 직설적이며 탁월했습니다. 대공황으로 어려운 시기를 겪은 벤의 투자 전략은 운전자본 미만에 거래되어 가격에 하방 경직성이 확보된 주식을 찾는 것이 핵심이었습니다. 그 발상에 크게 공감했고 벤의 투자 철학에 반했습니다."

특히 인상 깊었던 것은 실제 사례를 들어 어떤 주식이 싸고 어떤 주식이 비싼지 보여주는 방식이었다. "벤은 회사를 알파벳 순서로 나열해 순서상 근접한 회사와 비교했습니다. 예를 들면 코카콜라와 콜게이트 팜올리브를 비교해 통계상 콜게이트가 저평가라고 추론하는 식이었죠. 많은 투자 전문가가 단지 투자 비법을 얻기 위해 그의 수업을 들었고 그 아이디어를 이용해 돈을 벌었지만, 벤은 돈을 버는 것보다 학문적 활동에 열중했기 때문에 개의치 않았습니다. 안타깝게도 저는 돈이 없어서 그의 아이디어로 돈을 벌지는 못했지만 많은 것을 배웠습니다."

살아남는다는 것의 의미

1939년 제2차 세계대전이 일어났고, 1941년 말 일본의 진주만 공격 이후 미국이 참전했다. 애국심으로 가득 찬 25세 청년 슐로스는 전쟁에 총력을 기울이던 조국에 헌신하기로 결심했다. "미국이 공격받은 날이 12월 첫 번째 일요일이었던 것을 아직도 기억합니다. 다음 날 출근해서 상사에게 군에 입대해도 연말 상여금을 받을 수 있는지 물었어요. 상사의 승낙을 받고 곧장 맨해튼으로 가서 입대했습니다. 그 주 금요일에 입대 선서를 했고 곧바로 훈련소로 떠났죠. 뉴욕에서 커다란 배에 올랐습니다. 잠수함의 공격을 피해 배는 갈지자 형태로 바다를 건넜죠. 리우데자네이루를 지나 대서양을 건넜고 희망봉과 인도양을 거쳐 봄베이로 갔습니다. 수심이 너무 얕았던 페르시아만에서는 HMT 로나라는 이름의 영국 병력 수송선으로 옮겨 타 이란에 도착했습니다. 몇 달만 늦었더라도 폭격에 침몰할지 모르는 상황이었습니다. 운이 좋았습니다." 1943년 11월 지중해에서 독일의 공중전 담당 부대인 루프트바페가 HMT 로나를 격침했다. 미군 역사상 해상에서 가장 많은 사상자를 낸 사건이었다. 슐로스는 1945년까지 미 육군에서 복무했다. 이란에 주둔하면서 암호 해독 훈련을 받았고 이후 워싱턴 국방부에 본부를 둔 미국 통신대에 배치되었다.

평생 18번의 경기 침체를 경험한 슐로스는 삶이 불안정하고 거대한 맥락에서 볼 때 돈은 생존의 문제에서 부차적인 것이라고 생각했다. "인생은 쉽지 않고, 살아남으려면 정말로 운이 좋아야 합니다. 입대했을 때에는 집에 돌아오지 못할 줄 알았습니다. 입대할 때 어머니가 무척 속상해하셨죠. 하지만 내 나라를 위해 복무하는 것은 제 의무였습니다. 이 땅은 제게 자유와 기회를 주었고 저는 그것에 감사합니다!"

슐로스는 대공황에서 살아남은 방법이 무엇이고 왜 그런 방식으로 투자했느냐는 질문을 자주 받는다. "벤이 길을 가르쳐준 선생님인 것은 분명합니다. 하지만 지금의 저를 만든 것은 4년간의 군대 경험입니다. 전쟁에서 살아남았듯이 시장에서 살아남고 돈을 잃지만 않는다면 결국 무언가 해낼 수 있다는 것을 배웠습니다. 또한 인생은 짧으니 자신감을 가져야 한다는 것, 마지못해 돈을 버는 것보다는 좋아하는 일에 매달려야 한다는 것도 배웠습니다."

슐로스는 군대에서 그레이엄에게 종종 엽서를 보냈다. 어느 날 그레이엄에게서 공석이 된 증권 애널리스트 자리로 올 생각이 있는지 묻는 편지가 왔다. 포기하기에는 너무나 좋은 기회였다. 전쟁이 끝난 직후 슐로스는 그레이엄의 회사에서 일했다. 1946년 1월 2일, 슐로스는 주급 50달러를 받는 새 일자리를 찾았다.

넷넷 주식

투자에 대한 슐로스와 그레이엄의 사고방식은 비슷했다. 슐로스의 우선순위는 돈을 잃지 않고 시장에서 살아남는 것이었다. 그레이엄의 우선순위는 주가의 하방 경직성을 확보하고 투자 포트폴리오를 분산해 개별 주식에서 오는 위험을 최소화하는 것이었다. 1946년부터 1955년까지 그레이엄의 회사에서 일하는 동안 슐로스의 주된 업무는 운전자본 미만에 거래되는 이른바 '넷넷(net-net) 주식'을 찾는 것이었다. 넷넷 주식의 개념은 회사의 전체 현금과 현금성 자산 가치에서 매출 채권과 재고를 할인한 후 모든 부채를 차감해 구한 순유동자산(운전자본) 가치로 회사를 평가하는 것이다. 주당 넷넷 가치는 순유동자산 가치를 총 발행 주식 수로 나누어 구한다.

과거에는 금융 정보에 쉽게 접근할 수 없었고 대공황 이후 일반적으로 투자 심리가 좋지 않았기 때문에 많은 주식이 넷넷 가치보다 훨씬 낮은 가격에 거래되었다. 이런 주식을 산다면 1달러 지폐를 50센트에 사는 것이나 마찬가지였다. 슐로스는 설명했다. "1930~1940년대에는 넷넷 주식이 많았습니다. 우리의 구상은 운전자본의 3분의 2 수준에 거래되는 주식을 찾는 것이었습니다. 주가가 주당 운전자본 수준에 도달하면 50% 수익을 올리게 되니까요. 1950년대에는 이런 주식을 찾기가 쉽지 않았고 그래서 더욱 열심히 찾아야 했습니다."

슐로스는 사업의 독점적 지위와 경영진의 자질이 제대로 반영되지 않는 것이 이 전략의 중요한 문제점이라고 설명했다. "대부분의 경우, 우선 일반 대중이 아직 관심을 갖지 않는 2류 기업(secondary companies)을 찾습니다. 이런 기업은 자산 가치는 컸지만 실적이 좋지 않았고 그래서 곤경에 처하기도 했습니다. 위험을 줄이기 위해 그레이엄은 분산의 중요성을 크게 강조했습니다. 다행히 이런 주식은 충분히 싸서 상당한 안전마진이 있었습니다. 그래서 우리의 역발상 접근법은 효과를 발휘했죠."

넷넷 주식을 찾던 슐로스는 당시 20대 초반이던 미래의 '오마하의 현인'을 도매 기업 마셜 웰즈의 주주총회에서 만났다. "워런이 주주총회에 참석했습니다. 그 역시 마셜 웰즈에서 기회를 포착했던 것이죠. 그는 1954년에 그레이엄의 회사에서 일하게 되었고 우리는 같은 사무실을 쓰면서 기업의 청산 가치를 연구했습니다. 워런은 유머 감각이 뛰어나고 정직한 신사입니다." 젊은 버핏에게 슐로스는 늘 '월터 형(big Walter)'이었다. 버핏은 친형이나 마찬가지였던 슐로스와 아이디어 공유하는 것을 좋아했다.

현재 버핏이 이끄는 버크셔 해서웨이의 자회사인 자동차 보험사 가이코의 50%는 한때 그레이엄-뉴먼 소유였다. 슐로스에 따르면 1948년 첫 번째 매수 제의를 거절당한 그레이엄은 다음번에 75만 달러에 매수를 제의해 가이코 지분 50%를 확보했다. "변호사가 거래 내용을 확인하려고 그레이엄에게 전화했을 때 저는 마침 그 옆에 있었죠. 그레이엄-뉴먼 자본의 4분의 1에 해당하는 금액이었습니다. 그레이엄은 그 회사를 싼 가격에 산다는 것만 생각했고 성장성은 전혀 고려하지 않았습니다. 그는 제게 '만약 잘못되어도 언제든지 회사를 청산해서 돈을 회수할 수 있다'고 이야기했습니다. 가이코는 그가 추구하는 하방 경직성을 갖춘 회사였습니다."

계약을 체결한 후 그레이엄은 규제 당국의 승인 없이는 투자회사가 보험회사의 지분을 그처럼 많이 보유할 수 없다는 사실을 알게 되었다. 이 문제를 해결하기 위해 그는 가이코를 상장기업으로 전환하고 그레이엄-뉴먼 투자자에게 주식을 원가로 분배해야 했다. 슐로스도 가이코 주식을 많이 받았다. 하지만 이후 자녀 출산 비용을 충당하기 위해 주식을 팔았다. "가이코로 금전적인 이득을 본 것은 아니지만 아들 하나, 딸 하나를 얻었습니다. 괜찮은 계약이었죠!"

1955년 그레이엄은 은퇴와 동시에 캘리포니아로 이사했다. 9년 반 동안 멘토인 그레이엄 밑에서 일하며 운용 능력에 자신감을 가지게 된 슐로스는 직접 펀드를 설립하고 싶었지만 어렵기만 한 그레이엄에게 감히 이야기를 꺼내지는 못했다. 그러나 고객과 버핏을 포함한 친구들의 요구가 있었고, 슐로스는 마침내 직접 펀드를 설립하기로 결심했다. 그는 투자자 19명에게서 자금을 조달해 1955년 월터 슐로스 앤드 어소시에이츠를 설립했다. 버핏의 전기《스노볼(The Snowball)》을 쓴 앨리스 슈뢰더는 책에서 '슐로스는 자신이 결코 파트너의 지위에 오르지 못할 것이라는 결론을 내렸고 그것이 동기 부여가 되어 자신의 회사를 차렸을 것'이라고 밝혔다.

1976년에 세상을 떠난 그레이엄은 슐로스에게 멘토나 동료 이상의 존재였다. 그레이엄은 젊은 슐로스에게 재정적 자유에 이르는 길을 보여주고 안전하고 튼튼하게 부를 쌓는 방법을 가르쳐준 사람이었다. 슐로스가 그레이엄의《증권분석》을 읽지 않았다면 전차 운전사가 되겠다는 어린 시절 꿈을 실제로 추구했을지도 모른다. 그는 1976년에 쓴 '벤저민 그레이엄과 증권 분석: 회상(Benjamin Graham and Security Analysis: A Reminiscence)'이라는 제목의 글에서 이렇게 이야기했다.

"벤저민 그레이엄은 냉철할 뿐만 아니라 독창적인 사고의 소유자였다. 윤리적 기준이 높았고 겸손했으며 자신을 내세우지 않았다. 그는 특별했다. (중략) 그레이엄은 모든 것을 단순화하려고 노력했다. 그는 증권 애널리스트가 판단을 내리기 위해 연산과 대수학까지 사용할 필요는 없다고 생각했다.《증권분석》초판 서문을 다시 읽으면서 나는 다음과 같은 그레이엄의 견해에 다시 한번 깊은 인상을 받았다. '우리가 주로 관심을 가지는 것은 개념, 방법, 기준, 원칙 그리고 무엇보다 논리적 추론이다. 이론을 강조하는 것은 이론 자체가 중요해서가 아니라 실전에서 발휘하는 가치 때문이다. 우리는 준수하기에 지나치게 엄격한 기준이나 얻는 것에 비해 지나치게 수고스러운 기술적 방법을 적용하지 않으려고 노력해왔다.'

대공황을 경험한 그레이엄은 하락 위험에서 자신을 보호할 수 있는 자산에 투자하기를 원했다. 가장 좋은 방법은 '그대로 따르기만 한다면 손실 발생 가능성을 줄일 수 있는 규칙'을 세우는 것이었다. (중략) 투자할 때 투자 대상에 감정을 부여하지 않고 분명하게 사고하는 것은 쉬운 일이 아니다. 공포와 탐욕은 판단에 영향을 미치는 경향이 있다. 그레이엄은 돈을 버는 데 그다지 적극적이지 않았기 때문에 다른 많은 사람에 비해 감정의 영향을 덜 받았다. 《증권분석》은 그레이엄이 일생 동안 이룬 모든 것 중에서도 가장 큰 업적이었다. 그레이엄을 알게 되어 영광이다."

올바른 속도 설정하기

슐로스에게 홀로 선다는 것은 정말로 '혼자서 한다'는 것을 의미했다. 비서나 리서치 보조원 없이 책상과 서류 캐비닛만 가지고 있었던 그는 그레이엄-뉴먼에서 일할 때 꾸준히 거래했던 증권회사 트위디 브라운에서 벽장 크기의 공간을 빌렸다. 천성이 검소했던 그는 싼 물건을 찾았고 비용을 줄이기는 어렵지 않았다. 그는 지금의 투자 전문가와 달리 종일 녹초가 될 정도로 일하지 않았다. 그의 업무 시간은 오전 9시부터 오후 4시 30분까지였다. 주가를 추적할 수 있는 티커 테이프도 갖추지 않았고, 주로 일간지를 보고 시세를 참고했다.

슐로스는 다양한 방법을 동원해 투자 아이디어를 찾는 대신 주로 최저가를 경신한 주식을 찾았다. 다음으로 독립 투자 리서치 기관인 밸류 라인의 자료를 이용해 해당 회사의 재무 통계와 실적을 점검했다. 그 회사가 적절하다고 생각되면 재무 보고서와 주주총회 소집 공고문(proxy statements)을 요청해 투자 대상의 건전성에 대한 조사를 보강했다.

그는 이렇게 설명했다. "그레이엄-뉴먼에서 했던 것과 같은 접근 법을 이용했습니다. 즉 넷넷 주식을 찾았습니다. 투자자가 최선의 이익을 얻을 수 있도록 일해야 했기 때문에 자본을 보전하는 것이 중요했습니다. 많은 투자자는 부자가 아니었고 제게 생활비를 충당할 수익을 원했습니다. 저는 스트레스를 즐기지 못하고 피하는 편이라서 시장의 뉴스와 경제 데이터에 절대로 과도하게 집중하지 않습니다. 그런 것들은 늘 투자자를 걱정시키니까요! 게다가 저는 시장 타이밍을 찾는 것에 서투릅니다. 누군가 제게 시장이 어떻게 될지 물어봐도 저는 다른 사람보다 나은 추측을 들려줄 수 없습니다."

슐로스는 자신이 잘할 수 있는 주식의 가격과 가치 파악에 집중했다. 그는 자신의 펀드를 시작하며 무엇에 투자했는지 절대 공개하지 않는다는 규정을 만들었다. "첫째, 투자자는 손실이 나는 주식에 집중하는 경향이 있습니다. 투자자가 울면서 어떻게 된 일이냐고 물으면 저는 정말로 스트레스를 받았을 겁니다. 둘째, 제가 무엇을 매수하고 있는지 남들이 알게 되면 경쟁이 더 치열해진다는 사실을 알았습니다." 그는 그레이엄-뉴먼에서 일하던 시절을 예로 들었다. 그레이엄-뉴먼은 루켄스 스틸이라는 싼 주식을 찾아 매수했고, 추가 매수가 예정되어 있었다. "어느 날 그레이엄이 어떤 사람과 점심 식사를 했는데 어떤 주식이 좋은지 끈질기게 물었다고 해요. 무례하게 굴고 싶지 않았던 그레이엄은 루켄스 스틸이 좋다고 말했죠. 그 사람이 주식을 많이 샀는지는 모르겠지만 주가가 금세 우리가 생각한 매수 가격대를 넘어 치솟았습니다."

투자 내역을 공개하지 않을 때의 장점은 또 있었다. 그렇게 하면 마음이 편안했다. 슐로스는 자신이 다소 일찌감치 포지션을 취한다고 인정했다. "주식이 싸면 저는 매수를 시작합니다. 손절stop loss 주문을 걸어본 적이 없습니다. 애초에 마음에 든 주식이라면 가격이 내려갈수록 더 좋은 일이니까요. 가격이 오른 주식을 사기는 아무래도 어렵더군요." 슐로스의 전략은 늘 주식의 가치와 시장 가격 사이에서 안전마진을 찾는 것이므로, 그 마진이 클수록 더 행복해진다는 주장이다. 그렇기는 해도 싼 주식의 진정한 가치가 점차 가격에 반영되기를 기다리는 일은 인내심이 필요할 때가 많았다. "평균 보유 기간은 4~5년이었습니다. 그래서 싼 주식이 진정한 가치를 회복할 시간이 충분했죠. 게다가 장기 보유 자본이득으로 취급되어 세금 측면에서도 유리했습니다." 그는 언젠가 그레이엄이 "향수가 아니라 식료품을 사듯 주식을 사야 한다"라고 말했던 것을 애틋하게 떠올렸다. "저는 식료품점 주인이고 제가 보유한 주식은 식료품 재고라고 생각했습니다. 보유한 주식은 때때로 배당금을 지급했고 그래서 기다릴 만한 가치가 있었죠. 결국 누군가 제가 가진 재고에 좋은 가격을 제시하면 그때 파는 것입니다."

경영진과 대화하고 회사의 사업을 파악하는 것을 선호하는 많은 펀드매니저와 달리 슐로스의 유일한 관심은 통계적 측면에 있었다. 그는 "하락 위험에 집중하고 돈을 잃지 않는" 방법이 통계에 있다고 이야기했다. "주식이 회사의 운전자본보다 싸게 거래될 때 투자자는 하락 위험에서 보호받기 시작합니다. 저는 부채가 많지 않은 회사를 찾으려고 합니다. 부채는 일을 복잡하게 만들거든요. 또한 경영진이 회사의 이익을 위해 복무할 만큼 주식을 충분히 보유하고 있는지도 알아봅니다. 그런데 경영진이 정직한 사람인지 확인하려면 재무제표의 각주를 파헤치는 등 경영진의 행동을 계속 추적해야 하는 경우가 많습니다. 저는 주식을 살 때 경영진을 방문하거나 이야기를 나누지 않습니다. 회사의 재무 자료가 충분히 많은 이야기를 한다고 생각하기 때문입니다. 게다가 경영진은 늘 회사에 대해 좋은 말을 하는데 이것이 판단에 영향을 미칠 수 있습니다. 경영진 면담과 기업 방문을 좋아하는 훌륭한 투자자도 많지만 그것은 제 방식이 아닙니다. 저는 그런 일에서 오는 스트레스가 싫고, 그렇게 많은 회사를 찾아가야 했다면 몇 년 안 가서 아마 이 세상 사람이 아니었을 겁니다!"

슐로스는 자신의 원래 모습 그대로 편안히 일하며 밤에 숙면을 취할 수 있게 하는 것이 제일 중요하다고 강조했다. 다른 사람의 돈을 운용한다는 것은 책임이 무거운 일이기 때문이다. 그에게도 매도는 언제나 가장 힘들고 어려웠다. "저는 하락 위험에 크게 집중합니다. 회사의 성장성과 이익은 중요하지 않습니다. 적당한 가격이 되면 파는 것이죠." 그는 시멘트 제조사인 사우스다운 사례를 떠올리며 자신의 접근법이 가질 수 있는 단점을 설명했다. "12달러 부근에서 꽤 많은 주식을 샀습니다. 2~3년 후 주가가 약 28달러가 되었을 때 팔았죠. 제가 계산한 가치에 도달했고 성장성에는 별로 주의를 기울이지 않았기 때문입니다. 얼마 후 주가는 70달러로 올랐습니다. 겸손해질 수밖에 없었고 또 다른 싼 주식을 찾아 나섰죠. 인생에서 잘 풀리지 않았거나 더 잘 풀릴 수도 있었던 일들에 대해 후회하면 안 됩니다. 인생에서 다음에 일어날 일을 알기는 어렵습니다. 아버지는 '내게 피해를 입히지 않는 모든 악재는 호재'라고 하셨습니다. 제 목표는 손실을 줄이는 것이고, 상승세에 있는 주식 몇 개만 찾을 수 있다면 복리의 마법이 발휘될 것입니다."

1960년대 후반, 아들인 에드윈 슐로스가 아버지와 함께 사업하기로 결심했고 이때부터 둘이 한 팀이 되어 저평가된 주식을 찾았다. 1973년, 회사는 동업 관계를 반영해 월터 앤드 에드윈 슐로스 어소시에이츠로 이름을 바꾸었다. 비용을 줄이기 위해 두 사람은 직원을 늘리지 않았다.

슐로스 부자는 꾸준히 넷넷 주식을 찾는 데 집중했지만 세상이 바뀌면서 조건을 충족하는 주식을 찾기가 거의 불가능했다. 장부가치(순자산가치)를 기준으로 전략을 조정하는 것이 적절했다. 슐로스는 설명했다. "전략을 조금 바꿨지만 그레이엄의 하방 경직성 원칙은 지켰습니다. 우리는 장부가치 미만에 팔리는 주식을 찾았습니다. 실적이 아니라 자산을 할인된 가격에 사려는 것이었죠. 실적은 쉽게 달라질 수 있지만 자산은 그렇지 않기 때문에 새로운 전략은 한동안 효과가 있었습니다." 하지만 새로운 장부가치 전략과 그레이엄의 투자 방식은 머지않아 현대 사회에서 통하지 않게 되었다. 슐로스는 세상이 더 영리해진 것인지 아니면 더 위험해진 것인지 판단하기 어려웠다. 어느 쪽이든 은퇴가 기다리고 있었다.

슐로스는 45년 이상의 운용 경력을 접고 2001년 사업을 정리하기로 결정했다. "85세가 되었을 때, 어느 날 아들이 '아버지, 싼 주식이 더는 보이지 않아요!'라고 하더군요. 그래서 '이제 문을 닫자꾸나!'라고 말했죠. 투자조합을 청산하고 투자자에게 돈을 돌려줬습니다." 슐로스는 긴 인생을 살아오며 스트레스를 피하는 것이 얼마나 중요한지 알고 있었다. "싼 주식을 찾는 것이 너무 큰 스트레스가 되고 있었습니다. 찾기를 그만해야 할 때가 된 것이었죠."

너 자신을 알라

슐로스는 이렇게 조언했다. "투자에 관해 제안한다면, 우선 자신의 강점과 약점을 이해하고 밤에 쉬이 잠들 수 있도록 간단한 전략을 고안해야 합니다. 주식은 회사의 일부분이므로 판단을 내리기 전에 회사의 재무 상태를 파악해야 한다는 것을 명심하세요. 올바른 결정을 내렸다면 자신의 신념에 충실하고 시장이 감정에 영향을 미치지 않도록 용기를 가지십시오. 투자는 스트레스의 원인이자 걱정거리가 아니라 재미있고 도전적인 것이어야 합니다."

모든 가치투자자는 저마다 다르다. 슐로스는 《증권분석》과 《현명한 투자자(The Intelligent Investor)》에서 그레이엄이 세운 원칙에 가장 충실한 사람이었을 것이다. 그런 그도 '자기 자신을 아는 것이 중요하다'고 강조했다. 예를 들어 버핏은 포트폴리오를 집중하는 것이 옳다고 믿지만 슐로스는 성격상 분산이 더 잘 맞았다. "저는 항상 50~100개 종목을 보유했습니다. 그렇지 않았다면 특정한 주식이 저를 배반했을 때 크게 스트레스를 받았을 겁니다. 심리적으로 저는 버핏과는 다르게 만들어진 사람입니다. 버핏처럼 되려고 노력하는 사람이 많다는 것을 압니다. 하지만 그들이 주목해야 할 것은, 버핏이 훌륭한 분석가일 뿐만 아니라 사람과 회사를 판단하는 능력이 뛰어나다는 사실입니다. 저는 제 한계를 알기 때문에 제게 맞는 가장 편한 방식으로 투자하는 것을 선택했습니다."

그레이엄은 큰 성공을 거둔 '위대한 투자자들'에게 영감을 주었다. 버핏이 지적했듯이 이들은 운이 좋았을 뿐만 아니라 비슷한 기술과 사고방식을 습득해 한 해 한 해 시장을 이겼다. 슐로스는 이러한 위대한 투자자들이 태어난 배경을 이렇게 설명했다. "투자는 예술이라고 생각합니다. 우리는 가능한 한 논리적으로 판단하고 감정에 휘둘리지 않으려고 노력했습니다. 투자자가 대개 시장의 영향을 받는다는 것을 알았기 때문에 우리는 이성적으로 판단해 시장을 유리하게 이용할 수 있었습니다. 그레이엄의 말처럼 시장은 여러분을 도와주는 곳이지, 여러분을 가르치는 곳이 아닙니다."

그는 '위대한 투자자들'에 대해 부연했다. "우리는 정직하다고 생각합니다. 투자자의 손실을 막기 위해 노력해왔고, 투자자를 희생시켜 돈을 벌려고 하지 않았습니다. 95세가 되니 기억할 것들을 가끔 잊어버립니다. 하지만 국가가 제게 투자할 기회를 주고 제가 좋아하는 일을 할 수 있는 자유를 주었다는 사실만큼은 언제라도 잊지 않을 겁니다. 그 기회를 감사히 여깁니다. 저는 투자자를 위해 가치를 창출하는 것이 아니라 저를 믿어준 사람을 위해 옳은 일을 하는 것을 목표로 살아왔습니다!"

앞서 말했듯이 버핏만큼 완벽하게 슐로스를 평가한 사람은 없다. 버핏의 목소리로 이 장을 시작했듯이 마무리도 그의 이야기를 빌리는 편이 옳을 것이다. 그는 1984년 가을 컬럼비아대 경영대학원에서 발간하는 〈에르메스(Hermes)〉 1984년 가을 호에 소개된 '그레이엄과 도드 마을의 위대한 투자자들'이라는 유명한 칼럼에서 슐로스에 관해 이렇게 말했다.

"그는 다른 사람의 돈을 다루고 있다는 사실을 결코 잊지 않는데, 이러한 인식은 그렇지 않아도 강력한 그의 손실 회피 성향을 더욱 강화한다. 그는 지극히 청렴하고 자신의 현실을 정확히 파악한다. 그에게는 돈이 현실이고 주식이 현실이다. 그래서 '안전마진' 원칙은 그에게 매력적이다. 그는 폭넓게 투자를 분산해왔다. 가치보다 훨씬 낮은 가격에 팔리는 비상장 주식을 찾는 방법을 알았다. 그것이 전부다. 1월이든, 월요일이든, 그해 선거가 있든 신경 쓰지 않는다. 그는 1달러 가치가 있는 회사를 40센트에 사두면 뭔가 좋은 일이 있을 것이라고 단순하게 설명한다. 이런 투자를 수없이 되풀이한다. 그는 나보다 훨씬 더 많은 종목을 보유하고 있으면서도 그 기업의 근본적인 성격에 대해 나보다 훨씬 관심을 적게 가진다. 나는 월터에게 그다지 영향력을 미치지 못하는 듯하다. 사실 누구도 그에게 영향을 미치지 못한다. 이것이 그의 강점이다."

3

원스 어폰 어 타임
온 월스트리트

어빙 칸
Irving Kahn

칸 브러더스 그룹(미국)
Kahn Brothers Group

세상은 감정적인 사람에게는 비극이고
생각하는 사람에게는 희극이다.

— 호레이스 월폴

어빙 칸은 1978년에 두 아들 앨런, 토머스와 함께 설립한 투자 운용 및 자문 회
사 칸 브러더스 그룹의 회장이었다. 1920년대 후반에 벤저민 그레이엄이 강의
한 증권 분석 수업의 초창기 수강생이었고 1931년에는 그 수업의 조교가 되었
다. 1956년 위대한 스승 그레이엄이 은퇴를 결정할 때까지 25년 동안 긴밀하게
협력했다.

칸은 1937년 뉴욕증권애널리스트협회, 1945년 〈파이낸셜 애널리스트 저널〉의
창립 멤버였다. CFA 인스티튜트의 전신인 인스티튜트 오브 차터드 파이낸셜 애
널리스트가 주관하는 CFA 시험이 처음 치러진 1963년, 그 시험에 응시해 합격
했다. 그랜드 유니언 스토어, 킹스 카운티 라이팅, 웨스트 케미컬, 윌콕스 앤드
깁스의 이사를 역임했다.

칸은 2015년 2월 24일 맨해튼에 있는 자신의 집에서 109세의 나이로 세상을
떠났다. 그날 이른 저녁, 손자 앤드루가 그에게 〈이코노미스트〉를 읽어주고 있었
다. 마지막 순간까지도 칸은 최고령 현역 투자자였다.

Irving Kahn

"1929년부터 1933년까지 다우지수가 350포인트에서 50포인트로 85% 하락하면서 대공황의 현실을 뼈저리게 느꼈습니다." 칸은 회상했다. "상사가 제 급여를 100달러에서 60달러로 줄였을 때 오히려 웃음이 났습니다. 상사가 왜 웃느냐고 물었죠. 저는 이렇게 대답했습니다. '해고되는 줄 알았거든요!'"

'이웃이 직장을 잃으면 불황, 내가 직장을 잃으면 공황'이라는 말이 있다. 1930년대는 누구에게나 힘든 시기였지만 칸은 언제나 낙천적인 태도로 바쁘게 지냈다. "어느 때든 할 일은 있다. 더욱 열심히 찾고, 창의성을 발휘하고, 조금 더 융통성을 가지면 된다"가 그의 좌우명이다.

칸은 1905년에 뉴욕에서 태어났고, 부모는 폴란드와 러시아 출신 이민자로 노동자 계층이었다. "어머니(에스더)와 아버지(사울)는 모국의 언어, 종교, 친구를 뒤로하고 새로운 삶을 찾아 기꺼이 미국으로 왔습니다. 두 분의 용기와 결단력을 존경해 저는 어려서부터 열심히 공부했습니다. 나중에 부모님을 부양할 수 있도록 수입이 좋은 일자리를 찾고 싶었습니다."

드윗 클린턴 고등학교를 졸업한 칸은 시티 칼리지 오브 뉴욕에 진학해 인문학을 공부했다. 하지만 2년 만에 중퇴하고 1928년 월스트리트로 향했다. "다들 그랬듯이 보수가 좋은 일자리를 가지고 싶었지만 어디서 찾아야 할지 몰랐습니다. 그때는 주식시장이 한창 뜨거웠고 신문에는 월스트리트에 관한 광고와 홍보물이 많았습니다. 월스트리트에 있는 함메르슐락 보르흐라는 회사를 찾아가 혹시 심부름을 할 사람이 필요한지 물었죠. 거기서 바로 일자리를 얻었습니다."

칸은 1920년대의 미국이 번영할 수 있었던 것은 서유럽과 동유럽에서 이민자가 유입되어 경제 활성화에 도움을 준 덕분이라고 믿었다. 노동조합이나 무역 독점의 현실적인 위협 없이 일자리가 풍부했고 아메리칸드림을 달성하는 것도 가능했다. 비록 1929년 10월 주식시장이 크게 폭락하며 꿈도 사라지기 시작했지만, 그해 실업률은 아직 5% 미만이었다. 1933년에는 실업률이 최고 25%까지 치솟았다.

"월스트리트 11번가에 위치한 뉴욕증권거래소 건물이 첫 직장이었습니다. 그곳에서 일주일 정도 일하면서 사람들이 제정신이 아니라는 생각이 들었습니다. 장이 열리면 모두가 뛰어다니면서 서로를 향해 소리를 질렀는데 마치 광대 같았죠! 배울 것이 없다는 생각이 들어서 그만두겠다는 생각으로 상사를 찾아갔습니다. 상사는 그만두지 말라고 설득하면서 저를 본사로 보냈습니다. 브로커의 보조원으로 증권 리서치 업무를 맡게 되었죠."

처음에는 어떤 일을 해야 하는지 전혀 몰랐다. 애널리스트가 된다는 것이 어떤 의미인지 알기 위해 매일 공공 도서관에 가서 금융시장과 그 역사를 공부했다. 미국 경제의 호황과 불황의 순환 주기를 공부하면서 당시 월스트리트에 만연했던 도취감(euphoria)에 의심을 품게 되었다. 그의 비관적인 전망은 1920년대 초반 플로리다의 부동산 호황기에 관한 책들을 읽고 난 뒤 더욱 발전했다. 집값이 몇 주 만에 두 배나 오르고, 투기꾼은 부동산 가격의 10%만 현금으로 부담하면서 막대한 부채를 활용하던 시기였다. 1925년, 더는 바보를 찾기가 어려워지면서 마냥 치솟던 부동산 가격도 주춤하기 시작했다. 그 후 1926년 강력한 허리케인 두 개가 플로리다를 강타해 주 전체를 초토화하면서 부동산 가격도 완전히 무너졌다. 많은 개발업자와 투기꾼이 파산했다.

플로리다 재해로 대공황이 전조를 나타냈지만 미국인은 계속해서 눈먼 돈을 좇았다. 1927년 주식시장에 단기 자금(hot money)이 몰려들면서 월스트리트는 카지노로 변했다. 플로리다 부동산 호황 때와 마찬가지로 10%의 현금만 투자하면 자금을 차입해 쉽게 주식을 살 수 있을 정도로 레버리지가 과도한 상황이었다. 칸이 보기에 시장의 붕괴는 그야말로 시간문제였다.

"플로리다 부동산 거품 붕괴를 보며 시장의 모든 광풍은 결국 냉엄한 현실에 직면한다는 것을 깨달았습니다. 1929년에 주가가 극도로 높은 수준에서 거래되면서 기업의 가치를 숫자로 매기는 것이 불가능했고 숏 포지션을 취해야 한다고 생각했습니다.

시장의 순환 주기와 금융 역사에 관한 책을 여러 권 읽으면서 주가 변동성이 특별히 큰 산업이 있고 구리도 그중 하나라는 것을 알게 되었습니다. 주식 목록에서 마그마 코퍼라는 구리 회사를 찾아 공매도를 하기로 했습니다. 돈이 거의 없어서 변호사인 매형에게 부탁해 증권 거래 계좌를 열었습니다.

여름에 50달러로 마그마 코퍼를 공매도했습니다. 매형은 시장이 상승하고 있으니 얼마 못 가서 돈을 전부 잃을 것이라며 걱정했고 저는 시장이 하락할 것이라고 말했죠. 1929년 10월 주식시장이 붕괴되었을 때 제 50달러는 거의 100달러가 되었습니다. 생애 첫 트레이딩이었죠."

프랭클린 루스벨트 대통령은 1933년 3월 5일부터 3월 12일까지 은행의 문을 닫았다. 칸은 물론 당시 모든 미국인이 커다란 불확실성을 경험했다. "8일 후에도 많은 은행이 다시 문을 열지 못할 것이 분명했기에 충격이 컸습니다. 몇 달 전 뱅크런(bank run, 예금 인출 사태)이 시작되었을 때가 모든 문제의 시작이었던 것으로 기억합니다. 루스벨트는 취임과 함께 전국 은행의 휴업을 발표해 은행 시스템을 폐쇄했습니다. 그 8일 동안 그는 예금을 전액 보호해 은행의 신뢰를 회복하는 긴급 은행법을 통과시켰습니다. 반응이 좋았고 3월 15일 개장과 함께 주식시장은 15% 급등했습니다. 불확실성이 국가 전체를 지배한 그 8일은 제 경력에서 가장 암울한 순간이었습니다!"

칸은 그때를 회상하며 웃었다. "대공황 덕분에 검소하게 사는 것의 의미와 돈을 잃지 않는 것의 중요성을 배웠습니다. 비용을 아끼려고 맨해튼 아래에 있는 집까지 걸어와서 점심을 먹었죠. 늘 한낮에 집에 들를 수 있었으니 아이들은 아버지가 부자인 줄 알았을 겁니다. 하지만 확실히 부자는 아니었죠."

겸손하게 말했지만 사실 칸은 대공황 당시 꽤 많은 돈을 벌었다. 1939년에는 공공주택에서 퀸즈의 벨 하버에 위치한 집으로 이사할 수 있을 정도였다. 당대 가장 현명한 투자자로 꼽히는 그레이엄에게 배우고 그와 긴밀히 협력할 수 있었기에 가능한 성공이었다.

그레이엄의 제자가 되다

함메르슐락 보르흐에서 일하던 칸은 1928년에 시장에 대한 자신의 우려를 동료와 공유했다. 칸의 이야기를 들은 회계 책임자가 비버 스트리트에 있는 면화 거래소에 가서 그레이엄을 만나 더 깊은 통찰력을 얻으라고 조언했다. 칸은 그레이엄을 만나 그가 컬럼비아대학교에서 증권 분석 강의를 시작한다는 이야기를 들었고 주저 없이 수업에 등록했다.

"주 1회, 2시간 야간 수업이었습니다. 벤은 인기 있는 주식과 인기 없는 주식의 실제 사례로 증권 분석을 설명했습니다. 벤에게 투자 아이디어를 얻고 수익을 올리는 경우가 많아지자 해마다 수강생이 늘었습니다. 벤은 수강생이 자신의 아이디어로 돈을 벌어도 상관하지 않았습니다. 금전적 보상이 아니라 지적 활동으로서 분석에 열중했기 때문입니다. 1929년 시장이 폭락하기 전 한 수강생이, 오늘의 인터넷 주식과 비슷한 위치에 있던 유틸리티 기업 아메리칸 앤드 포린 파워의 워런트를 사야 할지 물었습니다. 벤은 그 학생에게 발행된 워런트 잔액(outstanding warrant)의 시가총액을 구하도록 했는데, 계산 결과 우량 기업인 펜실베이니아 레일로드의 시가총액보다 훨씬 컸습니다. 시장이 얼마나 심각하게 왜곡되었는지 수강생 전체가 확인했죠. 물론 벤이 옳았습니다. 아메리칸 앤드 포린 파워 주가는 시장이 폭락하자마자 함께 급락했습니다."

위대한 스승 그레이엄의 강의에서는 모든 학생이 수업에 참여하고 주제를 함께 논의할 수 있었다. 그레이엄은 최신 사례를 들어 증권 분석의 장점을 설명했다. "벤은 늘 소크라테스식 접근법이 유효하다고 믿었습니다. 철저한 토론과 합리적인 추론을 통해 확실한 결론을 도출할 수 있다고 믿었기 때문에 학생에게 결코 즉답하지 않았죠. 한번은 제가 금융에서 '트랑셰tranche'라는 개념이 어떻게 쓰이는지 질문했습니다. 벤은 곧바로 트랑셰의 정의를 알려주는 대신 제가 사전을 찾아보게 했습니다. 찾아보니 프랑스어로 '조각'이라는 뜻이었어요. 곧바로 답을 말해주면 잊겠지만 직접 찾아보면 잊지 않고 기억할 수 있다고 생각한 것이었죠."

칸은 그레이엄의 수업에서 미래의 아내가 될 루스를 만났다. 두 사람은 1931년에 결혼해 1996년 루스가 91세의 나이로 세상을 떠날 때까지 함께했다. 두 사람 사이에는 아들 셋이 있었는데 스승을 기리는 뜻으로 막내아들의 이름을 토머스 그레이엄 칸이라고 지었다.

칸은 1931년에 결혼했고 새로운 부업을 찾았다. 그해 그레이엄의 조교였던 리오 스턴이 일을 그만두면서 칸이 그 자리로 가게 된 것이었다. "1956년 벤이 은퇴할 때까지 그 밑에서 일하는 영광을 누렸습니다. 조교로 일하면서 증권 분석의 정수를 제대로 이해할 수 있었을 뿐 아니라 돈도 어느 정도 벌었습니다. 수업 시간의 토론을 위해 통계 분석 자료를 준비하고 학생이 제출한 사례 연구와 시험지를 채

점하는 것이 제 임무였습니다."

이후 25년 동안 칸은 그레이엄뿐 아니라 윌리엄 루안, 월터 슐로스, 찰스 브란데스, 워런 버핏을 비롯해 훗날 전설적인 투자자가 될 많은 사람과 통찰을 나누는 특권을 누렸다. "수업은 장이 끝나고 한 시간 뒤인 오후 4시에 시작했습니다. 벤과 저는 월스트리트에서 컬럼비아대학교까지 지하철을 타고 다니면서 많은 이야기를 나누었죠. 머지않아 벤은 멘토일 뿐만 아니라 소중한 친구가 되었습니다. 우리는 함께 스키를 타러 다녔습니다. 스키 리프트가 나오기 전이었는데, 벤이 스키 바닥에 뱀 가죽을 붙이면 쉽게 올라갈 수 있다고 알려주었던 것이 기억나는군요. 그런 여행도 벤에 대한 즐거운 추억입니다."

칸은 그레이엄이 신뢰하는 진정한 친구였다. 칸이 준비한 많은 통계 분석과 비교 분석 자료는 1934년 출간된 그레이엄과 도드의 명저 《증권분석》에 사례로 쓰였다. 《증권분석》은 투자자에게 기본적 분석을 소개해 금융계를 변화시킨 중대한 작업이었다. 그레이엄은 이 책으로 '가치투자의 아버지', '증권 분석의 아버지'라는 이름을 얻었다.

1937년 출판된 그레이엄의 《Storage and Stability(비축과 안정)》에 필요한 통계 자료를 준비하던 칸은 그레이엄의 눈으로 세상을 보는 기회를 얻었다. 그레이엄은 농민과 노동자의 삶을 초토화한 대공황 시기에 물가 하락이 가져온 어려움을 인식하고, 원재료와 원자재 상품의 수급을 통제할 수 있는 방안을 제안했다. 여러 상품을 조합해 새로운 상품 거래 단위를 만드는 바스켓 방식으로 원자재 상품을 비축해 물가 안정을 달성하고 경제 성장세를 회복하려는 시도였다. 이 책은 일반 대중에게 널리 읽히지 않았지만 정치인을 비롯해 존 메이너드 케인스 등 여러 경제학자의 호평을 받았다.

1956년에 공식적으로 은퇴를 선언한 그레이엄은 1976년 9월 21일 82세의 나이로 세상을 떠나기 전까지 캘리포니아와 프랑스를 오가며 여생을 보냈다. 칸은 훗날 로버트 밀른과 함께 파이낸셜 애널리스트 리서치 파운데이션에 그레이엄에 관한 논문을 투고했다. '재무 분석의 아버지 벤저민 그레이엄(Benjamin Graham: The Father of Financial Analysis)'이라는 제목의 논문에서 그는 투자의 전설 그레이엄의 놀라운 측면을 다음과 같이 소개했다.

"그레이엄에게는 몇 가지 비범한 특징이 있었다. 복잡한 문제도 빠르게 해결해 많은 사람이 당황할 정도였다. 그의 정신적 훈련은 수학, 특히 엄격한 기하학 공부에 기초했다. 기하학은 어떤 전제나 결론을 받아들이거나 거부하기에 앞서 치밀하고 정확한 추론을 요구한다. 기억의 폭과 깊이도 남달랐다. 그가 그리스어, 라틴어, 스페인어, 독일어를 읽을 수 있는 이유가 바로 여기에 있다. 스페인어를 정식으로 공부하지 않고도 스페인 소설[《휴전(La Tregua)》]을 전문적인 수준으로 번역해 미국에서 정식으로 출간했다는 사실은 더욱 놀랍다. 한편 그는 젊은 시절 스키와 테니스를 즐겼고 음악을 좋아했으며 특히 가사에 담긴 지혜와 선율 때문에 오페라를 사랑했다. 평면기하학을 발전시키는 것은 은밀하면서도 진지한 취미였다. 그는 단순화한 다양한 각도기와 원형 계산자로 특허를 출원했다. 남다른 자질이 어우러진 인물로, 오랫동안 가까이 알고 지낸 사람만이 그를 제대로 설명할 수 있다. 세인트 폴 대성당에 묻힌 건축가 크리스토퍼 렌의 비문에는 이렇게 쓰여 있다. '그의 유적을 찾고 있다면 주위를 둘러보라.' 금융계에서 그레이엄의 비문도 이와 같을 것이다."

가치를 설파하다

칸은 그레이엄과 밀접한 관계였지만 독자적으로도 대단히 성공적인 투자 경력을 쌓았다. 함메르슐락 보르흐에서 몇 년간 일한 뒤 롭 로즈에 증권 애널리스트로 입사했고 1940년에는 베르트하임으로 자리를 옮겼다. 그는 회상했다. "대공황은 모든 배를 침몰시키는 거대한 폭풍 같았습니다. 올바른 접근법을 알고 어느 곳을 보아야 하는지 알았다면 쉽게 돈을 벌 수 있었습니다. 재무 상태가 건전하고 가진 건 현금뿐인 회사가 많았습니다. 예를 들어, 대공황으로 어느 정도 타격을 입었지만 심각한 수준은 아니었고 주당 순현금이 주가를 넘어선 수출 기업이 있었습니다. 대단한 천재가 아니어도 쉽게 가치주를 찾을 수 있었죠. 그저 제대로 된 투자 모델만 있으면 충분했습니다."

베르트하임에서 칸은 광산 업종을 담당했다. 그레이엄의 제자이자 펀더멘털 분석의 강력한 옹호자라는 명성이 성공한 사업가와 부유한 고객을 끌어모았다. 그는 저평가된 주식을 개인 투자자에게 추천하면서 상당한 수수료 수입을 올렸다. 연봉이 올라 수입이 늘자 자신의 자산을 직접 운용하기 시작했고, 그레이엄이 경영하는 투자회사 그레이엄-뉴먼에 투자할 기회도 가지게 되었다.

칸은 1950년대에 윌리스턴의 파트너가 되었다. 윌리스턴에 머문 기간은 몇 년에 불과하지만 그곳에서 만난 윌리엄 델루카와 좋은 관계를 맺고 그 후 수십 년 동안 함께 일했다.

1960년대 초에는 에이브러햄 앤드 컴퍼니에 파트너로 합류했다. 1978년에 두 아들과 칸 브러더스를 설립하기까지 그곳에서 일했다. "1975년 리먼 브러더스가 에이브러햄 앤드 컴퍼니를 인수했습니다. 회사가 너무 비대해지면서 업무 환경이 마음에 들지 않았습니다. 당시 에이브러햄에서 같이 일하던 제 아들 앨런과 토머스, 동료 윌리엄도 같은 생각이었습니다. 그래서 우리만의 일을 시작하기로 결정했죠."

칸 브러더스를 창업한 직후 주식 거래를 쉽게 하기 위해 뉴욕증권거래소에 자리를 잡은 것은 주목할 만한 사건이다. 칸은 1978년에 약 10만 달러를 지불하고 그 자리를 얻었는데 2005년의 가치는 300만 달러에 이른다. 뉴욕증권거래소가 상장했을 때 그는 현금 50만 달러와 상장된 주식 7만 7,000주를 받았다.

칸은 그동안 적용해온 투자 전략을 설명했다. "초기에는 넷넷 주식을 찾기가 쉬웠습니다. 연례 보고서를 검토하고 재무상태표를 조사하면 충분했죠. 우선 현금, 토지, 부동산처럼 믿을 만한 자산을 가진 기업을 찾았습니다. 다음으로 부채가 많지 않고 전망이 괜찮은지 여부를 확인했습니다. 이런 기업의 시가총액이 순운전자본 미만이라면 매수 대상으로 관심을 가졌습니다. 이제 넷넷 주식이 흔하지 않다는 것은 알지만 크게 불평할 일은 아닙니다. 옛날에는 투자할 종목 자체가 많지 않았으니까요. 지금은 수많은 나라에 수많은 기업이 있어서 투자 기회를 찾기가 수월합니다. 게다가 인터넷 덕분에 이용 가능한 정보도 더 많아졌죠. 투자 기회를 찾을 수 없다고 불평한다면 열심히 찾지 않았거나 폭넓게 자료를 읽지 않았다는 뜻이죠!"

칸은 투자 아이디어를 찾는 데 별로 도움이 되지 않는다고 생각하는 소설을 제외하고 닥치는 대로 읽었다. 매일 여러 종류의 신문을 읽었고 과학 잡지와 기술 잡지도 정기적으로 읽었다. 최신 뉴스와 트렌드를 따라가면서 소설을 제외한 책 수천 권을 읽었다. 읽은 책 대부분에는 자기 생각을 빼곡히 적어 넣었다. 오랜 세월 동안 투자 아이디어를 낼 수 있었던 방법을 묻자 그는 경제 뉴스, 과학, 심리학, 연례 보고서, 금융 잡지, 역사 등 수많은 유형의 정보를 흡수하고 그 정보를 결합해 미래에 대한 폭넓은 시각을 키우는 것이 중요하다고 답했다. "과학을 주제로 쓴 글을 읽으면 생각이 열립니다! 유럽의 과학자가 우라늄을 발견하고 우라늄에서 전기를 생산할 수 있다는 것을 알아냈을 때, 대중은 그들이 술에 취했다고 생각했어요. 처음에는 믿기 어려웠던 여러 과학적 발상은 이제 현실이 되었습니다. 그러니 과학 서적을 읽고 미래를 배우는 것이 중요합니다."

경기 침체와 시장의 조정을 거치며 자신이 찾은 좋은 주식이 가치주 영역에 들어왔을 때 칸은 매수에 나섰다. "진정한 투자자는 결코 비관하지 않습니다. 시장이 하락할 때야말로 싸게 살 수 있는 시기이기 때문이죠!" 2000년대 초 그의 관심을 끈 첨단 기술 기업 중 하나는 정수 장비를 만드는 오스모닉스였다. 세계 인구가 증가할수록 깨끗한 물에 대한 수요도 늘어날 것으로 파악한 그는 기술주 거품이 꺼지고 주가가 크게 하락하자 주저 없이 오스모닉스 주식을 사들였다. 2003년 제너럴 일렉트릭이 오스모닉스를 인수했고 칸은 커다란 수익을 올렸다.

오스모닉스에 관심을 가졌던 시기에 칸은 세계 인구 증가로 식량 수요가 늘어날 것이고 몬산토가 생산한 유전자 변형 씨앗이 식량 공급을 확대하는 데 도움이 될 것으로 생각했다. 그러나 유전자 변형에 회의적이었던 환경론자들이 공격해 몬산토 주가가 20달러 수준으로 하락했다. 칸은 자신의 리서치 결과를 믿고 몬산토의 가치를 높게 평가했고 주식을 매수했다. 불과 몇 년 만에 몬산토 주가는 60달러를 훨씬 웃돌았다.

칸은 광범위한 주제에 관한 독서의 가치를 믿었고 성공적인 투자에는 인내심, 규율, 회의적인 시각이 필요하다고 믿었다. 저평가된 투자 대상은 대개 처음에는 시장에서 진가를 인정받지 못하기 때문에, 시간이 지나며 일이 어떻게 진행되는지 지켜보려면 인내심이 필요하다. 남에게 어떤 주식이 투자할 가치가 있을지 제안하게 하는 것은 게으른 짓이다. 그래서 규율이 중요하다. 현명한 투자자라면 투자 결정을 내리기에 앞서 자신이 해야 할 힘든 과제를 수행하고 숫자를 검토하는 자기 규율이 있어야 한다. 규율은 독립적인 사고를 가능하게 한다.

마지막으로 다소 회의적인 시각도 도움이 된다. 재무제표의 숫자는 기업의 경영진이 보고한 것이다. 투자자는 언제나 주의가 필요하다. 반드시 숫자 너머를 보고 그 재무제표에 관여한 임원의 자질을 파악해야 한다. 칸은 회상했다. "초기에는 많은 기업의 재무 보고 기준이 불투명했습니다. 그래서 기업 경영진의 자질을 파악하기 위해 행간을 읽고 재무제표의 각주를 파헤치는 데 상당한 노력이 필요했죠. 정보가 부족해서 어려울 때도 있었고, 회사 임원이 주주를 회사의 주인으로 대하지 않을 때도 있었습니다." 회사의 임원과 협력해 증권 분석의 품질을 개선하기 위해 그는 1937년 그레이엄을 포함한 증권 애널리스트 18명과 함께 뉴욕증권애널리스트협회(NYSSA)를 설립했다. 원래는 증권 애널리스트들이 점심시간에 만나 주식과 투자 전반을 토론하는 소규모 모임이었으나 정기적인 모임으로 발전하면서 NYSSA를 구상하게 되었다.

NYSSA 선언문에 따르면 "증권 분석 분야에서 높은 수준의 직업 윤리를 확립하고 유지하며 재무 및 증권 분석의 기능과 증권 시장의 운영에 관한 올바른 이해를 증진하는 것"이 목표다. 20명 미만으로 출발한 NYSSA는 이제 1만 명 이상의 회원을 자랑하며, CFA 인스티튜트 산하 단체 가운데 회원이 가장 많다. "회사 임원을 만나려고 노력했어요. 그들을 설득해서 뉴욕의 저렴한 식당으로 오게 했죠. 우리가 회사를 더 많이 알면 회사를 알리는 데 도움을 줄 수 있으니 회사에도 유리할 거라고 설명했죠. 처음에는 굉장히 유용했습니다. 이런 만남이 지난 몇 년 사이 이른바 '애널리스트 콘퍼런스 콜'로 바뀌었죠. 지금은 임원이 콘퍼런스 콜을 통해 애널리스트의 추정치를 관리하려 하기에 예전 만남보다는 덜 생산적입니다."

늘 증권 분석의 가치를 설파했던 칸은 1945년 〈파이낸셜 애널리스트 저널〉에 창립 멤버로 참여했다. 2005년 창간 60주년을 기념해 그는 '파이낸셜 애널리스트 저널의 초창기(Early Days at the Financial Analysts Journal)'라는 제목의 글을 기고해 저널의 본질을 이야기했다.

"우리가 추구한 접근법은 기업, 산업, 국가 통계 및 사실 분석 같은 일상적인 실무에 관한 지침을 제공하는 것이었다. 다른 사람, 특히 저널에 관심을 가지게 된 학계 저술가는 이론적인 측면을 추구했다. 이론과 실제의 틈을 어떻게 메울 것인가는 지금도 여전히 어려운 문제다."

1977년으로 거슬러 올라가 칸은 저널에 '나그네쥐는 언제나 진다(Lemmings Always Lose)'라는 제목의 글을 실은 적이 있다. 여기서 그는 현명한 투자를 위한 간단한 규칙을 다섯 가지로 요약했다.

1. 최근 혹은 현재 수치에 의존해 미래 가격을 예측하지 않는다. 나보다 앞서 그 숫자를 알고 있는 수많은 사람이 있음을 명심하라.
2. 공포, 희망, 신뢰할 수 없는 추정치가 끊임없이 가격의 틀을 형성한다. 평균 가치보다 싸게 사지 않는 한 자본은 늘 위험에 노출된다.
3. 보고된 이익 이면에 회계 방식, 경영진 및 최대 주주의 인간적 문제 등 복잡한 요소가 있다는 것을 기억하라.
4. 경쟁 관계를 무시하려면 위험도 각오해야 한다. 경쟁 업체는 늘 내가 투자한 기업의 지위와 실적을 공격한다.
5. 분기 실적을 믿지 말라. 자료의 출처와 회계 기준 적용 내역서로 보고된 실적을 검증하라. 숫자는 얼마든지 거짓말을 할 수 있고, 거짓말쟁이는 항상 숫자를 이용할 궁리를 한다.

애널리스트는 인내해야 하고, 인내하도록 고객을 설득해야 한다.

끊임없이 변화하는 이 세계에서 개별 주식에 대한 공부와 객관적 분석을 대체할 공식은 없다.

100세 식습관

칸은 월스트리트의 가치 판단이 언제나 서툴렀다고 생각했다. 첫째, 시장은 과거로부터 배울 줄을 모르고 같은 투자 실수를 반복한다. 1929년의 폭락, 1970년대 초반 니프티 피프티의 몰락, 1987년 10월 검은 월요일, LTCM의 추락, 닷컴 버블, 심지어 리먼 사태에 이르기까지 성격과 투자 상품은 다르지만 줄거리는 모두 비슷하다. '역사는 반복되지 않지만 그 흐름은 반복된다'라는 말은 옳았다. 칸은 이렇게 덧붙였다. "세상에 가치투자자가 더 많아진다면 그런 혼란에 또다시 빠지는 일은 결코 없을 것입니다!"

둘째, 월스트리트 사람은 돈을 버는 데 너무 많은 노력을 기울이고 그것이 극심한 스트레스와 건강하지 못한 생활 방식으로 이어진다. 부유하지만 건강하지 않은 삶의 가치에 칸은 의문을 품었다.

80년 넘게 투자 업계에 몸담으며 100세를 훌쩍 넘긴 칸은 건강과 부를 유지하는 방법을 이렇게 소개했다. "술이나 담배를 하지 말 것. 영양소가 풍부한 식사를 할 것. 항상 몸을 움직일 것. 세계 각지의 사람을 만나고 영감을 얻을 것. 많이 읽을 것. 지금은 불가능하지만 미래에는 가능할 것에 관해 읽을 것. 정신을 명민하고 바쁘게 유지하기만 한다면 좋은 일이 일어날 겁니다!"

미국 뉴욕 예시바대학교 알베르트 아인슈타인 의과대학이 진행한 장수 유전자 프로젝트에 참여한 칸과 남매들은 장수가 유전일 수 있다는 것을 보여주는 증거였다. 칸의 누나 헬렌과 리는 각각 2011년과 2005년에 110세와 102세로 세상을 떠났다. 동생 피터는 103세까지 살았다. 대학의 연구원은 '좋은' 콜레스테롤이라고 부르는 고밀도 지단백, 즉 HDL 콜레스테롤 수치가 칸의 가족에게 극히 높게 나타났는데 이것이 노화 관련 질환을 예방하는 효과를 만들어냈다는 가설을 세웠다. 유전자와 별개로, 연구자는 100세를 넘긴 사람이 대개 성격이 외향적이고 사교적이라는 사실을 발견했다. 칸과 그의 가족은 새로운 것을 받아들일 준비가 되어 있었고 삶의 긍정적인 면에 집중하는 경향이 있었다. 대공황과 제2차 세계대전 당시 가난과 공포를 겪었으면서도 삶의 어려움을 불평하는 일이 거의 없었다. 스트레스를 피하고 떨쳐버리는 데 달인이었다.

칸은 말했다. "특히 2008년 금융위기와 2011년 유럽 재정위기 이후 모두가 경제와 세계를 걱정하고 있습니다. 낙천적으로 사는 법을 배워야 합니다. 삶은 계속되고, 새로운 정책 때문이든 과학적 혁신 때문이든 긍정적인 일이 느닷없이 나타나기도 하니까요. 그렇긴 해도 세상에는 복잡한 문제가 가득하고 미디어는 광고로 넘쳐납니다. 필요 없는 물건을 사는 것을 멈추고 꼭 필요한 것에 집중하세요. 그러면 오래 살고 행복해질 겁니다. 인생의 목표는 행복을 이루는 것이니 중요한 것을 생각해보세요!"

자신의 명성에 대해 칸은 겸손한 농담을 던졌다. "너무 오래 살아도 유명해지는 법입니다!"

4

역발상 투자자의 탄생

토머스 칸
Thomas Kahn

칸 브러더스 그룹(미국)
Kahn Brothers Group

세속의 지혜는 비전통적인 방법으로 성공하는 것보다
전통적인 방법으로 실패하는 것이 평판에 더 좋다고 가르친다.

— 존 메이너드 케인스

토머스 그레이엄 칸은 칸 브러더스 그룹의 사장이다. 칸 브러더스 그룹은 자회사 칸 브러더스 어드바이저와 칸 브러더스를 통해 투자 운용 및 자문 서비스와 브로커-딜러 서비스를 제공한다.

어빙 칸과 그의 아들 앨런, 토머스는 1978년 벤저민 그레이엄의 투자 철학에 기초해 칸 브러더스를 설립했다. 2019년 말 현재 운용 자산 규모는 8억 2,500만 달러가 넘으며 고객은 기관과 고액 자산가다. 고객에게 "뛰어난 투자 수익률을 제공하는 동시에 위험 노출과 자본의 영구적인 손실 가능성을 제한하는 것"이 회사의 목표다. 비공개 기업으로 남겠다는 의지에 따라 장기 투자 철학을 공유하는 고객하고만 소통하는 칸 브러더스는 신중하고 절제된 속도로 고객 기반을 확대하고 운용 자산을 성장시키고자 한다. 칸 가족은 회사의 매출 전망을 높이기 위한 자산 확충에는 관심이 없다고 고객에게 확언한다.

토머스 칸은 칸 브러더스 외에도 두 개의 사모펀드를 운용하고 있으며 프로비던트 뉴욕 뱅코프, JBI 인터내셔널, 애커먼 인스티튜트 포 패밀리, 주이시 길드 포 블라인드 이사회에서 활동하고 있다.

Thomas Kahn

토머스 그레이엄 칸이 1942년 뉴욕에서 태어났을 때, 아버지 어빙은 '가치투자의 아버지' 벤저민 그레이엄을 기려 아들의 중간 이름을 지었다. 토머스가 자라서 가치투자자의 사고방식을 가지게 된 것은 당연한 일이었다.

칸은 퀸즈의 중산층 거주 지역인 벨 하버에서 자랐지만 아버지의 재정적 독립이 쉽게 이루어진 것이 아니라는 사실을 알았다. "아버지는 아무것도 없이 시작했지만 벤(그레이엄)에게 배운 기본 분석 덕분에 주식시장에 지혜롭고 현명하게 투자해 돈을 벌 수 있었습니다." 그는 일찍부터 '자본을 위해 일하지 말고, 자본이 너를 위해 일하게 해야 한다'라고 배웠다.

칸은 2011년 맨해튼 사무실에서 이렇게 말했다. "아버지에게 투자는 단순한 사업이 아니라 취미이기도 합니다. 연례 보고서가 가득 담긴 서류 가방을 들고 퇴근하신 아버지가 저녁 식탁에서 저와 도널드, 앨런에게 그것을 읽어주신 기억이 납니다. 소설은 절대로 읽지 않으셨고 휴가 때면 늘 경영과 과학에 관한 자료를 챙겼습니다. 운명을 통제하려면 당장의 쾌락을 미루고 미래를 위해 현명하게 저축하고 투자해야 한다고 가르쳐주셨죠." 아버지에게 기본적인 금융 역량을 배우기는 했지만, 그의 투자 기질은 컬럼비아대학교에서 심리학 박사 학위를 받은 어머니 루스에게 물려받았다고 할 수 있다. 주식시장은 인간의 심리에 영향을 받기 때문에 투자를 현명하게 하려면 금융 지식은 물론 올바른 사고방식을 갖추어야 한다. 시장에 광풍이 몰아칠 때와 위기가 닥칠 때 특히 그렇다.

칸은 설명했다. "감정적인 것이 나쁜 것이 아니지만 투자할 때에는 자신만의 가치 평가 기준을 세워야 합니다. 그런 다음 늘 감정을 억제한 상태를 유지하고, 시장 전반의 영향에서 벗어나야 합니다. 때로는 아무것도 하지 않는 것이 최선입니다. 물론 강세장에서 모두가 사라고 외칠 때 매수 유혹과 싸우는 것은 말처럼 쉽지 않습니다. 위기가 닥치고 모두가 주식시장이 끝났다고 말할 때 매수에 나서려면 용기가 필요하기도 합니다. 역발상 투자자가 되려면 여러 가지 면에서 훈련이 필요합니다! 대중의 흐름에 역행하면서, 성공적인 투자는 과학보다 예술에 가깝다는 것을 알게 되었습니다. 투자라는 게임에서 숫자와 계산이 전부라면 현대에 이용 가능한 다양한 컴퓨터 프로그램을 감안할 때 이론적으로 누구나 늘 올바른 기준을 제시하고 돈을 벌 수 있어야 합니다. 하지만 그렇게는 되지 않습니다. 투자는 올바른 기질과 기업에 대한 이해가 필요한 예술에 가깝습니다."

어려서부터 칸은 언젠가 아버지와 함께 투자 업계에서 일하게 될 것이라고 생각했지만, 그 전에 지식의 반경을 넓히기 위해 1960년

코넬대에 입학해 역사학을 전공했다. 그는 정치와 금융을 공부하면 과거를 이해하고 미래를 예측할 수 있을 것이고, 인간의 결정과 그 결과의 합인 역사를 공부하면 인간 심리를 파악하는 데 도움이 될 것이라고 믿었다. 마크 트웨인의 말처럼 "역사는 결코 반복되지 않지만 그 운율을 반복한다".

1964년 졸업한 칸에게는 두 가지 선택지가 있었다. 군 입대 후 베트남에서 싸우는 것, 군 복무 대신 아이들을 가르치는 정부 프로그램에 지원하는 것이었다. 후자를 선택한 그는 브롱크스에 있는 공립 초등학교에서 몇 년 동안 아이들을 가르쳤다. 같은 시기에 뉴욕대 경영대학원(현 스턴경영대학원)에서 경영학 석사 과정을 공부했고 1967년 졸업했다.

1968년 칸은 공식적으로 투자 업계에 합류해 아버지 어빙, 형제 앨런과 함께 일했다. "두 사람과 함께 처음에는 윌리스턴 앤드 빈에서 일했고 그다음에는 에이브러햄 앤드 컴퍼니에서 일했습니다. 신입 사원으로서 매매 내역을 정산하고 기록하는 일을 했습니다. 컴퓨터가 보급되기 전이어서 색인 카드 뭉치 두 개를 활용했습니다. 하나에는 고객의 상세 정보가 담겨 있고 다른 하나에는 종목명이 적혀 있었습니다. 고객이 어떤 종목을 매매했는지 카드에 적고, 장이 끝나면 두 카드를 대조해서 내용이 일치하는지 확인하는 것이 제 일이었습니다. 거래 내역을 정산하고 기록하면서 우리 사무실이 추적하는 기업뿐 아니라 고객의 투자 습관과 관심 기업 유형을 알 수 있었습니다. 투자 업무에 익숙해지면서 아버지를 도와 분석 작업을 시작했습니다."

에이브러햄 앤드 컴퍼니는 1975년 리먼 브러더스에 인수되었다. 3년 후 칸 가족은 직접 투자회사를 설립하기로 결정했다. "에이브러햄은 자본도 충분하고 잘 경영되는 일류 회사였습니다. 리먼에 인수되기 전에 우리는 서로 다른 투자 팀에서 각자 고객의 돈을 관리했습니다. 에이브러햄을 인수한 리먼은 우리를 한 팀으로 만들고 싶어 했습니다. 하지만 우리는 비대해진 회사의 새로운 방식이 마음에 들지 않았습니다. 더욱 중요한 것은 고객도 달가워하지 않았다는 사실입니다. 고객은 리먼 브러더스를 상대하는 대신 우리 가족과 직접 거래하고 싶어 했습니다."

변형된 그레이엄식 접근법

칸 브러더스의 투자 철학은 그레이엄이 주창한 '안전마진'으로 요약할 수 있다. 그레이엄은 《현명한 투자자》에서 이렇게 말했다. "진정한 투자 대상은 진정한 안전마진이 있어야 한다. 진정한 안전마진은 숫자, 설득력 있는 추론, 실제 경험을 참고해 입증될 수 있다." 시간이 지나며 칸 가족의 가치 평가 모형도 진화했다. 하지만 칸은 이렇게 설명했다. "안전마진의 중요성을 잊은 적은 결코 없습니다."

칸 브러더스는 초창기에 운전자본 미만에 거래되는 넷넷 주식을 찾았다. 1980년대 들어 더는 이러한 회사를 찾기가 어려워지자 비상장 시장 가치(private market value, 기업을 통째로 인수할 때 지불하는 가격) 혹은 계속 기업(going concern) 가치 미만에 거래되는 회사를 찾기 시작했다.

"사람들이 우리의 투자 전략이 무엇인지 물으면 '변형된 그레이엄 식 투자'라고 대답합니다. 벤은 주로 재무상태표를 보면서 운전자본 미만에 거래되는 종목을 샀습니다. 기업의 본질에 크게 신경 쓰지 않았죠. 우리는 기업의 질과 자산을 조사하는 방식으로 벤의 가르침을 변형해 적용했습니다. 턴어라운드 상황을 살펴보고 토지, 지적 재산권, 브랜드 등 저평가된 자산의 진정한 가치를 평가합니다."

칸은 이렇게 덧붙였다. "벤과 마찬가지로 우리도 가격과 가치의 괴리를 봅니다. 하지만 가치에 대한 정의와 가치를 실현시키는 촉매에 대한 기대는 그와 똑같지 않습니다." 투자자가 덜 주목하는(저평가 상태일 가능성이 높은) 소형주와 중형주에 집중해온 칸 브러더스는 기본적으로 '올 캡(all cap)', 즉 시가총액에 관계없이 모든 가치주에 투자한다.

"우리가 계산한 가치보다 낮게 거래되고 편안한 안전마진을 제공하는 종목이 있다면 더 자세히 알아봅니다. 우리의 주된 관심사는 컨설턴트가 제시하는 대형주, 소형주, 신흥 시장 같은 투자 범주가 아니라 주가의 하방 경직성이 확보된 강력한 투자 대상입니다. 중요한 내용을 덧붙이자면, 우리는 '절대' 가치를 봅니다. 상대 가치는 결코 보지 않습니다. 예를 들어 단순하게 동종 회사가 이익의 30배(PER 30배)에 거래된다고 해서 PER 20배인 회사가 저평가되었다고는 보지 않습니다. 정성적으로 비교할 때도 재무상태표, 이익, 현금흐름, 사업 분석 방식으로 접근합니다. 우리가 계산한 적정 조정 장부가치보다 할인되어 거래되거나, 정상치에 가까운 이익 기준 보수적으로 산출한 주가배수 미만에 거래될 경우에 한해서만 그 기업이 저평가

상태라고 봅니다. 단순한 주가순자산배수PBR나 PER만을 보지 않는 것이 중요합니다. 항상 필요한 조정을 가하고 경영진과 논의해 다듬은 수치를 평가합니다."

손익계산서에 표시된 현재 이익을 크게 강조하는 일반적인 투자자와 달리 칸은 재무상태표를 더 중점적으로 본다. 이익이 '기업의 전망에 대해서는 많은 것을 말해줄지 몰라도 건전성에 대해서는 거의 알려주는 것이 없다'는 것이 그의 생각이다. 따라서 기업의 손익을 볼 때 현재의 이익 대신 미래에 더 우호적인 환경에서 달성 가능한 이익에 초점을 맞춘다. "기업의 건전성은 현재의 좋은 실적보다 훨씬 더 큰 안전마진을 제공합니다. 우리는 현재 실적은 좋지만 부채가 많은 기업이 아니라 탄탄한 재무상태표, 강력한 운전자본, 낮은 부채 비율을 갖춘 기업에 투자할 것입니다. 사실 단기 실적이 약세거나 심지어 이익을 내지 못했더라도 양호한 건전성을 유지하는 기업을 선호합니다. 이러한 기업이 더 큰 가치를 창출하기 때문입니다. 우리는 이러한 기업을 '추락 천사'라고 부릅니다. 대개 시장 지위와 재무 상태는 양호하지만 일시적으로 문제를 겪고 있죠. 우리의 리서치 결과가 '이들은 문제 해결과 실적 개선 역량을 가지고 있다'고 보여준다면 결국 주가도 다시 상승할 겁니다. 문제가 지속되고 실적이 개선되지 않을 경우에는 재무상태표를 더욱 자세히 검토해서 가치 있는 자산을 보유했는지 여부를 판단합니다. 보유한 자산이 상당히 매력적이라면 완벽한 인수 후보가 됩니다."

칸은 추락 천사를 찾다가 숨은 보석을 발견하고는 한다. 예를 들어 몇 년 전 그는 캘리포니아 슈퍼마켓 체인인 스리프티마트가 로스앤젤레스의 귀한 필지에 있다는 사실을 알았다. 이 부동산의 보고 가치는 1930년대까지 거슬러 올라가는 과거 원가를 기준으로 한 것이어서 투자자는 실제 가치를 간과하고 과소평가해왔다. 본업과 상관없이 스리프티마트는 사실상 부동산에 투자하는 기회였다. 그는 이 주식을 10년 넘게 보유했고 주가가 떨어질 때마다 추가로 사들였다. 회사의 경성 자산(hard asset)이 주가가 가리키는 것보다 훨씬 더 가치가 있었기 때문에 하락 위험은 거의 없다는 것을 확실히 알았다. 마침내 스리프티마트가 다른 기업에 인수되었을 때, 그가 이 주식에 투자해 얻은 연간 수익률은 다우지수와 S&P500지수 수익률을 크게 앞질렀다.

스리프티마트를 비롯해 유사한 투자를 통해 교훈을 얻은 칸은 인내와 규율이 성공의 열쇠라고 믿게 되었다. 가치주를 보유할 때 지나치게 근시안적으로 접근해서는 안 된다. 몇 달이나 몇 년 안에 가격이 오르지 않는다고 해서 무수익 주식이라고 볼 수 없다. 실제로 가치주의 수익률은 보유 기간 대부분에 시장 수익률을 하회하는 경우가 흔하다. 마침내 진가를 인정받았을 때 시장과 비교한 연간 수익률은 투자자를 놀라게 한다.

심스는 더 최근 사례다. 2011년 말 파산 보호 신청을 한 심스는 의류 할인 판매 매장을 운영했다. 본업인 소매 유통 사업에서는 손실이 발생했지만 미국 동부 전역에 걸쳐 1억 5,000만 달러 이상의 가치가 있는 부동산을 보유하고 있었다. 이 기업의 시가총액은 부동산 가치의 절반에 불과했고 칸은 투자 기회를 포착했다. 청산 절차가 어떻게 진행되든 심스가 보유한 부동산의 가치로 하방 경직성이 확보된다고 확신했다. 그는 지적했다. "아무 일도 일어나지 않을 경우, 저평가된 주식은 영원히 저평가 상태로 남아 있을 수 있습니다. 우리는 이렇게 추락한 기업을 호전시킬 수 있는 촉매가 무엇일지 늘 자문합니다. 답을 이끌어내는 과정은 경험, 지식, 통찰력이 관여하는 정성적 활동입니다. 정답도 오답도 없지만 이 과정은 우리 리서치에서 필수입니다."

턴어라운드의 촉매를 파악하기 위해서는 경영진과 직접 이야기를 나누는 것이 효과적인 전략인 경우가 많다. "경영진과 대화하며 능력과 성격을 평가하고, 사고방식을 이해하고, 공감대를 형성하는 것을 좋아합니다. 언제나 우호적으로 경영진을 대합니다. 눈을 보고 성격을 파악하려는 의도죠. 구식일지 몰라도 사람을 판단하는 데 아주 효과적인 방법입니다." 칸 브러더스는 중소기업의 경우 경영진을 만나 대화를 나누는 반면, 대기업의 경우 대개 콘퍼런스 콜을 듣고 애널리스트 미팅에 참석하는 것만으로도 충분하다고 생각한다. "다행히 저희는 이 업계에 오랫동안 몸담은 덕분에 언제라도 회사 경영진에게 접근할 수 있습니다. 아버지가 여러 기업을 위해 애널리스트 미팅을 조직해 기업의 투명성을 촉진했고 덕분에 꽤 많은 사람을 알게 되었죠."

경영진과 친분이 있더라도 임원이 주주를 희생시켜 이익을 얻으려 하면 칸 가족은 두고 보지 않는다. "주주권 소송에 관여한 적이 있습니다. 지금은 퇴직한 형 앨런이 현장에서 꽤 적극적으로 활동했습니다. 저는 형과 비교하면 덜 공격적이지만, 경영진이 주주에게 해를 끼치려고 할 때 우리의 권리를 옹호하기 위해 나서는 것이 매우 중요하다고 생각합니다."

　부당 거래 가능성을 최소화하기 위해 칸은 경영진의 개인적 이해
관계가 주주 이익과 일치한다는 강한 확신이 있는 경우에 한해 투자
하려고 한다. 예를 들어 임원의 급여가 업계 표준과 비교해 적정하고
최고경영자가 순자산의 상당 부분을 스톡옵션이나 워런트가 아닌
주식의 형태로 직접 소유하고 있는지 확인하는 것이다. 그는 성과급
형태의 급여를 올바르게 사용하면 회사 발전에 효과적인 수단이 될
수 있다는 것은 알지만 어렵게 번 돈으로 직접 회사 주식을 사는 경
영진을 선호한다. 이처럼 직접 비용을 지불한 매수는 경영진이 회사
의 미래를 확신하고 주주의 이익에 부합하는 장기적인 이해관계를
가진다는 분명한 메시지를 전달한다.

잘 알려지지 않은 유가 증권

　칸은 뚜렷하게 정의된 방향성이 있고 건전하고 전망이 좋은 기업
이라면 애초에 저평가 상태일 가능성이 매우 낮다고 강하게 믿는다.
그의 관점에서 가치투자자는 거의 언제나 역발상 투자자로서 시장
에서 소외되고 잘 알려지지 않은 유가 증권을 분석하는 경향이 있다.
"가치투자는 본질적으로 흐름에 역행하는 접근법입니다. 지금 인기
가 없는 것을 사서 인기를 얻기까지 기다리는 과정이 필요합니다. 미
니스커트가 유행할 때 중고 매장에서 긴 치마를 사는 것, 여름에 히
터를 사고 겨울에 에어컨을 사는 것과 같죠."

　칸이 경영대학원에서 발견한 문제점은, 학생에게 가르치는 것이

'전망이 좋은 투자 대상을 찾는 법'에 지나지 않는다는 것이다. 이미 인기 있고 전망도 밝은 기업이라면 누구라도 그 사실을 알 것이고 그 주식은 이미 프리미엄이 붙은 가격에 거래되고 있을 것이다. "대단한 전망에 대한 값을 지불하는 것은 불편합니다. 하락 위험을 가늠할 수 없으니까요. 우리는 방향을 돌려 사람들이 형편없다고 생각하는 기업을 찾은 다음 그 부정적 심리가 타당한지 여부를 장기 투자자의 관점에서 분석합니다. 이렇게 하면 주가가 크게 하락한 기업의 장점에 집중하고 추가 하락 위험이 실제로 얼마나 되는지 평가할 수 있습니다. 성장할 기업을 찾는 것만이 투자가 아닙니다. 자본을 성장시킬 기회를 찾는 것도 투자입니다. 성장하지 않는 기업에 투자해도 자본을 성장시킬 수 있습니다. 역발상 투자자로서 우리는 가능성이 적은 곳에서 기회를 찾습니다. 무엇이 좋은지가 아니라 무엇이 문제인지를 묻습니다. 상황이 크게 나쁘지 않은데 주식이 크게 할인된 가격에 거래된다면 앞으로 하락 위험은 제한적이고 상승 가능성은 크다고 볼 수 있습니다. 워런 버핏은 '절대 좋은 가격에 팔 것을 기대해서는 안 된다. 그저 그런 가격에 팔아도 수익률이 좋을 정도로 매력적인 가격에 사야 한다'라고 했습니다."

칸은 잘 알려지지 않은 투자 기회를 찾기 위해 전통적인 방식을 활용한다. 신문이나 컴퓨터를 이용해 그날의 하락 종목과 52주 최저가를 기록한 종목을 확인한다. "신고가와 신저가를 기록한 종목을 보면 시장의 심리를 알 수 있습니다. 첨단 기법은 아니지만 시장을 평가하는 방법으로 수십 년 동안 효과가 있었죠. 하락주 목록을 보면 그 주식이 속한 업종 전반의 특정한 문제로 인해 주가가 하락한 기

업이 있습니다. 이 경우 업종의 문제를 신속하게 파악하고, 기업을
분석하고, 호재와 악재를 가려냅니다. 투자하지 않고 현금을 보유하
고 있어도 아무 문제가 없는 만큼 불편한 종목은 굳이 살펴보지 않
지만, 일반적으로 투자자의 우려를 자아내는 기업이 저평가된 자산
일 가능성이 있어서 주목하게 됩니다."

자신이 존중하는 동료 가치주 펀드매니저가 보유한 주식을 보고
아이디어를 얻기도 한다. 칸은 이들을 '우호적인 경쟁자'라고 표현한
다. 반면 다른 금융시장 참가자나 텔레비전에 나와 떠드는 사람의 추
천은 전혀 주목하지 않는다. "그들의 관심사는 한창 유행하는 주식
이고, 우리는 유행에서 벗어난 종목에 관심이 있으니까요!"

칸이 보기에 오늘날 일반적인 투자자가 가진 제일 큰 문제는 그들
스스로 '전문가'라고 생각한다는 점이다. "병원에 갈 때와 똑같습니
다. 요즘 환자는 진료 예약을 잡기 전에 인터넷으로 병에 대해 조사
해서 의사에게 자기가 처방받을 약을 이야기합니다. 투자는 그렇게
하면 안 됩니다. 표준 데이터의 이면을 보고 남이 보지 못한 것을 찾
아내기 위해서는 전문 지식과 경험이 필요합니다."

칸은 복스 인터내셔널(전 오디오복스 코퍼레이션)을 사례로 들었다.
복스 인터내셔널은 베스트바이, 월마트 등 미국의 주요 유통 업체를
통해 다양한 브랜드의 가전제품을 유통하는 기업이다. 2005년 이
기업은 감사를 거친 재무제표를 제때 제출하지 않았다는 이유로 나
스닥 시장에서 상장 폐지될 수 있다는 통보를 받았다. 많은 투자자
가 이 통보를 부정적으로 받아들였지만 드러나지 않은 기회를 확인
한 칸은 가슴이 뛰었다. 재무 상태를 면밀히 들여다보고 경영진을

만난 그는 감사를 거친 과거 실적을 이용하는 것이 애초에 허용되지 않았다는 사실을 알게 되었다. 전임 감사인이 제기했고 회사도 충분히 인지하고 있는 문제에 대한 조사가 진행 중이었기 때문이다. 상장 폐지 통보는 회사도 충분히 예상하던 일이었다. 상황이 해결되자 회사는 상장 기업의 지위를 되찾았다.

칸은 회상했다. "기사 제목은 무시무시했지만 회사의 실적과 재무 상태를 살펴보고 현실은 그렇지 않다는 것을 알 수 있었습니다. 상장 폐지 통보를 받은 이유를 알았다면 걱정할 것이 전혀 없다는 사실을 누구든 알았을 겁니다. 강조하고 싶은 것은, 우리가 검토한 모든 정보가 공공의 영역에 있었다는 것입니다. 경영진과 나눈 대화 덕분에 유리한 것은 없었습니다."

칸 브러더스는 복스 인터내셔널에 포지션을 취하고 장기간 보유할 계획을 세웠다. 2008년 금융위기로 주가가 급락했을 때에는 주저 없이 주식을 추가로 사들였다. 2011년 말 칸 브러더스는 복스 인터내셔널 전체 발행 주식의 약 11%를 보유해 단독 최대 주주가 되었다. "유형 자산의 주당 순자산가치가 12달러, 주당 순이익(EPS)이 75센트, 주당 현금흐름이 3달러인데도 불구하고 주가는 6달러까지 하락했습니다. 좋은 가격이었죠! 투자자에게 보통 3~5년의 보유 기간을 이야기합니다만, 모든 것이 제대로 돌아가고, 내재가치가 꾸준히 향상되고, 보수적이면서 수준 높은 경영진이 있는 기업이라면 보유 기간은 훨씬 더 길어질 수 있습니다. 결국 주식은 기업을 대표하고 우리는 그 기업에 투자하는 것이니까요!"

모멘텀보다는 가치를 중시하는 만큼 매수 시기가 너무 이른 경우도 많다. "역발상 투자자로서 진입 시점을 정확히 맞히겠다는 생각은 전혀 없습니다. 인기가 없는 주식은 더 하락해서 단기적으로 시장 수익률을 하회할 수도 있으니까요. 한 번에 모든 것을 걸기보다는 기업의 작은 일부분을 사서 시간이 지날수록 그 기업을 더 잘 알게 되고 점차 포지션을 키워가는 것이 좋습니다. 복스 인터내셔널은 2~3년에 걸쳐 서서히 알아갔습니다."

이러한 매수 전략은 칸 브러더스의 최고 시세 차익이 대개 나중에 매수한 부분에서 발생한다는 것을 뜻한다. 칸은 설명했다. "상황을 안다는 믿음이 있는 한, 보유한 주식의 평균 매입 가격을 낮추는 데 주저하지 않습니다. 그레이엄도 말했죠. '대중의 의견과 다르다는 이유로 옳거나 틀린 의견이 되는 것이 아니다. 데이터와 추론이 옳을 때 그 의견이 옳은 것이다'라고요."

시장을 되돌아보며

칸은 성공적인 투자자가 되려면 감성 지능이 필수라고 믿는다. 인생 경험도 도움이 되겠지만 좋은 시절과 나쁜 시절을 모두 거치며 살아남은 사람에게 직접 배우는 것도 반드시 필요하다. 그에게 아버지 어빙은 누구보다 좋은 본보기였다. "투자의 장점 가운데 하나는 정년이 없다는 겁니다. 나이가 들수록 더 현명해지죠. 주식시장 최고와 최악의 시절을 모두 겪은 아버지는 위기와 광란의 상황에서 침착함을 잃지 말라고 가르쳐주셨습니다. 아버지의 존재는 불확실성의 시대에 고객을 진정시키는 데도 도움이 됩니다."

칸은 아버지에게 '투자는 결국 일관성'이라는 중요한 교훈을 배웠다. 몇 년 동안 좋은 성과를 낸 펀드매니저의 전략일지라도 더는 통하지 않을 때가 온다. 그는 강조했다. "진정한 펀드매니저라면 장기간에 걸쳐 일관성 있는 복리 기준 연평균 수익률을 달성해왔다는 사실을 여러 경기 순환 주기를 거치며 시험을 통해 입증해야 합니다. 그렇기 때문에 일관된 투자 철학과 전략이 필수입니다. 물론 오랫동안 게임을 계속하려면 건강도 중요합니다."

이것을 실증하는 사례가 있다. "아버지는 106세가 되었지만 기력이 여전합니다. 일주일에 5일, 매일 4시간씩 회사에 나와 리서치를 하고 기업 관계자와 이야기를 나눕니다. 연세를 생각하면 굉장하죠! 이따금 기업 경영진과 이야기를 나누기 위해 전화를 걸면 '한발 늦었다'면서 벌써 아버지와 통화했다는 이야기를 듣습니다. 제 목표는 아버지의 뒤를 따르는 것이고 저 역시 은퇴할 생각은 전혀 없습니다."

두 부자의 공통점은 독서에 대한 깊은 애정이다. "독서하지 않고 좋은 아이디어를 내서 성공한 투자자는 본 적이 없습니다. 아버지는 책을 수천 권 읽으셨고 특히 과학에 대한 흥미가 각별합니다. 과학에 대한 방대한 지식 덕분에 아버지는 과거에 머무르지 않고 미래에 집중합니다. 인류가 경험할 기술 혁신과 앞으로 더 나아질 것들을 끊임없이 기대하죠."

2008년 금융위기나 1990년대 후반 닷컴 버블 당시에도 큰 걱정을 하지 않았던 칸이지만, 다우지수가 몇 분 만에 1,000포인트 폭락한 2010년 5월의 이른바 플래시 크래시(flash crash, 갑작스러운 붕괴)는 그를 혼란에 빠뜨렸다. 증권거래위원회가 광범위한 조사를 벌인 결과 고빈도 트레이딩회사의 수학적 알고리즘에 기인한 이례적인 대량 매도가 시장 붕괴의 원인이었다. "증시의 바탕은 신뢰입니다. 수학 프로그램과 기술 도구를 이용해 시장 안팎에서 빠르게 거래를 일으키며 수익을 내는 초능동hyperactive 알고리즘 트레이더는 시장에 큰 변동성을 일으킬 뿐 아니라 시장에 대한 개인 투자자의 신뢰를 떨어뜨립니다. 주식시장을 카지노로 바꾸어놓는 셈이죠."

상장지수펀드ETF 도입도 골칫거리다. "처음에는 문제가 없었습니다. 그런데 이 사업에서 기초를 마련하려는 월스트리트 트레이더들이 투기를 허용하는 레버리지 ETF를 만들었습니다. ETF는 포트폴리오 종목 비중을 지속적으로 조정해야 하기 때문에 개별 주식에 불필요한 변화를 일으킵니다. 주가가 타당하지 않은 이유로 등락하고, 시장에서 무슨 일이 벌어지고 있는지 아는 사람이 없습니다. 좋은 기업에 장기간 투자하려는 사람에게는 굉장히 나쁜 상황입니다."

칸은 뉴욕증권거래소가 정한 고정 수수료를 증권회사가 투자자에게 부과했던 시절을 애틋하게 떠올린다. 제도 자체는 문제가 있었지만 어쨌든 개인 투자자의 과도한 매매를 억제하는 역할을 했다. 1975년 고정 수수료 제도가 폐지되면서 할인 브로커와 온라인 브로커가 대거 등장했다. 이들은 개인 투자자의 매매를 더욱 장려했다. 이것이 간접적으로 지금과 같은 투기적 시장 환경을 낳았다.

"이제 잦은 매매가 유행하고 진지한 장기 투자는 인기를 잃었습니다. 저는 다시 대중에 역행하고 있죠." 칸의 결론이다. "시장의 과도한 변동성이 단기적으로는 우리 포트폴리오에 해가 될 수 있지만, 규율을 지키고 인내심을 가진다면 더욱 싼 가격에 주식을 살 수 있는 특별한 기회가 될 겁니다. 안전마진을 확보하는 것과 소외된 가치 지향적 기업을 장기간 보유하는 것의 중요성을 생각하면 우리가 보유한 주식은 결국 다시 인기를 끌게 될 겁니다."

5

가치투자 거인의
어깨 위에서

윌리엄 브라운
William Browne

트위디 브라운 컴퍼니(미국)
Tweedy, Browne Company

평판을 중요하게 생각한다면 좋은 사람과 어울려라.
나쁜 친구와 어울리느니 혼자인 편이 낫다.

— 조지 워싱턴

윌리엄 헤더링턴 브라운은 트위디 브라운 컴퍼니의 매니징 디렉터이자 포트폴
리오 매니저다. 1920년 증권회사로 출발한 트위디 브라운은 1959년 사업 모델
을 변경하고 벤저민 그레이엄의 가치투자 철학에 따라 자본 운용을 시작했다.
1997년 파트너들의 자산 승계 계획에 따라 70% 지분을 어필리에이티드 매니저
스 그룹에 매각했다.

브라운은 1978년부터 트위디 브라운에서 일하며 40년 이상 투자 경험을 쌓았
다. 매니징 디렉터인 브라운, 존 스피어스, 토머스 슈레이저, 로버트 위코프 주
니어는 총 154억 달러의 운용 자산을 책임지고 있다.

트위디의 직원과 이사는 '자기 손으로 만든 요리'를 먹는다. 즉 직원과 이사 개인
자금 약 11억 달러를 회사 상품에 투자해 운용 중이다. 1993년부터 뮤추얼 펀드
를 판매한 트위디 브라운은 현재 글로벌 밸류 펀드, 글로벌 밸류 펀드 II 환노출형
(unhedged), 밸류 펀드, 월드와이드 고배당 고수익 밸류 펀드를 운용 중이다. 글
로벌 밸류 펀드는 출시 이후 2020년 3월 31일까지 누적 수익률 677.67%를 기
록했다. 유럽, 호주, 극동아시아의 21개 선진국 주식시장을 종합한 모건스탠리
캐피털인터내셔널(MSCI) EAFE지수의 출범 이후 수익률은 209.21%였다.

글로벌 밸류 펀드는 1993년에 출범한 대표 펀드로 2020년 3월 말 기준 60억 달
러 순자산을 달성했다. 펀드는 출시 이후 연평균 7.96% 수익률을 기록했다. 벤
치마크 지수인 MSCI EAFE지수의 같은 기간 연평균 수익률은 4.30%에 그쳤다.

William Browne

"주식이란 무엇일까요?" 2012년 초, 뉴욕에 있는 자신의 사무실에서 브라운이 물었다. "주변에 물어 보면 저마다 다른 답을 할 겁니다. 제게 주식은 해당 기업에 대한 관심입니다. 이 단순한 개념에 동의한다면 투자 결정을 내리기 전에 기업의 가치를 분석하고 파악해야 합니다."

브라운은 1944년 하워드와 캐서린 브라운 사이에서 태어났다. 그에게는 형제가 셋 있다. 그는 젊은 나이에 주식의 가치를 배웠지만 주식의 의미와 가치를 진정으로 이해하기 위해서는 자신만의 여정에 나서야 했다. "아버지는 브로커였습니다. '빌'이라는 애칭으로 불리던 포레스트 버윈드 트위디가 1920년에 설립한 증권회사에서 일했습니다. 1945년에 아버지와 조셉 라일리는 파트너가 되었고 회사는 트위디 앤드 컴퍼니에서 트위디, 브라운 앤드 라일리로 이름을 바꾸었습니다."

브라운은 뉴욕 교외에서 자랐다. 아버지가 증권회사를 소유했지만 규모가 작았고 수입은 미미했다. 브라운은 용돈을 벌기 위해 동네를 뛰어다니며 신문 폐지를 모아 무게 1파운드당 1페니에 팔았다. "대체로 즐거운 기억입니다. 지금은 현관 앞에 매일 무시무시한 사건이 인쇄된 채로 배달되지만, 제가 어렸을 때에는 한국전쟁이 발발한 것과 이웃집 부부 아들이 전쟁 중에 목숨을 잃은 것 말고는 뉴스거리가 별로 없었습니다."

브라운은 어려서부터 자주 아버지 회사에 놀러가 월스트리트 이야기를 들었다. 좀 더 자라서는 여름마다 아버지를 도와 '러너'로 일하면서 주식 증서를 잔뜩 들고 여러 증권사로 배달했다. 그는 사무실을 드나들며 훗날 부자가 될 워런 버핏을 비롯해 많은 인물과 마주쳤다.

1940년대와 1950년대 미국 투자계의 규모는 크지 않았고 '월가의 학장' 그레이엄의 제자를 비롯해 투자에 대해 비슷한 생각을 가진 사람들이 자주 만나 긴밀한 유대 관계를 형성하고 있었다. 월스트리트 최초의 가치투자자에게 트위디, 브라운 앤드 라일리의 사업 모델은 매력적이었다. 이 회사에 유리한 사업 환경이 무르익었다.

"1920년대에 트위디 앤드 컴퍼니의 설립자인 트위디는 월스트리트의 틈새시장을 노렸습니다. 비상장 유가 증권과 거래가 한산한 유가 증권의 브로커-딜러 역할을 했죠. 경쟁을 피하면서 중개 사업을 할 수 있다고 판단했던 것이죠. 그는 이 시장에 있는 기업의 연례 주주총회에 참석하고 주주의 이름과 주소를 기록하며 치밀하게 준비했습니다. 그런 다음 사업을 소개하는 엽서를 주주에게 보냈죠. 그의 회사는 잘 알려지지 않은 유가 증권을 거래하는 유일한 창구로 자리 잡았습니다. 이 창구에서 거래되는 증권은 운전자본이든, PBR이든,

PER이든 모든 면에서 할인된 가격에 거래되어 아주 싸다는 것이 특징이었습니다. 싼 주식을 찾는다는 철학을 가진 그레이엄은 트위디의 최대 고객이 되었습니다."

그레이엄과 사업 관계가 돈독해지면서 트위디는 그레이엄의 회사 바로 옆에 위치한 월스트리트 52번가의 사무실을 매입했다. 덕분에 그의 어린 러너였던 브라운은 주요 고객인 그레이엄과 거래를 체결할 때마다 먼 거리를 내달리지 않아도 되었다.

"1955년에 그레이엄이 은퇴를 결심하자 그의 리서치 애널리스트였던 월터 슐로스는 직접 펀드를 설립하기로 결심했습니다. 그는 지출을 줄이려고 트위디의 사무실에서 아주 작은 책상 하나를 빌렸습니다. 출입문과 냉수기 사이에 책상이 놓여 있었던 것으로 기억합니다. 직원이 물을 마시러 갈 때마다 월터가 자리에서 일어나 비켜주어야 했죠. 버핏이 그레이엄 아래서 일하기 시작한 것도 같은 시기였습니다. 그는 아버지의 사무실에 들러 가벼운 이야기를 나누곤 했습니다. 실제로 1960년대 말 그가 버크셔 해서웨이를 인수했을 때에는 아버지가 브로커로서 대부분의 거래를 처리하셨죠."

유명한 투자자에 대한 브라운의 언급은 여기서 끝나지 않는다. 그는 그레이엄의 제자인 토머스 냅이 이 무렵 트위디에 합류해 회사의 사업 모델을 완전히 바꾸었다고 이야기했다. "톰은 아버지와 라일리에게 '회사가 굉장한 자산을 보유하고 있고 싼 주식을 확보할 수 있는 훌륭한 인맥도 갖추었다'고 말했습니다. 순수한 브로커로 남을 것이 아니라 자본을 모아서 투자를 시작해야 한다고 했죠. 회사에 이론적인 투자 체계가 없었기 때문에 그가 전문성을 발휘했습니다. 그때가 1959년이었고 회사의 분수령이 된 순간이었죠."

1968년 라일리가 은퇴하면서 회사는 이름을 트위디, 브라운 앤드 냅으로 변경했다. 그 후 1970년대에 투자 자문업으로 사업 등록을 하고 개인과 기관의 자금을 운용하기 시작하면서 비로소 트위디 브라운이 되었다.

어린 시절부터 수많은 투자 천재와 간접적인 관계를 가진 브라운은 그 좋은 기회들을 놓치지 않았다. 아버지가 평생 강조한, '말을 많이 해서는 아무것도 배우지 못한다'라는 조언 덕분이었다. 브라운은 투자가 진정으로 의미하는 것이 무엇인지 듣고 알아내는 법을 그 천재들에게 배웠다.

그런데 브라운이 처음부터 가치투자를 하려고 했던 것은 아니다. "20대 초반일 때의 일입니다. 사무실에 큰 원탁이 있었는데 워런 버핏, 찰리 멍거, 톰 냅, 월터 슐로스, 아버지, 트위디의 파트너 에드 앤더슨이 한자리에 앉아 담소를 나누고 있었죠. 가치투자라면 하루 종일이라도 이야기할 수 있는 사람들 사이에 늘 둘러싸여 있었기 때문인지, 그 주제에 그다지 흥미가 없었습니다."

열의가 있는 것은 분명했지만 금융 업계에 인생의 소명이 있다는 것을 깨닫기까지는 몇 년이 더 필요했다.

돌아서 온 길

열한 살에 투자를 시작한 버핏과 달리 소년 시절 브라운은 투자에 관심이 없었다. 일없이 어슬렁거리거나 야구를 하면서 시간을 보내는 것이 훨씬 즐거웠다.

뉴욕 콜게이트대학교에서 정치학을 전공하고 1967년에 졸업한 브라운은 평화봉사단에 가입해 에콰도르에서 2년 6개월 동안 가난한 사람을 돕는 프로젝트에 참여했다. "졸업 후의 미래는 정해져 있었습니다. 군에 입대해 베트남에 가거나 평화봉사단 같은 정부 자원봉사 프로그램에 가입하는 것이었죠." 미국으로 돌아온 그는 공부를 더 하기로 했다. 부모에게 재정적 지원을 받을 수 없었고, 1970년 결혼해 가정이 있었던 그는 아일랜드에서 좋은 기회를 발견했다. "에콰도르에서 우연히 만난 사람이 더블린 트리니티칼리지에서 시작한 새로운 MBA 프로그램을 알려주었습니다. 등록금이 겨우 200유로였죠. 좋은 조건이라고 생각해서 그 프로그램에 등록했습니다."

1971년 MBA를 받은 후 브라운은 뉴욕으로 돌아와 정식으로 일자리를 찾았다. 아버지의 전철을 밟을 생각이 없었던 그는 뱅크 오브 뉴욕에 재무 분석가로 입사했다. "기본적 분석과 기업 가치 평가 방법에 대해 많은 것을 배웠습니다. 하지만 어렸고 참을성이 없었죠. 얼마 안 가 다른 일을 해보고 싶어서 은행을 그만두었고 곧 제리 차이 밑에서 일했습니다."

1960년대 호황기(go-go years)에 피델리티 인베스트먼트의 모멘텀 펀드를 운용했던 차이는 인기주(glamour stocks) 투자로 이름을 알렸다. 그는 1965년에 공격적 성장주 펀드인 맨해튼 펀드를 설립해 수억 달러를 조달했다. "늘 차이와 붙어 다녔지만 어떤 기준으로 주식을 선택하는지 감도 잡히지 않았어요. 제가 보기에 그의 방식은 터무니없었고 지금 제 방식과 비교해도 완전히 반대일 만큼 서로 맞지 않았습니다. 그때부터 점심시간을 이용해 트위디 브라운에 갔습니다. 그곳에서 이루어지는 투자 아이디어 논의를 접하면서 가치투자라는 개념이 더욱 타당하게 여겨지기 시작했습니다."

차이를 떠난 브라운은 신생 기업과 부실기업 전문 투자은행인 드렉셀 버넘 램버트에서 애널리스트로 일했다. 이 회사는 훗날 정크본드 시장에서 악명을 얻었다. 차이 밑에서 일할 때와 종류는 달랐지만, 그는 드렉셀의 기업 평가 방식도 이해할 수 없었다.

1978년, 투자 세계의 다양한 분야에 대한 탐사를 끝낸 브라운은 서른넷에 트위디 브라운으로 가서 가치투자 진영에 합류했다. 아버지 하워드 브라운이 은퇴하면서 처음에는 매매와 중개 업무를 감독했고, 포트폴리오를 운영하게 되면서 더 분석적인 임무를 맡았다. 1983년에는 드디어 파트너가 되었다.

통계와 그 너머

1970년대에 트위디 브라운의 투자 팀은 그레이엄의 원칙을 실천하며 넷넷 주식, 즉 운전자본 미만에 거래되는 주식을 찾는 데 주력했다. "그레이엄의 접근법은 통계적이었습니다. 당대에는 통계학자로 불렸지만 지금의 크레디트 애널리스트에 해당할 겁니다. 그 접근법에 의하면 가치주는 단순히 운전자본 혹은 청산 가치의 3분의 2 수준이라는 통계적 기준에 부합하는 주식이었습니다."

이 전략의 전문가가 앞서 소개한 월터 슐로스다. "거의 평생 월터를 알고 지내왔습니다. 월터는 굉장히 독특합니다. 투자 대상을 리서치할 때 오로지 밸류 라인의 자료만 활용했죠. 거의 반세기 동안 똑같은 전략을 구사해 꾸준히 시장을 이겨왔다는 것은 놀라운 일입니다."

처음에는 넷넷 주식을 찾는 일이 간단하지 않았다. "우리 파트너 중에 1968년에 입사해 현재는 은퇴한 에드워드 앤더슨이 월터와 비슷했습니다. 주식의 전화번호부라고 할 수 있는 편람에 있는 종목을 하나하나 검토해서 상당한 안전마진이 있는 가치주를 찾았죠. 컴퓨터가 도입되고 투자 업계의 경쟁이 치열해지면서 넷넷 주식을 찾기가 더 어려워졌습니다. 더 많은 투자자가 넷넷 주식을 찾으면서 안전마진도 작아졌습니다."

1980년대에 들어서 가치 평가 모델도 변화하기 시작했다. 막대한 부채를 조달해 기업을 인수하는 차입 매수(leveraged buyout, LBO) 전문 투자 기업이 부상하면서 가치의 정의도 달라졌다. "LBO 투자는 현재의 비상장 주식 투자와 기본적으로 동일합니다. LBO 투자자는 지속 가능한 소득 흐름이 있고, 부채가 없으며, 적정한 PER에 거래되는 기업을 찾았습니다. 이런 기업을 매수하려면 막대한 부채를 조달해야 했지만 예측 가능한 현금흐름을 창출하는 기업들이었기 때문에 부채를 갖고 높은 수익을 거둘 수 있었습니다."

당시 유명했던 LBO 투자자는 인수할 만한 저평가 기업을 찾아 트위디로 향했다. 자신의 기준에 맞는 저평가 유가 증권을 많이 보유한 곳이 트위디였기 때문이다. "그들과 마주 앉아서 그들의 전략을 듣고 그들의 가치 평가 모형에 대해 배웠습니다. 그들은 주식에 대한 새로운 사고방식을 간접적으로 가르쳐주었죠. 우리는 부채를 활용한 주식 매수에는 관심이 없었습니다. 하지만 사업의 질과 지속 가능성에 대한 그들의 분석을 통해, 충분한 정보를 가진 사업가가 그 회사를 인수하는 데 실제로 얼마를 지불하려고 하는지 알 수 있었습니다."

LBO 투자자의 가치 평가 모형을 익힌 브라운과 그의 팀은 기업의 구조뿐 아니라 사업의 성격도 들여다보기 시작했다. 브라운은 통계적 접근법으로 찾은 '값싼' 기업보다 좋은 기업이 장기적으로 더 나은 수익을 창출할 수 있다는 사실을 깨달았다. 간단히 설명하면, 통계적 접근법은 과거와 현재 성과를 분석하고 자산의 가치도 분석한다. 이 방정식에 미래 창출 이익에 대한 전망을 반영해 가치를 평가한다.

그레이엄의 방식과 달리 이 새로운 접근법은 약품의 특허, 상표명, 가격 결정력 같은 무형 자산도 기업의 가치에 반영한다. "통계적 접근법으로 사업 외적 요소에서 가치를 창출하는 값싼 기업을 발견할 수도 있습니다. 많은 현금을 보유했거나 가치가 큰 자산을 보유한 기업이죠. 옛날에는 이런 종목이 큰 폭으로 할인되어 거래되었기 때문에 유용한 전략이었지만 요즘은 시장이 큰 폭으로 조정되지 않는 한 이런 종목을 찾기가 어렵습니다. 게다가 이렇게 찾은 주식은 크게 할인된 가격으로 매수하지 않는 한 투자 수익이 너무 미미해서 '말 없는 동업자'인 세무 당국과 수익을 나누고 나면 남는 것이 별로 없습니다."

브라운은 '좋은 기업'에 대해 다음과 같이 이야기한다. "지속 가능한 기업의 주식을 사면 시간이 흐르면서 그 수익으로 자연스럽게 복리 효과를 누릴 수 있다는 것을 배웠습니다. 너무 자주 매매할 필요도 없고 주식시장이 하루하루 변동하는 것에 신경을 덜 써도 된다는 것도 배웠습니다. 그러려면 무엇보다 주식은 기업의 소유권이라는 개념을 믿어야 합니다. 좋은 기업을 찾았을 때의 장점은 오랫동안 가져갈 수 있다는 것입니다. 좋은 기업은 유기적이고, 적응력이 뛰어나고, 자체적으로 이익을 재투자할 수 있습니다. 따라서 그 기업이 경쟁력을 유지하는 한 기업의 인적 자본과 물리적 자본이 투자에 가치를 더할 것입니다."

그는 좋은 기업과 평범한 기업의 예를 쉽게 제시했다. "종이를 1파운드당 1달러에 파는 업체가 있는데 조금 더 싸게 파는 경쟁 업체가 있다면 저는 아마 그 경쟁 업체와 거래할 것입니다. 하지만 조니 워커 한 잔을 1달러에 파는 바가 있고 엉클 조 한 잔을 조금 더 싸게 파는 경쟁 바가 있다면 저는 여전히 조니 워커를 마실 겁니다. 통계적 관점에서, 예전 같으면 종이 회사의 시가총액이 운전자본 미만이고 할인 폭이 충분할 경우 그 주식을 샀을 겁니다. 하지만 지금은 싸게 살 수 있는 종이 회사 대신 괜찮은 가격을 지불하고 조니 워커 회사를 삽니다. 장기적으로 경쟁력이 있기 때문이죠."

버핏 역시 "좋은(good) 회사를 괜찮은(fair) 가격에 사는 편이 괜찮은 회사를 좋은 가격에 사는 것보다 낫다"라고 말했다.

국제적 표준을 세우다

트위디 브라운의 가치 평가 방법은 그레이엄 시대 이후 꾸준히 변해온 것으로 보이기도 한다. 그러나 브라운은 이렇게 이야기한다.

"회사의 투자 철학은 그대로이고, 투자 체계는 그레이엄이 역설한 원칙(모든 주식에는 두 가지 가치가 있다. 현재 시장 가격과 계산해서 나온 가치다. 자산이든 기업의 펀더멘털 관점에서 산출한 것이든 상관없다)을 고수하며 여전히 통계적 접근법으로 주식을 찾습니다." 그의 팀은 엄격한 자체 가치 기준을 충족하는 주식에 한해 추가 분석을 실시한다. 낮은 PER, 적절한 배당 수익률, 낮은 주가매출액배수PSR, 낮은 주가현금흐름배수PCR 등이 그 기준에 해당된다. '낮은' 비율이 얼마나 낮은 수준을 가리키는지 분명한 정의는 없지만 일반적으로 과거 밸류에이션 배수 평균이나 그 기업 및 해당 산업의 성장 전망을 참고한다.

이러한 통계 자료를 검토한 뒤 관심 기업의 구조를 더욱 깊이 조사하는데 이때 자기 자본과 부채 구조에 대한 평가가 이루어진다. 그런 다음 최종적으로 사업의 질과 경영진에 초점을 맞춘다. 트위디 브라운은 이 분석 과정을 PUCCI라는 약자로 설명한다. 이는 판매 가격(pricing), 판매량(unit), 비용(cost), 경쟁(competition), 내부자 지분(insider ownership)을 가리킨다.

'지수를 이기는 열 가지 방법'이라는 제목의 연구 자료에서 트위디 브라운은 투자자가 생각해야 하는 이익 전망과 가치에 관한 표준 질문 17개를 제시했다. 이 질문은 판매 가격과 판매량 전망, 매출 총이익률, 판관비, 영업 레버리지, 세전 이익률, 일회성 비용과 이익, 영업권, 컨센서스(consensus, 시장의 평균 추정치), 성장성, 현금 관리, 투자 활동, 경쟁 환경, 인수 합병 가능성, 밸류에이션, 내부자 지분과 활동 등을 고려할 사항에 포함한다.

"'가치'라고 하면 쓰레기통을 뒤져서 값이 나가는 쓰레기를 찾는 것이라고 생각하는 경향이 있습니다. 공짜로 구해서 1달러에 팔 수 있다면 좋은 조건이라고 생각하는 식이죠. 완전히 틀렸다고는 할 수 없지만 제대로 된 인식은 아닙니다. 진정한 가치는 장기적으로 도움이 되는 좋은 기업을 사는 데서 나오기 때문입니다. 본질적으로 우리는 안정적인 기업을 찾고 반드시 그 기업의 가치보다 낮은 가격을 지불합니다. 체계적인 방식으로 이런 기업을 찾아서 정성적으로 접근하고 평가합니다."

기업이 과거에 무엇을 해왔고 앞으로 무엇을 할 것인지 알기 위해 관심 기업의 경영진을 만나기도 한다. 그러나 그런 만남이 투자의 전제 조건은 아니다. "기업의 본질에 더 신경을 씁니다. 이런 문제와 관련해 버핏은 '명석하다는 평판을 가진 경영진이 펀더멘털의 경제성이 좋지 않다는 평판을 가진 기업을 맡아 씨름했을 때 나중에 남는 것은 그 기업의 평판'이라고 말했습니다. 상당히 적절한 조언입니다."

초창기에 트위디 브라운은 미국 기업에만 투자했다. 1980년대 중반에 들어서면서 브라운과 그의 팀은 전 세계로 무대를 넓히기로 했다. "유럽, 특히 영국에서 고객 관계를 발전시키면서 외국인 고객과 우리의 가치 개념을 공유했습니다. 고객이 차츰 자국 주식을 추천했고 우리는 그 주식을 추적했습니다. 컴퓨터가 등장하면서 외국 주식에 더 쉽게 접근할 수 있었고 우리의 투자 리서치도 자연스럽게 확장되었습니다. 가치투자 접근법은 상당히 보편적입니다. 어느 한 국가에만 국한되지 않죠."

트위디 브라운이 중남미 음료 용기 제조사 파남코의 주식을 매수한 것은 통계적 접근법과 기업 가치 평가, 해외 투자 구상을 실행에 옮긴 좋은 사례다. 첫째, 파남코는 투자 팀이 정한 통계적 기준을 충족했다. 둘째, 중남미에서 파남코가 가진 독특한 지위는 성장 잠재력과 경쟁력을 보여주었다. 셋째, 기업 가치 평가 접근법을 적용했을 때 밸류에이션 배수의 약 10배 수준이면 편안하게 인수할 수 있었다. 첫 매수 당시 15달러 수준이었던 파남코의 주가는 곧 급락했고 브라운과 그의 팀은 당연히 추가 매수에 나섰다. 2003년 코카콜라 펨사는 브라운이 예상했던 인수 배수에 근접한 주당 22달러에 파남코를 인수했다.

트위디 브라운의 투자 전략에 대해 브라운은 이렇게 강조했다. "첫째, 주가가 하락해도 두렵지 않습니다. 좋은 기업이라면 장기적으로 보유하게 되더라도 추가로 매수할 겁니다. 둘째, 1990년대 초에 세계로 진출한다는 것은 분별력 있는 사업 확장을 의미했습니다. 지금은 '세계화'라는 용어가 흔히 쓰이지만 이 용어가 생기기 훨씬 전부터 여러 기업이 역동적 실체(dynamic entities)로서 세계 각지에서 이익을 극대화하고 지능적으로 기회를 탐색했습니다. 세계 각지로 진출해 다양한 문화를 이해하고 성장 기회가 있는 곳에 효율적으로 자본을 배분하는 IBM이나 코카콜라를 생각해보십시오. 미국에 와서 사업하는 유럽 기업 네슬레와 디아지오를 비롯한 글로벌 기업도 마찬가지입니다. 셋째, 단순히 숫자만 보지 않는 것이 중요합니다. 2011년에는 유럽 은행의 상당수가 PBR이나 PER 기준으로 우리의 통계적 기준을 충족했을 것입니다. 하지만 은행의 자산 가치가 얼마나 되고 향후 은행업에 영향을 미칠 수 있는 변수가 무엇인지를 아는 것이 중요합니다." 그는 찰리 멍거의 파일을 예로 들었다. "멍거는 '너무 어려운 파일', '다시 한번 볼 파일'로 나누어 자료를 정리했죠. 기업을 분석할 때에는 자신의 강점과 역량에 집중해야 합니다."

브라운의 생각과 애널리스트의 기업 분석 보고서가 상충할 때도 있다. 애널리스트가 '앞으로 6개월간 해당 기업이 좋아 보이지 않는다'거나 '단기 촉매는 없지만 장기적으로 매력적인 기회를 제공한다'는 분석 결과를 제시하는 것은 기술적으로 진입 시기를 맞히려는 것이다. 그러나 투자는 시장을 이기거나 타이밍을 찾기보다 건전하고 객관적인 이유에 근거해야 한다. '지수를 이기는 열 가지 방법'에서 트위디 브라운은 실증적 증거를 제시했다. "투자 수익의 80~90%가 전체 보유 기간의 2~7%에 해당하는 기간에 폭발적으로 발생했습니다. 나머지 기간은 수익률이 미미했습니다."

투자는 사회과학이다

브라운은 투자가 자연과학이 아니라 사회과학이라고 믿는다. "투자는 사람에 의해 추진되고, 사람은 대부분 비이성적입니다. 투자에서 할 일은 시장에서 살아남을 가능성이 높은 기업을 찾는 것입니다. 그런 다음 적절한 가격에 매수하는 방법을 적용하면 틀릴 때보다 옳을 때가 더 많습니다. 많은 사람이 직관에 따라 투자합니다. 논지를 뒷받침할 근거도 없이 지금이 적절한 시기라거나 상승세라고 생각해 주식을 삽니다. 트위디 브라운에서 우리는 투자 프로세스를 구축합니다. 이 프로세스가 이상적인 것은 이전 가능하며 언제 어디서든 적용할 수 있다는 것입니다. 논리가 시대에 구애받지 않고 보편적이기 때문입니다. 사업의 펀더멘털, 기업 경영진, 심지어 정부 규제도 바뀔 수 있고 그에 따른 주가 변동은 투자자의 감정에 영향을 미칩니다. 불변의 자연법칙 같은 것은 없습니다. 다만 투자자가 수용하고 내재화한 것을 토대로 설득력 있는 논리와 투자에 대한 이해를 구축하는 프로세스는 있을 수 있습니다."

투자자 대부분이 주식시장의 열기와 흥분을 즐기지만 브라운은 가치투자자를 가리켜 '걱정이나 다른 집착에서 해방된 평온한 상태'를 가리키는 아타락시아ataraxia라는 희귀한 심리적 질병을 앓는 사람일 것이라고 표현했다. "가치투자자는 아타락시아를 겪습니다. 평온한 상태를 유지하고, 남이 어떻게 하든 관심을 두지 않으려고 합니다. 매일 신문을 읽다 보면 타인의 의견과 논평에 영향을 받을 수 있습니다. 하지만 가치투자자라면 평정을 유지해야 합니다. 그러기 위해서는 강력한 정서적, 지적 체계를 바탕으로 자신의 성격에 맞는 올바른 투자 대상을 찾는 객관적인 방법에 닻을 단단히 내려야 합니다."

'모두가 똑같이 생각하면 모두가 틀릴 가능성이 있다'라는 말이 있다. 똑같이 생각하고 무리를 지어 움직이는 일을 방지하기 위해 브라운과 그의 팀은 분산 투자와 팀워크를 적극적으로 수용한다. 브라운은 특히 세계적인 분산 투자가 국가와 개별 기업의 특정한 위험을 최소화하는 최선의 방법이라고 믿는다. 집중 투자 포트폴리오를 선호하는 일부 투자자와 달리 브라운과 그의 팀은 '미래의 어떤 것도 확신할 수 없다'라는 메시지를 투자자에게 전달한다. 분산은 보유한 특정 투자 대상의 불리한 움직임에 대비하는 방법이다. "제일 좋은 10개 종목에 집중하지 않고 25개 종목으로 투자를 분산하는 이유를 묻는 투자자도 있습니다. 사실 어느 것이 최고 10개 종목인지 확신할 수 없기 때문에 분산하는 것입니다. 게다가 투자를 분산하면 보유한 주식에 덜 집착할 수 있습니다. 장기적 전망은 좋지만 단기적으로 주가가 움직이지 않는 기업이 있습니다. 지나치게 집중된 포트폴리오는 특정 포지션을 과도하게 강조하고 그 결과 기업이 아닌 주가에 초점을 맞추게 해서 어리석은 매도·매수 결정을 내리게 할 수 있습니다. 분산으로 이런 불안감을 줄일 수 있습니다."

가치투자에는 이른바 '가치 함정value trap'이라는 것이 있다. 주가가 하락한 주식을 가치주로 오인할 때 직면하게 된다. 통계적 접근법을 이용해 크게 할인된 주식을 찾으려고 할 때 이 함정에 빠진다. 가치 함정에 빠지지 않으려면 팀 안에서 자유롭게 논의하는 것이 중요하다. 브라운은 설명했다. "최소 13~14명의 애널리스트가 끊임없이 투자 아이디어를 찾습니다. 애널리스트마다 관점과 배경이 다른 덕분에 다양한 국가와 기업을 살펴보는 것이 가능합니다. 같은 투자 철학을 공유한다고 해서 생각까지 같지는 않습니다. 아이디어가 떠오르면 팀이 한자리에 앉아 마음을 열고 비판적으로 논의합니다."

브레인스토밍 때 반대 의견을 개진하는 것은 팀이 가치 함정에 빠지는 것, 집단적으로 사고하는 것을 방지하는 방법이다. "우리는 최대한 객관적인 태도를 유지하려고 노력합니다. 팀의 구성원은 자신이 우려하는 사항을 솔직하게 말할 수 있습니다. 그것이 우리가 배우고 발전하는 방법입니다. 또한 모두에게 공정하려고 노력합니다. 어떤 애널리스트가 올해 여섯 개 아이디어를 냈고 다른 애널리스트는 두 개만 냈다고 해서 더 많은 아이디어를 낸 사람이 더 높은 연봉을 받지는 않습니다. 산업에는 순환 주기가 있습니다. 언제라도 자기가 담당한 업종이 가치투자에 유리해질 수 있기 때문에 모든 애널리스트가 잘 준비되어 있어야 합니다."

매수를 실행하기 전 브라운을 포함한 매니징 디렉터 4명이 언제나 공개 투표를 실시한다. "표가 나뉜다면 투표 단계까지 온 이유가 오히려 의아할 겁니다. 얼마든지 찬성과 반대가 나올 수 있는 찬반 투표와 다릅니다. 의견이 나뉜다는 것은 애초에 더 싼 가격에 사야 한다고 생각했던 사람이 있거나 다른 투자 대안이 있었다는 뜻이니까요. 이 모든 활동은 직관에 의존해 매수하지 않기 위한 것입니다. 우리는 열린 토론을 장려하고 절차를 확실하게 따릅니다."

우리 앞의 시장

브라운의 일정은 규칙적이다. 매일 아침 5시 30분에 일어나 블룸버그 단말기로 뉴스를 확인한 뒤 7시 15분경 사무실로 향한다. 장이 마감하면 오후 4시에 사무실을 나와 체육관으로 가서 1시간 30분 동안 운동하고 귀가한다. 저녁 8시쯤 아시아 시장이 열리면 아시아 계열사에 전화를 걸어 브레인스토밍을 통해 아이디어를 얻는다.

그에게 '투자에 대한 열정을 유지한다는 것'은 '기업 분석을 통해 세상을 배우며 적극적인 태도를 유지한다'라는 의미다. 그는 세상이 기술이라는 이름으로 변화하는 것이 달갑지 않다. 그는 신중한 사고가 충동적인 반응을 이긴다는 신념을 고수해왔다. 2019년 3월 4일자 〈어드바이저 퍼스펙티브〉 인터뷰에서 그는 이렇게 말했다. "소셜

미디어에서 벗어나야 합니다. 뭔가를 읽는다면 최소한 신문으로 제한해야 합니다. 트위터는 글을 쓰자마자 게시되고 무릎 반사처럼 즉시 반응이 일어납니다. 하지만 신문은 적어도 필자가 스스로 돌아볼 수 있는 시간을 허락합니다." 그는 이렇게 덧붙였다. "투자 경력을 통틀어 가장 이해할 수 없었던 것은 인터넷주 거품입니다. 실체가 없었고 모든 것이 홍보에 불과했죠. 우리가 좋아하는 기업은 모두 하락했고 인터넷과 관련된 것은 뭐가 되었든 날마다 올라서 스트레스가 극심했습니다. 한 투자자에게 이런 편지를 받았습니다. '엘비스 프레슬리는 죽었습니다. 정신 차리고 현실을 직시하세요.' 아시다시피 인터넷 주가가 폭락했을 때 우리의 투자 모델이 옳았다는 것이 입증되었습니다."

브라운은 주식시장의 또 다른 기술적 진보도 걱정스럽다. "빈번한 매매와 ETF 도입이 변명거리가 되고 있습니다. 시장에 유동성을 늘리고 주식의 스프레드(spread, 매수 호가와 매도 호가의 차이)를 개선한다는 주장이죠. 글쎄요. 그 점에 대해서는 오랫동안 토론이 가능합니다. 유동성과 스프레드 개선이 투자자에게 어느 정도 도움이 되는지는 주관적인 판단이니까요." 그는 이러한 금융 상품이 시장 고유의 변동성을 창출하는 방식에 문제가 있다고 생각한다. 그는 이 변동성이 '자본 배분을 위한 통로이자 투자자를 위한 저축 수단'이라는 시장의 본질적인 목적을 훼손한다고 믿는다. "사람은 대개 감정적이고, 객관적이기 어렵습니다. 유동성 개선과 기술 향상으로 시장이 크게 요동치고 사람은 공황 상태에 빠집니다. 이러한 금융 상품 때문에 많은 주택이 압류당하고 저축한 돈이 완전히 사라집니다. 과연 무엇이 진보했다는 것입니까? 게다가 증권거래소는 이제 상장 기업입니다. 주주에게 최선의 이익이 되는 결과를 추구해야 할 거래소의 목표가 '기관과 협력해 활발한 거래가 필요한 상품을 홍보하는 것'이 되었습니다. 기관이 매일 ETF 주식 포지션을 재조정할 때 수수료가 발생합니다. 좋은 주식 역시 빈번한 매매와 투기의 대상이 된다는 의미입니다. 이것은 사람이 해야 하는 일, 시장이 우리에게 봉사해야 하는 방식에 근본적으로 위배됩니다."

월스트리트의 건전성과 정직한 시스템의 필요성을 이야기할 때면 큰 존경을 받는 한 인물을 떠올리지 않을 수 없다. 바로 월터 슐로스다. "월터는 제게 늘 귀감이 되는 분입니다. 첫째, 부정한 거래는 결코 시도조차 하지 않았습니다. 둘째, 펀드를 운용할 때 투자자에 대한 자신의 책임을 잘 알고 있었습니다. 그래서 전략의 초점을 잃지 않았고, 돈을 잃지 않으려고 노력하며 투자자를 보호했습니다. 월터와 사무실을 같이 쓸 때 아버지는 '월터 슐로스와 말다툼을 한 적이 있다면, 슐로스는 완전무결 그 자체이므로 싸운 사람 잘못이다!'라고 말씀하셨습니다. 요즘은 월터 같은 사람을 찾아보기가 어렵습니다."

가치투자 거물들의 어깨 위에 올라 평생을 살아온 브라운은 주식시장에서 해야 하는 일과 해서는 안 되는 일을 분명히 배웠다. 앞으로 시장이 어떻게 변할지라도 가치에 대한 철학은 투자자뿐 아니라 한 인간으로서 그에게 언제나 최후의 방어선이 되어줄 것이다. 그는 아버지의 또 다른 좌우명도 늘 기억할 것이다. "친구와 고객은 주식시장에서 네가 저지른 어리석은 실수를 용서할 것이다. 그러나 기만적인 실수는 결코 용서하지 않을 것이다!"

6

가치의 중심으로의 여행

장마리 에베이야르
Jean-Marie Eveillard

퍼스트 이글 펀드(미국)
First Eagle Funds

진정으로 진리를 추구하는 사람이라면
생애 단 한 번이라도, 할 수 있는 한 힘껏, 모든 것을 의심해봐야 한다.

— 르네 데카르트

프랑스 출신 가치투자자 장마리 에베이야르는 1979년부터 2004년까지 퍼스트 이글 글로벌 펀드를 운용했다(전신은 소겐 인터내셔널 펀드다). 포트폴리오를 운용한 26년간 누적 수익률 4,393.08%, 연평균 수익률 15.76%를 달성했다. 같은 기간 글로벌 펀드의 벤치마크 지수인 MSCI 선진국지수는 누적 기준 1,514.25%, 연평균 11.29% 수익률을 기록했다.

글로벌 펀드 외에도 오버시즈 펀드와 골드 펀드를 1993년 펀드 출범 당시부터 2004년 은퇴할 때까지 운용했다. 미국을 제외한 해외 주식에 투자하는 오버시즈 펀드는 누적 수익률 357.58%, 연평균 수익률 14.36%를 기록했다. MSCI EAFE지수의 같은 기간 수익률은 누적 기준 83.54%, 연평균 5.5%였다.

투자 업계에서 상당한 존경을 받는 에베이야르는 2001년 글로벌 펀드 평가사 모닝스타가 선정한 '올해의 해외 펀드매니저'에 이름을 올리며 업적을 인정받았다. 2003년에는 모닝스타 펀드매니저 평생 공로상을 공동 수상했다. 모닝스타는 이 상의 의미를 "투자 업계에서 평생에 걸쳐 탁월한 장기 성과를 기록하고, 주주와 이해관계를 같이 하고, 컨센서스와 다른 견해를 제시하는 용기를 입증하고, 업계 변화에 적응하는 능력을 보여준 뮤추얼 펀드매니저를 기리는 것"이라고 밝혔다.

절반의 은퇴 후 뉴욕에 주로 거주하고 있으며, 현재 퍼스트 이글 펀드 선임 고문과 수탁자 이사회 이사이자 퍼스트 이글 인베스트먼트 매니지먼트 수석 부사장을 맡고 있다.

Jean-Marie Eveillard

에베이야르는 가치투자를 실천하기 전의 17년은 좌절을 경험한 시기였다고 털어놓았다. 그는 프랑스의 명문인 HEC 파리 경영대학을 졸업하고 1962년 애널리스트로 소시에테 제네랄에 입사했다. 처음에는 주식을 '성장 관점'에서 분석하라는 지시를 받았고, 1979년에야 비로소 상사를 설득해 '가치 관점'으로 접근할 수 있었다.

"1960년대에 애널리스트가 되었을 때만 해도 증권 분석은 프랑스를 비롯해 유럽 대륙 전체에서도 새로운 개념이었습니다. 그 전에는 내부자 거래, 비공식 정보, 소문이 중요했습니다. 여기서 증권 분석은 벤저민 그레이엄의 접근법을 가리키는 것이 아닙니다. 오히려 미국의 최신 투자 동향이었던 성장주 투자에 기초하고 있었죠. 사업의 진정한 가치를 평가하기보다 인기와 모멘텀이 있는 주식을 찾는 것이었습니다."

에베이야르는 이야기를 이어가기에 앞서 가치주란 '내재가치 미만에 거래되는 주식'이라고 강조했다. 가치주를 찾더라도 성장은 언제나 계산의 일부다. 문제는 투자 세계가 '가치'와 '성장'을 두 개 진영으로 구분해 증권 분석의 본질을 복잡하게 만들고 있다는 점이다. 그럼에도 그는 혼란을 최소화하고 이해를 돕기 위해 '가치'와 '성장'을 별개 개념으로 논의하겠다고 했다.

그는 다시 이야기를 시작했다. "소시에테 제네랄에서 6년을 보낸 후 지루하다고 느꼈고 성장주 투자가 제 스타일에 맞지 않다고 생각해 다른 것을 해보고 싶었습니다. 사장에게 이야기했더니 뉴욕에서 몇 년 지내면서 다른 일을 해보는 것이 어떻겠느냐는 제안을 해왔습니다. 독신이었던 나는 그렇게 하겠다고 대답했고 1968년에 미국으로 왔습니다. 근무 환경은 달랐지만 주식을 성장 관점에서 분석하라는 지시는 여전했기에 결국 같은 업무를 한 셈이었죠."

그 후 6년간 뉴욕과 파리를 오가며 에베이야르가 맡은 주된 업무는 성장 잠재력을 지닌 미국 기업, 즉 인기 있고 화려한 주식을 조사하는 것이었다. 어떤 투자 방식이 더 나은지는 아직 몰랐지만 성장 관점 분석에 오류의 여지를 두지 않는 공격적인 가정이 너무 많이 포함되어 있다는 것은 알 수 있었다.

자신에게 맞는 투자 방식을 고민하던 에베이야르는 벤저민 그레이엄이라는 이름을 우연히 접했다. "뉴욕으로 이사한 뒤 컬럼비아대학교에 다니는 프랑스 학생 몇을 알게 되었습니다. 그들과 센트럴파크에서 자전거를 타다 성장주 분석에 대한 답답한 마음을 털어놓은 적이 있습니다. 그들은 그레이엄이라는 전 컬럼비아대 교수가 쓴 책을 추천해주었습니다.《증권분석》을 구입해서 다 읽은 뒤《현명한 투자자》를 읽었습니다. 곧바로 감탄사가 터져 나왔죠. '브왈라(Voilà)! 이게 바로 내가 찾던 개념이었어!'"

빠르게 가치투자 옹호자가 된 에베이야르는 동료에게 《현명한 투자자》라는 복음을 전파했지만 귀를 기울이는 사람은 없었다. 혼자라고 느낀 그는 1974년 회사에 파리로 돌아가겠다고 말했다. 회사는 그에게 작은 투자 펀드 운용을 맡기려고 했지만 고위 경영진이 곧 제안을 철회했다.

프랑스에서 일한 4년은 에베이야르의 경력에서 가장 끔찍한 시기였다. 소시에테 제네랄에서 가치투자를 옹호하는 사람은 그가 유일했다. 마음은 가치투자 철학에 충실했지만 업무는 성장주 투자일 수밖에 없었다. 1979년 뉴욕 전출 기회를 얻었고 그가 맡은 새로운 임무에는 소규모 글로벌 투자 펀드를 운용하는 것도 포함되어 있었다. "제가 불만이 있다는 것을 상사도 알고 있었고, 저를 뉴욕으로 보내면 더는 가치투자 관련 잔소리를 듣지 않아도 된다고 생각한 것이죠." 그가 웃으며 말했다. "소겐 인터내셔널 펀드를 맡았습니다. 펀드의 운용 자산은 1,500만 달러에 불과했습니다. 규모가 너무 작았기 때문에 파리 본사에서는 크게 신경 쓰지 않았습니다. 1986년에 경영진이 제 실적에 주목하기 전까지 완전히 혼자서 펀드를 운용했습니다. 본사로 꽤 많은 배당금을 보내기 시작하면서 본사에서도 저를 인정하게 됐죠."

에베이야르는 이제 와서 생각하면 어떻게 처음부터 그처럼 쉽게 가치투자를 납득했는지 모르겠다고 말한다. "워런 버핏은 '가치투자는 곧바로 이해가 되지 않으면 아예 이해를 못 하는 개념'이라고 했습니다. 곧바로 이해하거나 전혀 이해하지 못하거나 둘 중 하나죠. 가치투자자가 되든가 말든가 둘 중 하나입니다. 점차 가치투자자로 변화한다는 것은 가능성이 낮은 이야기입니다." 가치투자가 그의 전부가 된 이유를 정확히 알 수는 없겠지만, 그의 성장 과정을 살펴보면 단서를 찾을 수도 있을 것이다.

눈물의 계곡

에베이야르는 제2차 세계대전 당시 나치 독일이 국토의 절반을 점령한 1940년, 프랑스 중서부 푸아티에에서 철도 기술자의 아들로 태어났다. 그의 가족은 도시에 가해지는 폭격을 피해 푸아티에 남쪽에 있는 작은 마을로 이주했다. "전쟁이 벌어지는 동안 조부모님과 함께 지냈습니다. 독일군이 마을을 드나들며 고모할머니 댁을 차지했던 기억이 납니다. 불확실한 세상에서도 삶은 계속되었습니다. 어머니는 다섯 아들 중 넷을 전쟁 중에 낳았으니 파란만장한 시절이었죠. 전쟁이 끝난 뒤 아버지가 파괴된 철도망을 복구하는 일에 참여하면서 과거 독일이 점령했던 지역으로 이주했습니다."

에베이야르는 아홉 살 때 가족이 참석한 미사에서 얻은 교훈을 잊지 못한다. "강론 때마다 신부들이 늘 하던 말이 있습니다. 우리는 죄인이고 이 세상에 있는 동안 끊임없는 슬픔 속에 사는 나약한 존재라는 것이에요. 그러므로 진정한 행복은 우리가 천국에 들어갈 때까지 오지 않는다고 했어요. 우리 모두 '눈물의 계곡'에 살고 있다는 말이 기억납니다. 세상은 영원히 실망하는 곳이라는 사실을 알고 나니 오히려 매일이 행복했습니다. 생각지도 못한 결과였죠. 미국에 와서 조금 의아했던 것이, 많은 사람이 불행하다는 이유로 정신과 의사를 찾는 모습이었습니다. 인생이란 원래 불행한 것이라고 생각하면 도움을 구할 필요도 없습니다. 그냥 밀고 나가면 되는 겁니다!"

그는 이 교훈을 투자에 적용했다. "성장주 투자는 기본적으로 세상이 완벽하고 확신할 수 있는 곳이라고 가정합니다. 제가 성장주 투자를 즐기지 못했던 이유도 여기에 있습니다. 가치투자자가 되고 나니 미래를 확신할 수 없다는 사실을 인정해도 괜찮았습니다. 제게는 큰 수익을 내는 것보다 손실을 피하는 것이 우선입니다. 그런데 가치투자자의 숫자가 얼마 안 되는 이유는 무엇일까요? 저는 인간의 심리와 연관이 있다고 생각합니다. 가치투자자가 된다는 것은 장기 투자자가 된다는 뜻입니다. 장기 투자자는 자신의 투자 성과가 동료나 벤치마크 지수에 비해 단기적으로 뒤처지는 것을 감수합니다. 그렇게 뒤처질 때 심리적, 재정적 고통이 따르는 것도 미리 감수합니다. 가치투자자에게 피학적 성향이 있다는 뜻은 아닙니다. 보상은 때가 되면 주어질 것이며 즉각적인 만족은 없다는 사실을 감수하는 것이죠."

에베이야르는 어린 시절 경험을 통해 여러 측면에서 가치를 지향하는 사람으로 성장했다. 그레이엄의 《현명한 투자자》는 그에게 가치투자자가 되기 위해 필요한 확신과 자신감을 심어주었고 겸손, 신중함, 인내의 중요성을 가르쳤다. "자신이 틀릴 수 있다는 것을 알고 겸손해야 합니다. 자신이 틀릴 수 있다는 사실을 받아들일 때, 극도로 신중하게 투자 대상에 안전마진을 부여하고 그 결과 과도한 값을 지불하지 않게 됩니다. 그레이엄이 말했듯이 '시장은 단기적으로 투표기, 장기적으로 저울'이기 때문에, 시합이 끝날 때까지 인내심을 가지고 기다려야 합니다."

비효율적인 시장

에베이야르는 1979년 펀드 운용을 시작하면서 명확한 투자 체계를 갖추지 않은 펀드가 많다는 사실을 알게 되었다. 벤치마크 지수를 이기는 것을 목표로 하는 펀드가 택한 방법은 타이밍을 노려 지수를 구성하는 종목을 사고파는 것이 전부였다. 가치 전략으로 차별화한 그는 군중의 흐름에 역행해 남이 간과하거나 무시하는 저평가 주식을 찾았다. "저평가된 주식을 찾는 것은 주식이 시장에서 거래되는 단순한 종잇조각이 아니라는 생각에서 출발합니다. 모든 주식은 내재가치를 지닌 기업을 대표합니다. 그 내재가치를 판단하려면 식견이 높은 매수자가 그 기업을 인수하기 위해 기꺼이 현금으로 지불할 금액이 얼마일지 추정해야 합니다. 내재가치는 정확한 수치가 아니라 가정을 바탕으로 산출한 가격 범위입니다. 업황과 시장 여건을 반영해 수시로 가정을 수정해야 하고, 따라서 시간이 지나면서 내재가치도 달라집니다. 더 상승할 수도 있고 하락할 수도 있죠."

그는 시기적으로 운이 좋았다는 것을 인정한다. 소겐 인터내셔널 펀드를 맡을 당시 주식시장은 1970년대 투매 이후 세계 증시가 전반적으로 크게 하락한 상황이었다. 처음에는 그레이엄의 접근법을 적용하는 것이 그의 주요 전략이었다. "미국과 유럽 주식을 살펴보았습니다. 미국과 유럽의 경기 전망에 초점을 맞추는 대신 제가 산출한 내재가치보다 30~40% 낮은 가격에 거래되는 종목에 집중했습니다. 그레이엄의 접근법은 대부분 수학적인 것이어서 하루 종일 사무실에 앉아 재무상태표를 검토해 기업의 청산 가치나 순운전자본을 계산했습니다."

첫 번째 기회는 소형주와 대형주가 모두 하락한 미국에 있었다. 그러다가 1982년 미국 시장이 회복하기 시작했고, 그다음 기회는 유럽 대륙에서 찾을 수 있었다. "유럽의 소형주는 그레이엄의 기준으로 터무니없이 낮은 가격에 거래되고 있었습니다. 유럽 대륙의 재무공시 환경이 미국보다 덜 투명해서 시장의 효율성이 떨어진 것도 이유라고 봅니다. 효율성에 대해 말하자면, 주가는 항상 공정하고 최신 정보를 반영하므로 투자자가 시장을 이기는 것은 불가능하다고 가정하는 효율적 시장 가설은 제 경험상 믿기 어렵습니다."

유럽 시장에 존재하는 비효율성을 이야기하며 에베이야르는 대학 시절 〈배런스〉와 〈비즈니스위크〉의 중간쯤에 해당하는 성격을 가진 〈라 비 프랑세즈〉라는 잡지사에서 일했던 경험을 떠올렸다. 당시 언론인은 광고를 주는 대기업에 대해 우호적이었고 광고를 주지 않는 작은 기업에는 덜 우호적이었는데 그런 상황이 대형주와 소형주의 가격 괴리를 초래했다. 한편 기업의 실적이 과도하게 좋으면 노조가 경영진을 공격할 것이기 때문에 회사가 지급할 배당금 규모와 일치하는 수준으로 이익을 보고하는 경향도 있었다. 사실과 다르게 보고된 실적은 많은 유럽 기업에 대한 부정확한 평가로 이어졌다. 잠재적 투자자에게 무조건 적대적인 태도를 취해 연례 보고서나 자료에 접근하기 어려운 기업도 있었다. 공개 자료나 공개 정보가 없다면 시장이 과연 효율적이라고 할 수 있을지 의문이었다.

"그레이엄의 모형을 적용할 때 경성 자산과 실물 자산에 집중했고, 이 자산이 주가보다 저평가된 기업을 매수했습니다. 나중에 재무 보고가 투명해지면서 이들 소형주의 가치도 상승했습니다. 1980년대에는 제가 이런 소형주를 사들이는 것을 의아하게 여기는 펀드매니저가 많았습니다. 동료가 사주지 않는 한 이들 주식의 가치는 거의 오르지 않을 테니까요. 그들이 옳았을지도 모르지만 저는 어떤 주식이 저평가되었다면 투자자가 결국 본래 가치를 알아차릴 것이라고 믿습니다. 3년, 5년 혹은 더 오래 걸릴 수도 있겠지만 투자에는 인내심이 필요하고, 좋은 일이 일어나는 것을 보려면 엄청난 인내심이 필요하다는 것이 진리입니다."

저평가된 주식을 찾는 그레이엄식 접근법의 유용성은 입증되었지만 세상이 더 '효율적'으로 바뀌면서 전략으로서의 경쟁력이 약화되었다. 1970년대 후반 에베이야르는 워런 버핏이라는 이름을 알게 되면서 버크셔 해서웨이의 연례 보고서를 읽었다. 에베이야르는 1980년대 중후반부터 버핏의 접근법을 이용했다. "가치투자 진영은 빅 텐트입니다. 수학적으로 접근한 그레이엄이 있고, 숫자뿐만 아니라 기업의 장기적 전망과 기업의 질을 검토하는 방식으로 그레이엄의 접근에 큰 변화를 준 버핏이 있습니다. 그레이엄의 방식은 시간이 많이 걸리지 않아서 혼자서도 실천할 수 있었지만, 1980년대 말에는 버핏의 방식을 적용하기 위해 애널리스트를 고용하기 시작했습니다. 인력을 더 확보한 덕분에 기업의 주요 특징을 파악하고 버핏이 '해자(moat)'라고 칭한 지속 가능한 경쟁우위를 찾는 데 많은 시간을 할애할 수 있었습니다."

리서치를 확대했지만 이 시기에도 내재가치에 초점을 맞춘 상향식(bottom-up) 투자를 계속했다. 그러다가 하향식 접근법에도 관심을 가지기 시작하면서 다른 나라의 거시경제 환경을 살펴보았다. "처음에는 선진 시장의 경제 상황을 무시해도 괜찮았지만 차츰 신흥 시장으로 분석을 확대하면서 더 큰 그림을 주시해야 했습니다. 1980년대 아시아 신흥 시장에는 상당히 매력적인 밸류에이션을 가진 주식이 많았습니다. 그러나 그 주식시장이 속한 국가 중 정치·경제적으로 불안한 곳이 많아서 각별히 주의해야 했습니다. 기업을 이해할 때에는 그 기업의 회계 시스템이 정직한지 여부도 반드시 확인했습니다. 경영진이 투자자를 현혹하려고 마음먹으면 신뢰할 수 없는 숫자가 나온다는 것을 경험으로 알고 있었으니까요."

에베이야르는 선진국의 회계 기준이 1990년대 신흥국보다 후퇴했다며 안타까워했다. "기업 회계의 무결성에 변화가 생겼습니다. 경제가 성장하고 기업이 성공을 거두면서 사실상 모든 미국 대기업의 최고재무책임자가 '지능적으로 부정을 저지르는 것'을 범죄가 아니라고 생각하기 시작했습니다. 너도나도 똑같았으니까요. 그래서 숫자를 조작하기 시작했습니다. 저는 언제나 회사의 연례 보고서를 보고 재무제표의 주석을 읽는 것으로 리서치를 시작합니다. 숫자의 정직성과 회계의 무결성이 만족스러울 경우에 한해서만 더 자세히 검토합니다. 이해가 안 되는 숫자가 있으면 그 보고서는 쓰레기통에 버리고 다른 기업으로 넘어갑니다. 1990년대 엔론 재무제표의 주석을 보면 정말 난해합니다. 주석을 주의 깊게 봤다면 엔론 주식에 투자하는 사람은 없었을 겁니다."

그리고 미국의 기업 회계 문제를 이야기하며 극도로 세부적인 규칙을 지적한다. 그런 세부 규칙이 좋은 변호사와 최고재무책임자에게 숫자를 조작하고도 무사히 빠져나갈 길을 만들어준다는 것이다. 유럽의 회계 처리는 더 원칙적이다. 회계의 근본정신을 위배하는 것만으로도 제도를 위반하는 행위가 된다. 그는 어떤 회계 기준을 따르든 기업의 연례 보고서를 꼼꼼히 읽고, 숫자를 당연하게 받아들이지 않는 것이 중요하다고 강조한다. 성공적인 투자는 눈부신 수익을 달성하는 것만이 아니라 손실을 피하는 것이기도 하다. 숫자가 의심스러울 때 가장 좋은 방법은 검토를 곧바로 포기하고 다른 기업을 찾는 것이다.

가치의 의미

재무제표를 납득하면 다음 단계로 사업의 가치를 평가한다. "현금흐름 할인(DCF, 미래에 예상되는 현금흐름을 현재 가치로 환산해 사업의 가치를 추정) 모형 분석은 그다지 많이 하지 않습니다. 소수점까지 계산되는데 그렇게 정확할 필요는 없으니까요. 대신 재무상태표가 반영된 기업 가치EV, 이자 및 세전 이익EBIT 분석을 선호합니다. 이들 분석의 주요 목표는 식견이 높은 매수자가 그 사업을 인수한다고 가정하고 그 사업의 대략적인 가치를 합리적인 범위 안에서 파악하는 것입니다. EV를 이용하면 현금과 부채를 계산에 포함하게 됩니다. 단순히 시가총액을 보는 것보다 더 낫습니다. EBIT는 회사의 이자 비용을 보여줍니다. 저희는 부채가 거의 없거나 전혀 없는 회사를 선호하기 때문에 최소한의 이자 비용을 기대합니다. 세금도 생각해야 합니다. 어떤 기업이 동종 업체보다 낮은 세율을 부담한다면 그 이유를 알아야 합니다. 세율이 낮은데도 타당한 이유가 없다면 그것은 회사가 세무 당국을 속이고 있거나 이익을 부풀려 표시했다는 의미가 됩니다."

　사업 가치를 평가하고 나면 다음 단계는 정성적 분석이다. 이 단계에서는 다음 1~2개 분기에 걸쳐 매출이나 이익을 늘릴 수 있는지가 아니라 향후 5~10년간 지속 가능한 경쟁우위가 있는지를 확인하는 관점에서 기업의 강점과 약점을 분석하는 데 초점을 맞춘다. "2006년 은퇴한 뒤 컬럼비아대학교에서 가치투자를 강의했습니다. 학생 열두 명 중 열한 명이 '정성적 분석 보고서라면 25쪽 분량은 되어야 한다'고 생각하는 것을 보고 놀랐습니다. 저는 그 학생들에게 '열심히 생각해서 장점과 단점 서너 가지만 나열하면 충분하다'고 강조했습니다. 제가 상대한 애널리스트 중에는 복잡한 상황과 회사의 턴어라운드 가능성을 설명하려는 사람도 있었습니다. 저는 그들이 똑똑하다는 것을 인정하지만 이야기가 복잡할수록 실수로 이어질 확률이 높아진다고 조언합니다. 단순한 투자 아이디어로 돈을 벌어도 전혀 문제가 없다고 이야기합니다. 버핏도 오랫동안 그렇게 해왔습니다. 그는 2미터 높이 장애물을 뛰어넘으려 하지 않습니다. 쉽게 넘을 수 있는 30센티미터 높이 장애물을 찾았죠!"

　에베이야르는 '과제를 다 끝내기 전까지 해당 기업의 경영진을 절대 만나지 않는다'는 원칙을 분명히 했다. 자신이 던지는 첫 질문에서 해당 기업에 대해 아무것도 모른다는 인상을 준다면 경영진은 더욱 그럴듯하게 회사를 포장하려 할 것이기 때문이다. 그가 경영진을 만나는 것은 회사의 단기 실적 전망이나 장기 전략을 파악하기 위해서가 아니라 경영진의 성격을 파악하기 위해서다. "장기적인 투자라면 기업 실적 전망을 묻는 것은 의미가 없습니다. 단기 실적은 내재가치 계산에 전혀 영향을 미치지 않기 때문이죠. 또한 세상이 변화하기 때문에 경영진에게 장기 계획을 묻는 것도 무의미합니다. 어떤 일이 일어날지 누구도 예측할 수 없으니까요. 기업을 분석할 때에는 그기업의 근본적인 강점과 약점을 발견하는 것이 더욱 중요합니다."

그에게 세상은 불확실한 곳이고, 따라서 그는 집중 투자 포트폴리오를 결코 신뢰하지 않는다. "집중 투자 포트폴리오는 강세장에서 나타나는 현상에 가깝다고 생각합니다. 약세장에서 투자를 지나치게 집중하면 어떤 일이 벌어질지 모릅니다. 최고의 아이디어에만 제한적으로 투자하느냐는 질문도 받습니다만 어떤 것이 최고의 아이디어인지 미리 알 방법이 없기 때문에 투자를 분산하는 편입니다. 우리 글로벌 펀드의 장점은 세계 시장에 투자할 수 있다는 것이었고 이것은 국가별 특유의 위험을 최소화하는 데 도움이 되었습니다. 그렇다고 아예 시장 전체를 복사하는 수준으로 포트폴리오를 분산하라는 뜻은 아닙니다."

최소 5년을 투자 기간으로 잡았기 때문에 하락세인 주식을 매수하기를 결코 꺼리지 않았다. 가치를 신중하게 산출한 가치투자자에게 주가 하락은 주식을 더 많이 담을 수 있는 좋은 기회다. 이때 유일한 걱정은 사업 환경이 변화해서 시간이 지나며 내재가치가 달라질 수 있다는 점이다. "구체적으로 얼마가 되면 매도한다고 정하지는 않습니다. 예상보다 좋을 수도 있고 나쁠 수도 있는 만큼 내재가치를 면밀히 들여다봅니다. 기업의 최신 정보를 알아야 하기 때문에 애널리스트 보고서도 많이 읽지만 항상 직접 내재가치를 계산합니다. 문제는 애널리스트 보고서가 통상 6~12개월간의 투자 기간을 예상하고 목표 주가를 정한다는 것입니다. 우리의 투자 기간은 5년입니다. 기업 분석 내용을 읽기는 하지만 목표 주가는 참고하지 않습니다."

그는 '가치 함정'의 존재를 믿지 않는다. 그러나 일시적인 미실현 자본 손실과 영구적인 자본 손상의 차이를 지적한 서드 애비뉴 밸류 펀드 마틴 휘트먼의 의견에는 동의한다. 가치가 70달러인 주식이 현재 35달러에 거래된다면 가치주다. 1년 후 주가가 25달러로 떨어졌어도 신중한 평가를 근거로 그 주식이 여전히 70달러 가치가 있다고 판단한다면 현재의 주가 하락은 일시적인 미실현 자본 손실이니 당황하지 않아도 된다. 투자자가 인내심을 발휘하는 한 주가는 결국 진정한 가치를 반영할 것이다. 반면 영구적인 자본 손상은 완전한 실수다. 내재가치가 악화되어 발생한 것이며 기업의 강점과 약점을 잘못 판단한 결과다. 이때 손실은 일시적인 것이 아니라 영구적인 것이다. 따라서 가치투자자는 신속하게 손실을 떨어내고, 실수에서 배우며, 다음 단계로 나아가야 한다.

에베이야르는 강조한다. "트레이더와 투기 거래자가 가치 함정에 빠졌다는 표현을 하는 것은 그들의 보유 기간이 너무 짧기 때문입니다. 주식의 내재가치가 변하지 않는다면 가격이 하락해도 여전히 가치주입니다. 보유 기간과 주가가 회복하는 시간이 일치하지 않는다고 해서 함정에 빠졌다고 할 수는 없습니다. 제대로 분석했고 인내심을 발휘한다면 시장은 결국 그 주식의 가치를 인정하게 될 것입니다!"

아니라고 말할 용기

가치주가 꽃을 피우려면 인내심이 필요하지만 동시에 가치투자자에게는 아니라고 말할 용기도 필요하다. 시장이 광풍에 휩싸일 때에는 더욱 그렇다. "무엇을 사느냐가 아니라 무엇을 사지 않느냐가 중요할 때가 있습니다. 1980년대 후반 일본의 거대한 신용 호황을 보면서 일본 증시 상황을 걱정했습니다. 1988년 중반에 일본 주식을 모두 처분했죠. 세계에서 두 번째로 큰 주식시장에서 손을 떼는 것에 의문을 제기하는 투자자도 있었지만 시장의 광기에 동참하기보다 투자를 정리하는 편이 낫다고 대답했습니다. 그 후 18개월 동안 시장이 30% 더 상승했기 때문에 누가 봐도 제가 틀린 것이었고 한동안 무척 힘든 상황이 계속되었습니다. 하지만 1990년 일본 시장이 폭락하면서 우리의 결정이 타당했다는 것이 입증되었죠."

1990년대 후반 미국에서도 비슷한 상황이 발생했다. 이번에는 기술, 미디어, 통신주 광풍이 불었다. 에베이야르의 투자 성적은 3년 동안 업계와 주요 시장지수의 수익률을 하회했지만 그는 계속해서 시장에 '아니요'라고 말했다. "수익률이 뒤처지면, 첫해에는 고객이 괜찮다고 합니다. 2년 차에 또 뒤처지면 불안해하고, 3년 차에도 뒤처지면 아예 떠나버리죠! 1997년에 우리 펀드의 총 운용 자산은 약 60억 달러였지만 2000년에는 20억 달러로 줄었습니다. 힘들었지만 우리 투자자의 장기적인 이익을 위해 일하는 것이 제 임무였고 따라서 옳은 일을 해야 한다고 끊임없이 스스로 다짐했습니다. 광풍이 끝났을 때, 돌아온 투자자는 규율을 철저히 지킨 우리를 칭찬했습니다. 펀드(퍼스트 이글 글로벌 펀드)의 운용 자산 규모는 현재 약 300억 달러입니다."

2000년대에는 금융주를 멀리했다. 손쉬운 융자와 저금리 환경이 1980년대 후반 일본을 떠올리게 했기 때문이다. 미국과 유럽의 은행 업계가 1960년대와 1970년대에 강도 높은 규제 대상이었다는 사실에 주목했다. 당시 은행주는 자산의 장부가치를 약간 밑도는 가격에 거래되었고 배당 수익률은 4~5% 수준이었다. 사실상 유틸리티 주식처럼 지루했다. 그러나 1990년대 들어 규제가 바뀌면서 은행은 투자 상품을 판매하고 신종(exotic) 인수 합병 기법을 도입하기 시작했다. 은행이 막대한 이익을 창출하기 시작하자 에베이야르는 업계 구조에 경계심을 품었다. "금융 업계가 비대해졌습니다. 또한 완화적인 통화 정책이 도입되었고, 1990년대의 전반적 번영이 2000년대에 더욱 가속화되면서 시장은 극도로 위험해졌습니다. 낮이 지나면 밤이 오듯이 신용 호황 뒤에는 자연적으로 신용 붕괴가 따라올 것이므로 신용 호황이 지나치게 장기화되고 강력해지지 않도록 주의를 기울여야 한다는 오스트리아학파의 주장도 제 우려를 뒷받침했습니다."

에베이야르는 오스트리아학파에 대한 이야기를 이어갔다. "제2차 세계대전 이후 존 메이너드 케인스와 밀턴 프리드먼 두 사람이 경제학을 지배했기 때문에 아무도 오스트리아학파의 말에 귀를 기울이지 않았습니다. 여러 정치인과 친분이 있었던 두 사람이 다양한 경제 문제에 해결책을 제시하면서 정책에 두 사람의 의견이 반영되는 것이 일반적이었습니다. 반면 신용 호황이 신용 붕괴로 변할 때 오스트리아학파는 세상이 할 수 있는 것이 많지 않다는 절망적인 메시지를 냈습니다. 모든 경제 문제의 유일한 치료제는 시간입니다. 단기적으로 문제를 해결하려고 한다면 중장기적으로 의도하지 않은 부정적 결과를 초래할 수 있다는 것이 오스트리아학파의 주장입니다. 2008년 이후 세계 경제를 부양하기 위해 각국의 중앙은행이 양적 완화에 나서고 정부가 지출을 늘리면서 저금리 환경이 지속되고 있습니다. 오스트리아학파가 옳다면, 단기적으로는 문제가 없더라도 중장기적으로는 인플레이션이 심화되는 결과로 이어질 것입니다. 인플레이션은 자산 가격, 소비자물가지수, 상품 가격이 상승하는 것이 아닙니다. 단순한 증상일 뿐이죠! 과도한 통화 공급과 신용 창출(creation of credit, 은행이 대부로 예금액을 초과해 예금 통화를 창출하는 것)이 바로 인플레이션입니다!"

2008년 이후 달라진 금융 업계의 역학 관계 속에서 에베이야르가 제시하는 조언은 두 가지다. 금융시장 밖에서 일을 찾을 것, 금으로 피신할 것. 그는 1920년대에 은행의 제안을 거절하고 빈대학교에서 강의를 계속했던 오스트리아학파 경제학자 루드비히 폰 미제스에 대해 이야기했다. 약혼녀가 미제스에게 고액 연봉을 받는 일자리를 거절한 이유를 묻자 그는 '1920년대의 과도한 신용 호황 다음에는 당연히 신용 붕괴가 올 것이기 때문'이라고 대답했다. 그때가 되면 모두가 기피하는 분야가 바로 은행업이 될 것이었다. 2000년대로 거슬러 올라가, 딸들이 에베이야르에게 '자신들을 금융 업계로 밀어

넣지 않은 이유'를 물었을 때도 그는 똑같은 이야기를 했다. 한편 그에게 금은 좋을 때나 나쁠 때나 변함없이 필수 자산군이다.

보호 수단을 찾아서

가치투자자로서 에베이야르가 금의 내재가치를 안다고 주장한 적은 단 한 번도 없었다. 하지만 유럽 역사 전체에 걸친 법정 화폐(fiat money)의 실패 사례를 광범위하게 읽은 그가 금을 긍정적으로 평가하는 것은 당연하다. 불확실성의 시대에서 금은 극단적 결과에 대비한 보호 장치이자 보험이다.

1993년 에베이야르는 금의 수요와 공급 불균형이 계속될 것이라는 판단에 기초해 퍼스트 이글 골드 펀드를 출범했다. "금 펀드를 만들었는데 6~7년 정도 시기가 빨랐습니다. 수급 불균형으로 가격에 하방 경직성이 확보되었고 언젠가 자연히 상승 잠재력이 발휘될 것이라고 기대했기 때문입니다. 하지만 수요와 공급은 중요하지 않다는 것을 생각하지 못했습니다. 중요한 것은 투자하려는 수요가 있는지 여부입니다. 당시에는 투자 수요가 부족해서 금 가격이 상승하지 못했습니다. 5,000만 달러로 출발한 펀드의 운용 자산은 1990년대 말 1,500만 달러로 감소했습니다. 지금(2011년)은 투자 수요 덕분에 운용 자산이 30억 달러를 약간 넘습니다."

에베이야르는 미국 달러, 유로, 일본 엔 같은 종이 화폐에 내재가치가 없는 것처럼 금에도 내재가치가 없다고 주장했다. "금은 대체 화폐입니다. 지폐는 너무 많고 금은 너무 적습니다. 2008년 금융위기 이후 모든 주요 통화의 가치가 의심을 받으면서 그 대안으로 일부 자산이 금에 배분되었습니다. 금 가격은 변동성이 커서 수백 달러씩 오르내리기 때문에, 보호 수단을 찾는 목적이라고 하더라도 신중할 필요가 있습니다."

그는 법정 화폐가 실패한 역사를 설명했다. 1716년 루이 14세가 일으킨 수많은 전쟁으로 프랑스가 재정적 곤란에 처하자 당시 재무총관 존 로는 프랑스의 국가 채무를 해결하기 위해 주화로 가치를 담보하는 지폐를 발행했다. 그는 계속해서 돈을 찍어냈고, 프랑스 시민이 일정량 이상 금과 은을 소지하는 것을 금지했으며, 수출을 개선하기 위해 외화 대비 프랑스 은행권의 가치를 평가 절하했다. 이 계획은 결국 대중의 보복을 불러왔다. 1720년 로의 지폐 제도가 무너졌고 한때 명성을 날린 그는 국외로 도망쳐야 했다.

비슷한 역사가 또 반복되었다. 프랑스혁명이 일어난 후인 1790년 프랑스 의회는 교회 토지를 몰수하고 그 토지를 담보로 아시냐라는 새로운 지폐를 발행했다. 최초로 발행한 규모는 4억 리브르였으나 1795년에는 총 400억 리브르가 통용되면서 물가가 치솟았고 대중은 격렬하게 반발했다. 그 후 나폴레옹이 등장해 오로지 금으로만 가치를 담보하는 금 프랑을 도입했다. 비로소 프랑스의 재정 상황은 안정을 찾았고 나폴레옹은 통치권을 확고히 했다.

더 가까운 역사도 있다. 제1차 세계대전 후 베르사유 조약에 따라 바이마르 독일 공화국에 징벌적 배상금이 부과되었다. 독일은 전쟁으로 인한 부채를 갚기 위해 마르크화를 찍어냈고, 찍어낼수록 돈의 가치는 빠르게 하락했다. 높은 물가에 대응해 국민이 소비를 줄였지만 마르크화 가치 하락 속도가 더 빨랐고, 1920년대에 극단적인 초인플레이션을 야기했다. 많은 역사학자가 이 상황과 히틀러의 등장을 연관시킨다. 물론 그 여파는 제2차 세계대전이었다.

"우리 유럽인은 지폐가 소용이 없다는 사실을 오래전에 배웠습니다! 미국은 1971년 닉슨이 금 창구를 폐쇄한 지 약 40년밖에 지나지 않았습니다. 2008년 외환위기 이후 과도한 양의 돈을 찍어내면서 지폐 가치가 하락했습니다. 지금 우리는 넘쳐나는 지폐를 들고 부족한 물건을 찾아다니는데, 금이 바로 그 물건입니다!" 에베이야르는 앞으로 가치주와 금이 좋은 동반자가 될 것이라고 전망하고 퍼스트 이글 글로벌 펀드와 골드 펀드에 자신의 저축액을 직접 투자하고 있다.

2004년 에베이야르는 65세를 맞아 은퇴를 결심했다. 프랑스 속담처럼 '모든 일에는 때가 있는 법'이기 때문이다. 그와 아내 엘리자베스는 은퇴 후 유럽과 미국을 여행하며 미술품을 감상하고 그림을 수집했다. 여행 중이던 그는 2007년 예상치 못한 전화를 받았다. 퍼스트 이글 펀드를 운용하던 그의 후임자가 물러났다는 소식이었다. 회사는 에베이야르에게 은퇴를 접고 새로운 후임자를 찾을 때까지 회사를 관리해달라고 요청했다. "처음에는 몇 달 정도면 될 줄 알았습니다만 후임자를 찾는 데 시간이 걸리면서 결국 2년을 머물렀습니다." 그는 2009년 이후 공식적으로 주요 직책에서 물러났지만 여전히 퍼스트 이글 펀드의 수석 고문 역할을 하고 있다. 은퇴 후 취미로 여행과 미술품 수집을 즐기는 지금도 금융시장을 계속해서 추적하고 있고 이따금 경제 전문지에 글을 쓰거나 텔레비전에 출연해 세계 경제에 대해 이야기하기도 한다.

에베이야르는 미래에 대해 다음과 같은 결론을 내렸다. "우리는 제2차 세계대전 이후의 경제와 금융 환경에 머물러 있는가? 아니면 2008년 금융위기로 인해 상황이 변했는가? 이것은 오늘날 중요한 질문입니다. 이 질문에 답을 가지고 있는 척하지는 않겠습니다. 다만 미래는 불확실한 것이기에 안전마진의 중요성을 명심해야 한다고 조언합니다. 가치투자자로서 상향식 투자를 하는 것은 좋지만 정부의 정책이 세계 금융시장의 건전성에 심각한 영향을 미치는 만큼 하향식 투자에도 어느 정도 주의를 기울여야 한다는 것을 기억하십시오."

7

독학으로 배운
스페인의 가치투자자

프란시스코 가르시아 파라메스
Francisco García Paramés

코바스 에셋 매니지먼트(스페인)
Cobas Asset Management

불가능한 것을 제거한 뒤 남은 것은
비록 개연성이 낮더라도 분명 진실일 것이다.

— 아서 코난 도일

프란시스코 가르시아 파라메스는 코바스 에셋 매니지먼트의 창업자이자 최고투
자책임자다. 회사는 2016년 설립되었으며, 유럽의 저평가된 자산에 투자해 투
자자의 저축액과 장기 구매력 보전을 지향한다.

코바스를 설립하기 전, 파라메스는 스페인 산업 재벌 악시오나의 자회사인 베스
틴베르 에셋 매니지먼트의 최고투자책임자였다. 1987년 마드리드에 설립된 베
스틴베르는 세계에서 부유한 가문으로 손꼽히는 엔트레카날레스 일가의 자산을
관리했다. 파라메스는 1989년 합류해 2014년 회사를 떠날 때까지 베스틴베르
의 운용 자산을 1,000만 유로에서 80억 유로 이상으로 키웠다.

한편 베스틴베르의 대표 주식형 펀드인 베스틴폰드는 1993년부터 2014년까지
누적 기준 2,481,29%, 연평균 16.74% 수익률을 기록했다. 같은 기간 마드리
드증권거래소 종합지수는 누적 기준 683.97%, 연평균 10.30% 상승했다.

Francisco García Paramés

투자는 상식의 문제다. 버크셔 해서웨이의 찰리 멍거 부회장은 "내가 어디서 죽을 것인지만 알고 싶다. 그러면 그곳에는 절대 가지 않을 테니까"라고 말했다. 투자에도 같은 개념이 적용된다. 스페인 출신 투자자 파라메스는 이렇게 말했다. "투자에서 어떤 것이 통하지 않는지 알기 위해 직접 실수를 저지를 필요는 없습니다. 남들이 저지른 실수에 관해 읽고 절대 같은 실수를 저지르지 않는 것이 중요합니다!"

독학으로 가치투자를 터득한 파라메스가 처음 투자 운용 업계에 발을 들인 것은 우연한 계기였다.

1963년 스페인 북부 갈리시아의 아 코루냐에서 태어난 파라메스는 5남매 중 둘째이자 외아들이다. 어렸을 때에는 인생에서 하고 싶은 일이 무엇인지 알지 못했다. 하지만 10대에 직업을 선택했다면 아마 프로 농구 선수였을 정도로 그는 미국 프로 농구(NBA)의 열혈 팬이었다.

파라메스는 마드리드에 있는 콤플레텐세대학교에서 경제학을 공부했다. 그는 경제학이 법학이나 회계학보다 더 넓은 영역의 학문이라고 생각했고, 진로에 대해 다양한 가능성을 열어두고 싶었다. "대학 3학년 때 비즈니스 뉴스를 따라잡고 영어 실력을 키우려고 〈비즈니스위크〉를 읽기 시작했는데 그때까지만 해도 사업에 대해서는 전혀 몰랐습니다. 대학 졸업을 앞두고 엘 코르테 잉글레스라는 스페인 백화점 구매 부서에서 일을 시작하면서 상품 수출입 관련 서류를 작성하기도 했습니다. 1987년 졸업 후에는 도무지 무엇을 해야 할지 몰라서 바르셀로나에 있는 IESE 경영대학원 MBA 과정에 등록했습니다. 1989년 MBA를 마칠 즈음 학교에서 취업 행사가 열렸습니다. 그곳에 베스틴베르가 있었고 현장에서 투자 애널리스트로 채용되었습니다."

파라메스는 베스틴베르 합류 후 처음 맡은 역할에 대해 아는 것이 거의 없었다. 그러나 자신의 강점과 약점을 평가한 뒤, 분석 능력을 요구하는 베스틴베르로 오게 된 것은 현명한 선택이었다고 확신했다. 자신을 가리켜 '조용한 사람'이라고 소개하는 그의 성격에 잘 맞는 기회였다.

1989년만 해도 베스틴베르는 엔트레카날레스 제국의 작은 사업부였다. "상사와 저, 단둘뿐이었습니다. 스페인에서 인수 합병 기회를 분석하는 것이 우리 업무였는데 제가 합류한 직후부터 인수 합병 활동이 주춤했습니다. 어쨌든 손에서 일을 놓지 않으려고 스페인 주식을 분석하기 시작했습니다. 상사는 굉장히 가치 중심적인 사고방식을 가지고 있었습니다. 펀더멘털 위주로 접근하는 그의 방식이 좋은 틀을 마련해주었습니다. 합리적인 투자 방향을 설정해주었으니 저로서는 운이 좋았죠."

파라메스는 '투자한다는 것은 가치를 추구하는 것'이라는 사실을 일찌감치 깨달았다. 금융기관이 '성장'과 '가치' 개념을 구분하는 것이 마케팅 목적일 수 있다는 사실도 알게 되었다. 많은 유럽 기업 제국의 흥망성쇠를 폭넓게 공부한 그는 장기간 지속 가능한 성장성과 가치를 지닌 투자 대상을 찾아야 연이은 위기를 무사히 헤쳐나갈 수 있다고 판단했다. 애초에 투기적이고 근시안적으로 세운 제국이었다면 수 세기 동안 그들의 유산을 지켜올 수도 없었을 것이다.

워런 버핏의 1992년 연례 주주 서한은 파라메스의 근본적인 투자 신념을 더욱 확고하게 했다. "(가치와 성장이라는) 두 가지 접근법 모두 가치를 산정할 때 반드시 필요합니다. 이 두 가지는 따로 떼어놓고 생각할 수 없습니다. 성장이 가치 산정에 미치는 영향은 미미할 수도 있고 중대할 수도 있으며, 부정적일 수도 있고 긍정적일 수도 있습니다. 하지만 성장은 가치 추정에 반드시 필요한 요소입니다. (중략) '가치투자'라는 용어 자체가 의미 중복입니다. 지불한 가격을 정당화하는 수준의 가치를 추구하는 행위 자체가 투자니까요."

1991년에 상사가 베스틴베르를 떠나면서 젊은 파라메스는 리서치 부서에 홀로 남겨졌다. "가치에 대한 가장 큰 가르침은 피터 린치가 쓴 《전설로 떠나는 월가의 영웅(One Up on Wall Street)》에서 배웠습니다. 이 책은 제 투자 체계를 더욱 강화했습니다. 1989년 이 책이 출간되었을 때 〈비즈니스위크〉에서 읽은 서평을 아직도 기억합니다. 밖으로 나가서 책을 구입했고, 그것이 제 인생을 완전히 바꾸었습니다."

《전설로 떠나는 월가의 영웅》을 읽던 파라메스에게 특히 강렬하게 와닿은 조언이 있었다. "주가는 종종 펀더멘털과 반대 방향으로 움직이지만 장기적으로는 이익의 방향성과 지속성을 따라간다. 나를 흥분시키지만 남에게는 무시당하는 것 같은 기업의 주식을 계속 붙들고 있으려면 엄청난 인내심이 필요하다. 그 과정에서 남이 옳고 내가 틀렸다는 생각이 들기 시작한다. 그러나 펀더멘털이 유망하다면 인내심은 대개 보상받는다. 좋은 시절과 나쁜 시절을 두루 거치며 전략을 고수할 때 장기적으로 수익을 극대화할 수 있다."

파라메스는 말했다. "처음에는 제게 가치 유전자가 있다고 생각했지만, 돌이켜 보면 린치의 책 덕분에 투자 논리를 강화하고 발전시킬 수 있었습니다. 린치를 읽은 다음 구할 수 있는 가치투자 서적을 모두 읽었습니다. 극히 일부만 꼽자면 워런 버핏, 벤저민 그레이엄, 존 네프, 존 템플턴, 월터 슐로스, 필립 피셔가 있습니다. 입사 후 첫 2년 동안 엔트레카날레스 일가가 성과에 대한 압박을 거의 하지 않아서 제 속도대로 배울 수 있었던 것이 행운이었습니다."

혼자 힘으로 찾아 나선 가치투자 기회

상사가 떠난 후 파라메스는 베스틴베르의 포트폴리오를 계속 운용해도 좋을지 엔트레카날레스 가문에 물었다. 기쁘게도 그들은 파라메스에게 포트폴리오 운용을 맡겼다. "2년 동안 투자 분석을 하면서 성실한 펀드매니저가 포트폴리오에 가치를 더하고 투자 수익을 개선할 수 있다는 확신을 가지게 되었습니다. 원래 수줍음이 많았지만 제 일에 자신이 있었기 때문에 용기를 낼 수 있었죠. 혼자서 베스틴베르의 자금을 운용할 수 있게 해준 것에 감사하게 생각합니다. 베스틴베르는 약 1,000만 유로에서 출발했습니다. 제게는 큰 금액이었지만 엔트레카날레스 가문에는 그리 큰 액수가 아니었죠. 제게 거의 부담을 주지 않았기 때문에 정말로 가치에 집중하고, 장기적으로 생각하고, 제 투자 원칙을 실천할 수 있었습니다. 좋은 실적을 꾸준히 쌓으면 더 큰 실적을 달성할 기회가 주어진다는 것을 알았습니다."

젊은 나이에 혼자 힘으로 무언가를 이룬 경험이 있는 파라메스는 젊은이에게 '되도록 일찍 투자를 시작하라'고 조언한다. 중요한 것은 투자에 대해 올바른 태도를 가지는 것, 그리고 포트폴리오의 크기에 상관없이 투자 실적을 쌓는 것이다. "투자 논리가 합리적이고 지난 투자 실적이 그런대로 괜찮다면 언젠가는 반드시 인정받게 될 것입니다."

파라메스는 처음으로 리서치 보고서를 작성한 스페인 철강회사 아세리녹스 그룹을 생생하게 기억한다. 그의 보고서는 기업의 경기 순응성(cyclicality)과, 기업이 경제 순환 주기의 고점과 저점을 통과하는 과정을 다루었다. 합리적인 투자자가 되기 위해서는 인내심과 규율이 필요하다. 강세 주기에 자제력을 잃고 흥분하거나 약세 주기에 지나치게 낙담하기 쉽기 때문이다.

파라메스는 "투자에서 가장 위험한 말은 '이번에는 다르다'이다"라는 존 템플턴의 조언을 일찌감치 마음에 새겼다. 그는 처음 실행한 투자를 이렇게 회상했다. "스물일곱 살 때였습니다. 스페인 은행 방코 산탄데르 주식을 샀습니다. 1990년 페르시아 걸프전이 일어나기 이전의 일이었고 전쟁 후 주가는 크게 하락했습니다. 그 후 2년 동안 주가가 30% 하락했고 저는 주식을 추가로 사들였습니다. 그리고 6년 후 매도해 높은 수익을 올렸습니다. 빚을 내서 주식을 산 것은 이때가 유일합니다. 아버지와 친구에게 약 2만 유로를 빌렸죠." 방코 산탄데르 은행은 그가 일생에 걸쳐 개인적으로 투자한 몇 안 되는 종목 중 하나였다. 1993년 베스틴베르가 펀드를 공식 출범했을 때부터 그는 투자자와 이해관계를 일치시키기 위해 자신이 저축한 돈을 전부 펀드에 넣었다.

방코 산탄데르로 결국 돈을 벌기는 했지만 파라메스는 두 가지 중요한 교훈을 얻었다. 첫 번째 교훈은 은행주가 이해하기 너무 어렵다는 것이었다. 1990년대 초 스페인 은행의 예대율(총대출금을 총예금으로 나눈 것)은 50~70% 범위로 보수적이고 건전한 수준이었다. 그런데 2000년대 중반에 들어서자 예대율이 150%에 육박했다. 은행 시스템에 레버리지가 과도하게 축적되고 은행 자산을 평가하기가 어려워지자 파라메스는 상황이 달라지지 않는 한 다시는 은행에 손을 대지 않기로 결심했다. 은행의 과도한 레버리지 활용은 멈추지 않았고 그는 계속해서 은행주를 멀리했다. 2008년 금융위기가 닥쳤을 때 베스틴베르는 금융 업종에 투자한 다른 펀드와 달리 큰 영향을 받지 않았다.

"두 번째 교훈은 레버리지를 사용하지 말라는 것입니다. 무엇이든 잘못될 수 있기 때문입니다. 25세나 30세 때에는 대개 레버리지를 이용해 투자합니다. 젊은 사람은 늘 빨리 부자가 되고 싶어 하니까요. 그러나 어느 정도 나이가 되면 손실 방지보다 손실 만회가 더 어려워집니다. 투자라는 게임에서 가장 중요한 것은 기업의 질과 지속 가능성이라는 사실을 깨닫기 시작하는 것이죠. 가장 중요한 것은 탄탄한 시장 지위를 확보하고 오랫동안 그 지위를 유지할 수 있는 가치주를 찾는 것입니다. 린치는 '어떤 바보가 와도 경영할 수 있는 회사를 찾아야 한다. 실제로 머지않아 바보가 회사를 맡을 수도 있기 때문이다'라고 했습니다. 정말로 그렇습니다. 단순히 싼 회사가 아니라 좋은 회사를 찾아야 합니다. 싼 회사를 사면 잘못될 수 있지만 좋은 회사를 사면 잘못될 일이 없습니다. 순현금 미만에 거래되는 스페인 섬유회사에 투자한 적이 있습니다. 주가가 쌌죠. 하지만 사업이 워낙 안되어서 경영진은 영업을 중단했을 뿐만 아니라 회사의 현금과 자산까지 모두 잃었습니다. 중요한 것은 지속 가능성과 기업의 질입니다."

단순화한 투자

파라메스는 1993년 베스틴폰드를 운용하기 전까지 2년 동안 자신의 투자 노하우가 옳다는 것을 꾸준히 입증했다. 베스틴베르의 투자펀드는 스페인 주식에 주력했지만 2005년에 해외 주식을 포함하는 것으로 투자 의무가 변경되었다. 당시 스페인 국내 주식이 거의 가치를 창출하지 못했기 때문이다. 펀드는 유연성을 높이기 위해 주변 시장으로 눈을 돌렸다.

그는 자신의 투자 과정을 설명했다. "무엇보다, 많이 읽습니다. 투자 대상을 선별하는 지표를 이용해서 아이디어를 내는 경우는 절대 없습니다. 신문, 책, 잡지, 애널리스트 보고서, 심지어 경쟁사가 투자한 종목에서도 아이디어를 얻습니다. 다른 업계 사람과도 자주 브레인스토밍을 합니다. 세상을 꾸준히 이해해서 기존에 축적한 모든 정보와 동기화할 때 아이디어 창출이 가능합니다. 이 과정은 규율로 단련되고, 일찍 단련을 시작할수록 기회가 왔을 때 더 제대로 준비가 되어 있을 것입니다. 단순히 아침에 눈을 떠 '아이디어를 좀 찾아보자' 해서는 아이디어가 얻어지지 않습니다. 투자 경험이 쌓여야 하고 계속해서 배우려는 욕구가 있어야 합니다!"

투자 대상에 대한 리서치와 분석에 집중하며 일과에서 시장의 잡음에 방해받지 않는다. 실제로 매일 오후 6시까지 주식 시세를 확인하지 않는다. 그레이엄의 책을 통해, 주식시장은 투자자에게 제공되는 플랫폼일 뿐이며 시장에 감정적으로 타격을 받아서는 안 된다는 것을 충분히 이해한 것이다. 그는 투자 대상을 분석할 때 복잡한 재무 모델을 사용하지 않는다고 강조했다. "덧셈, 뺄셈, 곱셈, 나눗셈이 되는 간단한 계산기 하나면 충분합니다. 예를 들면 현금흐름 할인 모형은 유료 도로나 유틸리티 기업처럼 사업이 매우 안정적인 경우를 제외하고는 거의 사용하지 않습니다. 가치 평가 모형이 얼마나 정교한지가 아니라 그 기업을 얼마나 잘 알고 경쟁우위를 얼마나 잘 평가하는지가 중요합니다. 이것은 수학적 모형으로 만들 수 있는 영역이 아닙니다. 투자자 자신의 경험이 더 중요하죠."

경쟁우위를 판단할 때에는 그 기업이 10년 후에도 존속할지, 사업 모델이 자주 변하는지를 파악한다. 이 두 가지 전제 조건을 충족하면 다시 평가로 돌아가 그 기업을 특별하게 만드는 요인을 찾는다. 강력한 가격 결정력을 보유했는가? 신규 경쟁자의 진입 장벽이 높은가? 경영진을 만나는 것이 제일 좋지만 경쟁 업체, 고객, 퇴사한 직원, 납품 업체의 이야기를 듣는 것 역시 중요하다. "버핏은 '위험은 자신이 무엇을 하는지 모르는 데서 온다'고 했습니다. 위험을 줄인다는 것은 가정을 추가하고 투자 모델을 복잡하게 만든다는 것이 아니라, 가장 잘 아는 것에 투자해 투자를 단순화하는 것입니다. 어떤 회사가 지속 가능하다고 믿는다면 기업가가 되어 그 회사를 인수한다고 생각하고 가치를 계산해봐야 합니다. 할인된 가격에 팔리고 있다면 가치가 있는 것입니다." 투자의 기본 개념은 단순한 아이디어를 찾는 것이라고 믿는 파라메스는 '굳이 2미터 높이 장애물을 넘으려고 하지 않는다. 가볍게 넘을 수 있는 30센티미터 높이 장애물을 찾는다'라는 버핏의 말에 동의한다.

파라메스는 간단한 밸류에이션 배수를 이용해 투자 대상을 평가한다. 특히 PCR을 선호한다. PCR은 기업의 시가총액을 잉여현금흐름FCF, 즉 이해당사자에게 분배 가능한 현금흐름으로 나누어 계산한다. 잉여현금흐름은 현금흐름에서 자본적 지출(capital expenditure)을 차감해 구하며 현금흐름표에서 확인할 수 있다.

"PCR 11~12배 미만인 양질의 기업을 사려고 합니다. 목표 주가는 보통 PCR 15배입니다. 15배는 일반적인 주식의 장기 평균 수준입니다. PCR 15배는 잉여현금흐름 수익률(FCF yield, 주당 잉여현금흐름/주가) 약 6.6%에 해당하는데 대부분의 시장 환경에서 크게 나쁘지 않은 수준입니다. 물론 우리 가정을 적용해 민감도를 분석하고 적절한 배수를 찾습니다. 좋은 기업이라면 목표 주가를 17배 수준으로 정할 수도 있습니다. 경기 민감주의 경우 13배도 괜찮습니다." 굉장히 단순한 분석법이지만 신중한 투자자라면 적정 배수를 구하기 전에 장기 잉여현금흐름을 합리적으로 추정해야 한다. 따라서 이 방법을 적용하려면 상당한 기량과 판단력이 필요하다.

잉여현금흐름법은 기업의 가치 평가에 초점을 맞춘다. 파라메스는 투자 효율성과 수익성을 측정하는 지표인 사용 자본 이익률(ROCE, 세후 영업이익을 사용 자본으로 나누어 구하며, 사용 자본은 총자산에서 유동 부채를 차감해 구한다)을 이용해 기업의 질을 판단한다. 간단히 말해 기업이 얼마나 적절히 자본을 배치하는지 판단하는 것이다.

파라메스는 ROCE를 통해 기업의 질을 객관적으로 평가할 수 있다고 믿는다. 그 기업의 과거 ROCE 추세와 비교할 수 있고 서로 다른 기업의 자본 이익도 비교할 수 있기 때문이다. "ROCE는 여러 산업의 경쟁 환경을 이해하는 데 유용합니다. ROCE를 이용해 기업 간 경쟁우위를 파악할 수 있습니다. 이상적인 ROCE 수준이라는 것은 없고 분기별, 연도별로 달라집니다. 저희는 보통 ROCE 수준이 일관된 회사를 찾는데 20% 내외면 상당히 좋다고 생각합니다. 무엇보다 사업 전망이 가장 중요합니다. 과거 추이나 경쟁 업체 대비 현재 ROCE가 좋아 보일지라도 가격 결정력이 없다면 함정이 있을 수 있습니다. 예를 들면 경쟁이나 인플레이션으로 이익률이 축소되는 경우입니다."

오스트리아학파 경제학과 시장

전설적인 투자자 필립 피셔는 1958년《위대한 기업에 투자하라 (Common Stocks and Uncommon Profits)》에서 이렇게 말했다. "무작위적이고 불완전한 일련의 사실로 경제적 미래를 추측하려는 금융계의 엄청난 정신적 노력을 볼 때마다, 그 노력의 극히 일부라도 유용성 입증 가능성이 더 높은 다른 일에 쏟는다면 얼마나 많은 것을 이루어낼 수 있을 것인가 생각하게 된다." 버핏의 생각도 피셔와 같았다. "예측은 예측하는 사람에 대해 많은 것을 말해줄 수 있을지는 몰라도 미래에 대해서는 아무것도 알려주지 않는다."

피셔와 버핏의 원칙에 따라 파라메스는 시장의 컨센서스에 크게 신경 쓰지 않는다. 거시경제의 숫자를 무시한다는 의미는 아니다. 그는 여러 시장의 성장성과 안정성을 추적하기 위해 국내 총생산 증가율, 실업률, 인플레이션 등을 챙겨 본다. 결국 기업의 성장은 그 기업이 영업하는 경제의 성장에 언제나 영향을 받게 마련이다. "각자 처한 현실이 다르기 때문에 기업이나 경제에 대한 컨센서스에는 집중하지 않습니다. 제 인생의 목표는 직업적, 개인적으로 저만의 진실과 현실을 찾는 것입니다. 예측하는 사람은 너무나 많습니다. 잘못된 근거를 가지고 맞게 예측할 수도 있고, 제대로 된 근거를 가지고 틀리게 예측할 수도 있습니다. 저는 방향을 잃지 않기 위해 오스트리아학파의 경제학 이론을 제 투자의 틀로 선택했습니다."

파라메스는 1997년 루드비히 폰 미제스와 프리드리히 하이에크의 철학을 공부하기 시작하면서 오스트리아학파 경제학을 처음 접했다. 경제 분석에 좀 더 수학적인 방식을 적용하는 케인스나 시카고학파 모델 같은 주류 거시경제 모델과 달리 오스트리아학파 모델은 인간의 행동을 관찰하는 인간 행동학praxeology과 더 관련이 있으며, 다양한 사람이 경제 현상에 어떻게 영향을 미치는지 이해하는 것이 목적이다. "주류 경제학은 경험적 데이터에 초점을 맞추어 경제학자가 데이터를 분석하고 예측하도록 유도합니다. 이 과정은 과학적인 것처럼 보이기 때문에 정치인이 경제 개선을 위한 해결책을 제시할 때 이용합니다. 오스트리아학파는 인간의 행동이 예측 불가능하며 모든 사람이 각기 다른 상황에서 각자의 의제를 가지고 있기 때문에 실제 경제 상황을 치유할 실질적인 해결책은 없다고 생각합니다. 그러나 사람에게는 기업가적 본성이 있으므로 장기적으로 그 기업가적 본성에 따라 인간 행동이 조정되고 경제도 정상화된다는 주장입니다."

주류 경제학자는 시장이 균형 상태에 있고 완전 경쟁 구조이며 모든 개인은 이론적으로 동일하고 같은 목표를 달성하기 위해 노력한다고 믿는다. 반면 오스트리아학파는 시장이 '경제 구조 안에서 시행착오를 거치며 자발적으로 경쟁하는 평범한 의사 결정자'로 가득 차 있다고 믿는다. 이것은 개인마다 가진 의도가 다르고, 각자 단순한 실수나 새로운 정보, 전략의 수정 또는 개인적 제약 때문에 끊임없이 행동을 달리하기 때문에 시장은 언제나 불균형 상태에 있다는 것을 의미한다.

간단히 비유하자면, 땅에 떨어진 1달러짜리 지폐를 발견하는 것이 믿기지 않을 만큼 대단한 일일 정도로 시장이 완벽하다는 것이 주류 경제학자의 생각이다. 1달러가 땅에 떨어졌다면 당연히 누군가 한참 전에 주워 갔을 것이라는 생각이다. 반면 오스트리아학파는 시장이 불완전할 수 있다고 믿는다. 따라서 실제로 1달러가 땅에 떨어져 있을 수도 있고, 이따금 좋은 가격이 등장하기 때문에 다른 사람의 부주의로 이익을 얻을 수도 있다는 것이다.

파라메스는 오스트리아학파의 지적 체계가 투자에도 적용된다고 말한다. "기업이 발전하고 경쟁하는 방법, 경기 호황기와 불황기에 가격과 가치를 구분하는 방법을 시각화하는 데 도움이 됩니다. 인간의 행동은 끊임없이 변화하기 때문에 모든 사업가는 기업가 정신에 따라 가치를 창출하거나 파괴합니다. 따라서 고평가된 좋은 기업과 저평가된 나쁜 기업은 결국 평균으로 회귀할 것입니다. 균형 상태는 도달하기 어려운 것이어서 기업의 주가는 과도하게 상승하기도 하고 하락하기도 합니다. 오스트리아학파의 이론은 가치투자가 효과가 있다는 것을 보여줍니다. 분석을 제대로 한다면 할인된 가격에 거래되는 좋은 주식을 찾는 것이 가능하고, 이런 주식은 인내심을 가지고 투자하면 결국 본래 가치로 회귀할 것이기 때문입니다."

그는 지난 투자 경력을 돌아보며 오스트리아학파 경제학 덕분에 시장의 광풍 속에서도 안도할 수 있었다고 말했다. "1998년에 주식 가격이 점점 비싸지는 것을 보고 걱정이 되었습니다. 스페인 증시는 1996년 39%, 1997년 42%, 1998년 38% 상승했습니다. 10%를 넘던 금리가 1995~1998년 4%로 떨어지면서 주가 반등의 근거가 되기는 했지만 어느 순간 밸류에이션이 상당히 불합리한 수준에 이르렀습니다."

1998년 여름, 파라메스는 현금과 유틸리티 주식을 보유하는 것으로 투자 포지션을 방어하기 시작했다. 그가 읽은 오스트리아학파 경제학 이론에 따르면 저금리 환경과 신용 창출이 지속되면 차입과 경제 성장을 자극하지만 신용이 과도하게 확대될 경우 인간의 행동은 자연스럽게 극단으로 치닫게 되고, 그 결과 거품이 일었다가 결국 꺼지게 될 것이었다. "거품이 생기고 있다고 확신했고 타협할 생각은 없었습니다. 왜 강세장을 활용하지 않느냐고 거세게 항의하는 고객의 전화가 걸려왔습니다. 돈을 모두 돌려주고 회사를 접는 편이 낫겠다는 생각이 들 정도였죠. 내키지 않는 결정을 하느니 차라리 그만두는 편이 나으니까요."

주식시장은 연일 축제였다. 인터넷 주식이 가세하면서 모든 투자자가 시장에서 천재가 되었다. 스페인 시장은 1999년 16% 상승했지만 파라메스의 베스틴폰드는 11% 하락했다. 힘든 순간이었지만 자신과 뜻을 같이하는 버핏의 서한은 캄캄했던 시간에 힘이 되어주었다. 버핏은 2000년 연례 보고서에서 이렇게 말했다. "힘들이지 않고 큰돈을 버는 것만큼 이성을 무력하게 하는 일도 없습니다. 분별력 있던 평범한 사람이 인터넷 거품으로 의기양양해져서 마치 무도회에 간 신데렐라처럼 행동합니다. 축제를 지나치게 오래 즐기다가는 결국 호박과 쥐가 나온다는 사실을 알고 있습니다. 그럼에도 불구하고 그들은 이 극단적인 파티를 단 1분도 놓치려 하지 않습니다. 들뜬 참가자는 하나같이 자정이 되기 단 몇 초 전에 떠날 계획입니다. 문제는 이들이 바늘 없는 시계가 걸린 방에서 춤을 추고 있다는 것입니다." 논리를 거스른 주식은 결국 호박과 쥐로 변했다. 2000년 스페인 시장은 13% 폭락했지만 베스틴폰드는 13% 상승했다. 시장이 6% 하락한 2001년 펀드의 상승률은 20%에 달했다.

2006년 파라메스는 버핏에게 편지를 보냈다. 모두가 냉정을 잃었을 때 혼자서 침착함을 유지한다는 것은 시장이 광기에 휩싸인 상황에서 결코 쉬운 일이 아니었다는 고백과 함께 그 상황에서 힘을 북돋아 준 버핏의 글에 감사를 표했다. 버핏은 친필로 답신을 보내 스페인 시장의 투자 아이디어를 물었다. 버핏과 연락이 닿았다는 사실에 설렜지만 파라메스는 여전히 자신에게 충실했다. 그는 지난 몇 년간 이어진 신용 확대로 스페인이 힘든 시기를 겪게 될 것이라고 예상했다. 최종 결과는 지역 부동산 시장의 붕괴와 그로 인한 스페인 경제 전반에 걸친 심각한 타격일 것이었다. 당분간은 스페인을 멀리하는 편이 나았다.

미래를 회의적으로 본 파라메스는 외국 주식을 포트폴리오에 포함하도록 베스틴폰드의 투자 의무 사항을 변경하기로 하고 투자자의 동의를 구했다. 이베리아반도 주식을 벗어난 투자 지역 분산만이 다가올 위기에 대비하는 합리적인 방법이었다. 일과 직접적인 관련이 있는 것은 아니지만 2006년 3월 비행기 추락 사고는 그의 투자 경력에, 비록 직접적이지는 않더라도 지대한 영향을 미쳤다. 투자 설명회에 참석하기 위해 스페인 북부 팜플로나로 향하던 중 비행기가 산 옆구리를 들이받아 추락하면서 베스틴베르 행정 이사와 부조종사가 숨지고 탑승객 전원이 크게 다쳤다. 유일하게 걸을 수 있었던 파라메스는 도움을 청하기 위해 한 시간 동안 산속을 헤맸다. 인생이든 투자든 인간의 궁극적 본질은 생존을 위한 탐색이라는 것을 가르쳐준 사고였다.

글로벌 리밸런싱

전 세계 수많은 투자 펀드에 '장기' 투자는 사치다. 끊임없는 압력에 직면한 펀드매니저는 최대한 짧은 시간 내에 자신을 입증해 자본을 조달하고 투자자를 붙들어야 한다. 반면 베스틴베르에는 모회사인 악시오나와 소유주의 전폭적인 지원을 받는 독특한 장기 투자 문화가 있다. 이들은 자본을 제공할 뿐만 아니라 파라메스가 가장 잘하는 일을 할 수 있도록 부담을 지우지 않는 환경을 제공한다. "베스틴베르의 경쟁력은 매우 장기적인 투자라고 생각합니다. 여기서 장기적이라는 것은 4~5년이 아니라 20~30년을 가리킵니다. 많은 장기 펀드의 주식 보유 기간이 4~5년인 반면 우리는 대개 10년입니다. 우리가 말하는 장기간은 바로 이런 뜻이죠!"

파라메스는 2003년 알바로 구스만 데 라자로가 베스틴베르에 펀드매니저로 합류할 때까지 베스틴폰드와 베스틴베르 인터내셔널 펀드를 혼자서 관리했다. 2007년에는 펀드매니저 페르난도 베르나르 마라세가 합류했다. "베스틴폰드에서만 스페인 주식 100여 종목을 다루어야 했습니다. 그들 종목을 면밀히 추적해서 주가 실적에 따라 포트폴리오를 재구성하거나 비중을 조정하는 것이 제 일이었죠. 1997년 베스틴베르 인터내셔널 출범 후에는 다루어야 할 해외 주식이 수백 개 종목이었습니다. 거리가 일정 킬로미터 멀어질 때마다 평가의 질은 절반씩 낮아진다는 말이 있습니다. 다루어야 하는 종목이 늘어나면서 알바로와 페르난도가 전문성을 발휘해 우리 분석에 깊이를 더했고 덕분에 해외 주식에 대해 더 나은 판단을 할 수 있게 되었습니다. 최근에는 대만 출신 애널리스트를 고용했는데 현재 중국에 주재 중입니다. 아시아에 대한 현지 지식도 갖추게 된 것이죠."

베스틴베르는 현재 10개 이상의 투자 펀드를 제공하고 있다. 다수의 뮤추얼 펀드, 연금 펀드, 헤지펀드를 운용한다는 것은 일반 펀드매니저에게 벅차 보일 수 있다. 하지만 파라메스는 분명히 말한다. "엄밀히 말하면 우리는 글로벌 포트폴리오와 이베리아반도 포트폴리오, 단 두 개만 운용합니다. 우리 펀드는 모두 이 둘을 조합한 것입니다. 우리는 각 펀드의 목적에 맞게 두 포트폴리오의 주식을 혼합해 배분합니다. 칵테일을 만들듯 두 가지 재료를 기본으로 고객의 요구에 맞게 다양한 음료를 혼합하는 것이죠."

전형적인 가치펀드는 포트폴리오 회전율이 낮다. 매니저가 주식을 자주 사고팔지 않는다는 뜻이다. 반면 베스틴베르의 펀드는 포트폴리오 회전율이 100% 이상으로 상당히 높은 편이다. 그러나 개별 종목의 교체 편입은 적은 편이어서 종목 교체율은 25%에 불과하다. "포트폴리오 안의 주식을 꽤 자주 사고팔지만 종목 자체를 자주 바꾸지는 않습니다. 포트폴리오 내 비중을 2%에서 5%로 늘리고, 다른 종목 비중을 7%에서 4%로 줄일 수는 있습니다. 중요한 것은 주가가 20% 상승하면 매력이 20% 떨어진다는 것입니다. 따라서 포트폴리오 편입 비중을 조절해가면서 편안한 균형을 추구합니다. 양도소득세가 높은 미국과 달리 유럽에서는 펀드 내 주식을 팔 때 양도소득세가 1%에 불과합니다. 그래서 원할 때마다 주식을 교체하고 비중을 조정할 수 있다는 장점이 있습니다. 실제 과세는 펀드를 매도할 때 이루어지기 때문에, 우리 펀드를 매도하지 말고 우리가 그들을 대신해 주식을 사고팔 수 있게 해달라고 투자자에게 끊임없이 이야기합니다. 다행히 우리 투자자 상당수는 장기 투자를 지향합니다. 심지어 자녀에게 펀드를 물려줄 계획이라서 세금을 전혀 내지 않아도 됩니다."

유럽의 양도성 증권 집합 투자 기구 규정에 따르면 투자 펀드는 소수 종목만으로 이루어진 집중 투자 포트폴리오를 보유할 수 없다. 이에 따라 베스틴베르는 평균 50개 종목으로 이베리아반도와 글로벌 포트폴리오를 구축하고 상위 10개 종목에 전체 포트폴리오의 40~50% 비중을 부여한다.

파라메스는 건전한 투자 원칙을 가지고 있다면 세상의 유행과 열풍에 타협하지 않고 장기간 고수하는 것이 중요하다고 믿는다. "우리가 가장 신경 쓰는 것은 투자 후 10년 동안 그 기업이 올바른 방향으로 가고 있는지 여부입니다. 정말로 그렇다면 인내심을 가지고 진정한 가치가 발현되기를 기다립니다. 15년째 보유하고 있는 종목도 있습니다." 20년 동안 투자 운용 업무를 해온 그는 언제나 정확히 똑같은 일을 해왔다고 말한다. 오랜 경험이 현재 그의 판단에 가치를 더하는 것은 분명하지만 투자 과정은 늘 똑같았다. "투자 환경이 크게 달라졌다고 생각하지 않습니다. 인간의 사고방식은 늘 똑같으니까요. 제각기 다른 경제 상황도 언제나 비슷한 점이 있습니다. 오스트리아학파의 경제학 모델은 이것을 잘 설명합니다. 시대가 좋든 나쁘든 지능 지수보다는 감성 지수가 더 중요하다고 생각합니다!"

그는 2014년에 개인적인 이유로 베스틴베르를 떠났다. 베스틴베르의 미래에 대한 그의 견해가 모회사와 달랐기 때문이라는 추측이 있었다. 2년 후 그는 펀드 운용사인 코바스 에셋 매니지먼트를 설립했다. 영업과 경영에 가해지는 불필요한 영향력에 대한 걱정 없이 날개를 펴고 일할 수 있었다. 군중과 맞서고 올바른 투자 대상을 끈기 있게 기다리는 투자 철학을 고수하는 스페인의 버핏 파라메스는 다양한 전문 영역을 가진 동료와 협력해 유럽을 샅샅이 뒤지며 코바스의 고객에게 장기적으로 좋은 성과를 제공할 저평가 자산을 찾고 있다.

파라메스는 이렇게 말했다. "투자의 가장 큰 기쁨은 저평가된 투자 대상을 찾는 것입니다. 그 행복감은 이루 말로 표현할 수 없죠! 그런 투자 대상을 찾으면 설마 하는 생각이 먼저 듭니다. 다시 살펴봐도 맞다면 그때는 보물을 발견한 것처럼 흥분되죠. 세상은 보물로 가득하기 때문에 그 기쁨과 열정을 제 아이들에게 물려주고 싶습니다. 보물을 찾지 못해도 여행은 즐겁고, 보물을 찾는다면 인생의 가치를 발견하게 되는 것이니까요!"

8
가치 이끌림의 법칙

알바로 구스만 데 라자로
Álvaro Guzmán de Lázaro

페르난도 베르나르 마라세
Fernando Bernad Marrase

아스발로르 에셋 매니지먼트(스페인)
AzValor Asset Management

실천의 절박함은 언제나 감동적이다.
아는 것으로는 부족하다. 반드시 적용해야 한다.
하려는 생각만으로는 부족하다. 반드시 해야 한다.

— 레오나르도 다 빈치

알바로 구스만 데 라자로와 페르난도 베르나르 마라세는 2015년 스페인과 포르투갈, 세계 주식을 전문으로 다루는 가치투자 회사 아스발로르 에셋 매니지먼트를 공동 설립했다. '시간이 흘러도 지속 가능한 경쟁우위와 높은 ROCE'를 제공하고 '주주의 이익을 감시하는 강력한 경영진과 아직 주가에 반영되지 않은 내재가치를 지닌 우량 기업'을 발굴하고 분석하는 것이 목표다.

아스발로르를 설립하기 전, 구스만과 베르나르는 베스틴베르에서 일했다. 두 사람은 2003년 3월 1,200만 유로였던 베스틴베르 인터내셔널 펀드의 운용 자산을 2014년 회사를 떠날 때까지 100억 유로 이상으로 키우는 데 기여했다. 이 기간 펀드는 누적 수익률 332%, 연평균 수익률 13%를 기록했다. 같은 기간 MSCI 선진국지수 수익률은 누적 기준 127.1%, 연평균 7.17% 수준이었다.

마드리드대학교 ICADE 경영대학원을 졸업한 구스만과 베르나르는 대학 시절부터 알고 지냈고 1997년부터 가깝게 일했다.

Álvaro Guzmán de Lázaro
Fernando Bernad Marrase

2020년, 코로나19 대유행이 전 세계를 휩쓸었다. 인명 피해도 엄청났지만 세계 증시 역시 2008년 외환위기와 1987년 검은 월요일 당시보다 더 크게 폭락했다. 불확실성이 인간 존재의 모든 측면을 지배하는 가운데, 아스발로르 에셋 매니지먼트 최고경영자이자 공동 최고투자책임자인 구스만은 스페인 최고 금융지에 시의성 있는 칼럼을 기고했다. 당연히 낮아질 수밖에 없었던 고객의 신뢰를 끌어올리기 위해서였다. 2020년 3월 24일 그는 이렇게 썼다. "팬데믹이 얼마나 지속될지, 그리고 이 코로나19가 얼마나 더 심각해질지 알 수 없다. 하지만 그 영향이 차츰 사라질 것이라는 사실은 알고 있다. 어떤 기업에 투자할 때 중요한 것은 '앞으로 10년 동안의 수익이 오늘 지불한 가격을 정당화할 만큼 충분히 강력한지' 여부다. 코로나19가 그것을 좌우하지는 않을 것이다. 제품 수요가 어떻게 진화하는지, 그리고 무엇보다도 경쟁이 얼마나 치열한지가 중요하다. 이들 변수 가운데 어느 것도 신문의 1면을 읽어서는 예측할 수 없다. 신문 머리기사를 읽고 드는 감정은 올바른 결정을 내리는 데 도움이 되지 않는다."

시장이 폭락할 때 구스만은 회사 대표 펀드인 아스발로르 인터내셔널 펀드 내부자로서 자신의 견해를 투자자에게 제공했다. 펀드가 보유한 총 55개 기업 중 26%는 순현금 상태였고, 67%는 2020년 가중 평균 레버리지(순부채/EBITDA) 0.7배로 적정 수준의 부채를 가지고 있었으며, 6%는 부채 비율이 높아 유상 증자 등으로 부채 비율을 낮출 경우 주주 가치가 희석될 우려가 있었다. 사실상 보유 종목의 90% 이상이 강력한 재무상태표를 갖추고 있었다. 이 같은 방탄 포트폴리오에 속하는 기업은 일반적으로 세 가지 특징이 있다. 첫째, 각 업종과 지역의 선두 기업이다. 둘째, 부채 수준이 매우 낮다. 셋째, 대부분 '스킨 인 더 게임(skin in the game)', 즉 직접적인 이해관계를 가진 가족이나 전문 경영인이 경영한다.

구스만은 다음과 같은 결론을 내렸다. "주식은 역사적으로 가장 뛰어난 장기 투자 상품이다. 지금 우리가 겪고 있듯 시장이 공황 상태일 때 매수하면 언제나 더 좋았다. 현재 느끼는 타당한 감정을 극복하는 방법은 주식이 아니라 그 기업을 사서 오랜 기간 동업자 관계를 맺는다고 생각하는 것이다. 그러려면 투자자는 기업의 미래 이익을 거의 정확히 추정해야 하며 이를 바탕으로 합리적인 가격을 지불해야 한다." 구스만은 자신이 말한 대로 저가 매수에 나섰고 2020년 4월까지 시장은 20% 이상 급등했다. 군중에 역행하는 것은 구스만과 그의 투자 파트너 베르나르의 특기인 듯하다.

가치투자를 향한 기로

어린 구스만은 일요일마다 아버지를 따라 지역 경마장에 갔다. 2019년 말 마드리드 사무실에서 만난 그가 말했다. "다섯 살 무렵에 처음 갔는데 금세 빠져들었죠. 일곱 살이 되자 아버지는 마드리드 경마장을 달리는 모든 말의 이름과 등급이 적힌 책자를 주면서 핸디캐핑(handicapping, 경주마의 기량을 평가해 우위를 예측하는 것)을 가르쳐주었습니다. 핸디캐핑을 익히려면 간단한 확률 계산을 해야 했고 덕분에 베팅 기술도 늘었습니다."

주식 선택과 경주마 베팅 사이에 공통점이 많다는 것은 아직 몰랐지만, 10대의 구스만은 두 가지 사실을 깨달을 수 있었다. "여섯 번의 경주 중 다섯 번은 대개 가장 인기 있는 말이 승리해서 1~1.1배의 상금이 지급됩니다. 하지만 그 말이 졌을 때의 손실은 앞서 이겼을 때의 이익을 다 합한 것보다 컸습니다. 따라서 가장 현명한 방법은 가만히 있다가 제대로 평가받지 못한 말을 발견한 경우에만 돈을 거는 겁니다. 투자도 마찬가지입니다."

구스만은 매주 목요일과 금요일이면 말 한 마리 한 마리의 과거 성적을 빠짐없이 검토했다. 각각 어떤 경주 환경에서 좋은 성적을 내는지 파악하며 약체로 잘못 평가된 말을 찾았다. 그러던 중 ICADE 경영대학원에 들어가 인턴 자리를 구했고, 업무에 집중하게 되면서 취미이자 훈련이었던 핸디캐핑을 그만두었다. 그는 구직도 경마 베팅처럼 철저하게 따져가면서 했다. "아서 앤더슨에서 인턴을 하면서 현실을 처음 접했습니다. 그 회사는 매일 아침 8시부터 저녁 8시까지 약 1개월 과정으로 강도 높은 회계 강의 프로그램을 운영했고 시험도 있었습니다. 스페인 최고의 회계 과정이었고 많은 사람이 오로지 그 회계 수업을 듣기 위해 회사에 지원할 정도였죠."

열아홉 살 학생이었던 구스만이 상급자 알폰소 세라노 수네르를 만나 의욕을 키울 수 있었던 것은 행운이었다. 구스만은 회상했다. "알폰소는 저를 경력자처럼 대우하며 많은 권한을 주었습니다. 무엇보다 그는 제게 열정이 무엇인지를 보여주었습니다. 열정은 자기 일을 좋아하는 데 그치는 것이 아니라 잘 해내는 것입니다. 남보다 더 열심히 더 오래 일하면서 불평하지 않는다는 점이 다르죠. 아서 앤더슨에서 두 달 더 일했고 150시간 초과 근무 수당을 받았습니다."

구스만은 긍정적인 업무 태도 덕분에 아서 앤더슨에서 정규직으로 일할 것을 제의받았다. 하지만 그는 선택의 폭을 넓히기 위해 여러 회사에 인턴으로 지원했다. 파리에 있는 뱅커스 트러스트 주식 사업부에서 백오피스 업무를 보면서 주식 트레이딩과 증권 리서치에 대한 약간의 직관이 생겼다. 또 다른 곳에서 주식 애널리스트로 인턴 업무를 보면서 자신의 진정한 열정이 투자에 있다는 것을 깨달았고 졸업 후 투자 분야에서 일해야겠다고 결심하게 되었다.

"프랑크푸르트로 가서 밸류 매니지먼트 앤드 리서치의 애널리스트 면접을 봤습니다. 피델리티 인베스트먼트의 피터 린치 밑에서 일했던 사람이 설립한 회사였습니다. 면접에 들어가서 주어진 자료를 보자마자 '경주마 베팅에서 배웠던 바로 그거잖아!'라고 생각했습니다. 제가 즐길 수 있는 일을 찾았다는 것을 바로 알았죠." 열정적이었던 구스만은 피터 린치, 벤저민 그레이엄, 필립 피셔, 워런 버핏이 쓴 글은 거의 모두 읽었다. "제가 읽은 투자 관련 자료는 경마 베팅의 요소로 가득했습니다. 말의 우위를 계산할 때처럼 직접 투자 대상을 리서치하고 이어서 컨센서스를 평가한 후 승산이 있을 때 베팅합니다. 시합 하나를 분석하는 데는 두 시간 정도 걸렸습니다. 말 한 마리당 15~20분인 셈이죠. 특정 업종의 개별 종목을 분석하는 것도 다르지 않습니다. 경마의 베팅과 상당히 비슷합니다."

밸류 매니지먼트의 직원은 열 명 정도였는데 주식 부서를 확대하면서 인원이 더 필요했다. 구스만은 때마침 프랑크푸르트에 머물던 학교 친구 페르난도 베르나르 마라세를 떠올렸다. "대학 1학년 때 페르난도를 만났습니다. 친한 사이였고 프랑크푸르트에서는 같은 아파트에서 지내기도 했죠. 상사에게 소개했더니 일자리를 제안했어요. 그 후 우리는 한 팀이 되어 하루에 열여섯 시간을 함께 일했습니다. 많은 기업과 업종을 검토했죠. 하지만 1년이 지난 뒤 새로운 것을 배우지 못한다는 생각에 우리는 마드리드로 돌아가기로 결정했습니다."

***

구스만과 같은 1975년에 태어난 베르나르는 마드리드와 바르셀로나의 중간에 위치한 사라고사에서 자랐다. 기업가 가정에서 자란 그는 사업을 수행하는 방식을 어려서부터 보고 익혔다. "할아버지와 아버지 모두 사업을 했어요. 할아버지는 시골 은행에서 일하다 설탕 사업을 했고 1950년대에 자동차가 대중화되면서 택시를 사서 운전했습니다. 아버지는 처음에 밀가루회사에서 임원으로 근무했고 나중에는 자기 사업을 했는데 경제 위기로 잘되지 않았습니다. 나중에는 미국 상위 운송 및 물류 회사에서 최고경영자로 재직했습니다. 자라면서 할아버지와 아버지에게 큰 영향을 받아 경영대학원에 진학해 국제 경제와 금융을 공부했습니다."

베르나르는 대학 생활의 절반은 스페인에서, 절반은 미국 뉴올리언스와 보스턴에서 보냈고 최우등으로 졸업했다. 졸업 후에는 금융계에 뜻을 두고 유럽으로 돌아갔다. 프랑크푸르트에 위치한 DG방크에서 3개월간 인턴 생활을 하며 현장 경험을 쌓았다. 이 인턴 기간에 구스만과 다시 연락이 닿았고, 후일 밸류 매니지먼트 앤드 리서치에 정식 애널리스트 자리가 났을 때 그의 추천을 받았다. "프랑크푸르트에서 주식 리서치를 하던 알바로가 밸류 매니지먼트 앤드 리서치 설립자인 플로리안 홈에게 저를 소개했습니다. 즉석에서 간단한 면접과 테스트를 거쳐 일하게 되었습니다."

그는 구스만과 함께 많은 시간을 주식 리서치에 쏟아부었다. "1997년에는 인터넷 주식에 거품이 끼기 시작했는데 흥미로운 경험이었습니다. 독일의 나스닥이라고 할 수 있는 노이어 마르크트가 뜨겁게 달아올랐고 매일 몇 건씩 기업 공개(IPO)가 있었습니다. 많은 IPO 기업이 소프트웨어 개발에 종사하고 있었고 투자자의 큰 관심을 받았습니다. 짐작하겠지만 그들 중 많은 기업이 얼마 안 가 사라졌습니다. 크레디트 스위스가 개발한 현금흐름 투자 수익률(CFROI)을 배운 기억이 납니다. 인터넷 거품 시기에 이것을 활용해 기업을 분석했다면 그들의 초과 자본 이익률이 지속 가능하지 않고 따라서 건전성이 형편없다는 사실을 알았을 것입니다. 사업의 질, 밸류에이션, 복리 수익을 창출하는 능력에 초점을 맞추어야 한다는 것을 그때 배웠습니다. 적절한 가격에 양질의 기업을 살 수 있다면 환상적이겠죠. 하지만 양질의 기업이라도 매수 가격이 부담스럽다면 투자 수익은 평범할 겁니다. 투자 수익을 복리로 키우려면 밸류에이션에 집중해서 싸게 사는 것이 관건입니다."

내심 가치투자를 지향했던 베르나르와 구스만은 밸류 매니지먼트가 방향을 바꾸어 IPO 광풍에 동참하는 것을 지켜보았다. 배우는 것도 거의 없는 데다 IPO 압박에 직면한 둘은 회사를 떠나 마드리드로 돌아갔다. 베르나르는 파리바에서 레버리지 금융을 담당했고 구스만은 가치투자 회사인 베타 캐피털에 들어갔다.

다시 만난 가치투자자들

베르나르는 마드리드로 돌아와 주식 애널리스트 일을 찾았는데, 스스로에게 충실하기 위해 많은 제안을 거절했다. "1999년이었습니다. 면접을 본 회사마다 기술 업종 애널리스트를 찾고 있었어요. 면접이 끝나기도 전에 일자리를 제안받기도 했지만 기술 업종에는 관심이 없다고 말했습니다. 밸류에이션 배수가 터무니없이 높았고 시간을 들이고 싶은 분야가 아니었으니까요. 전통적 업종 대부분은 나이와 경력이 더 많은 애널리스트가 담당하고 있어 빈자리가 없었습니다. 그러다가 파리바에서 레버리지 금융 부문 일자리를 제안받았습니다. 비상장 주식이 흥미로워 보여 제안을 받아들였죠. 파리바는 나중에 BNP와 합병했습니다. 파리바에서 2년 동안 비상장 기업의 인수 합병 거래를 검토했습니다."

마드리드에 레버리지 금융 전문 팀을 둔 회사는 파리바를 포함해 두 곳에 불과했다. 고도의 레버리지를 활용한 복잡한 인수 합병 거래에는 전문가가 필요했으나 당시 스페인의 다른 은행에는 이 업무를 맡는 팀이 없었다. "스페인에서는 새로운 분야였기 때문에 경쟁 상대는 오로지 런던 출신 팀들이었습니다. 스페인에서 일어나는 경영자 인수(MBO)와 차입 매수 거래는 거의 전부 우리 책상을 거쳐 갔습니다."

베르나르는 화학 기업에서 자동차 검사소에 이르기까지 다양한 거래를 성사시켰다. 그중에서 특히 분석적 사고방식을 강화하게 한 거래가 있었다. "스페인의 산업용·가정용 계량기 제조업체 한 곳을 검토했습니다. 그 거래로 많은 것을 배웠습니다. 첫째, 은행에 가서 자금 조달 한도를 풀 수 있는 종류의 사업이 어떤 것인지 알아냈습니다. 둘째, 계절성, 운전자본 등 현금흐름에 영향을 미치는 요인의 중요성을 관찰했습니다. 두 가지 모두 간과하기 쉽지만 재무상태표에서 중요해질 수 있는 요인입니다. 셋째, EBITDA와 영업현금흐름을 분석해 회사의 회계 정책이 공격적인지 보수적인지 파악했습니다. 이런 거래에서는 늘 주관사 역할을 했기 때문에 다른 은행과 신디케이트를 구성해야 했습니다. 채권자가 이용하는 부채 지표에 대해서도 배웠습니다. 채권자는 자본시장의 관점이 아니라 은행가의 관점에서 기업을 보는데 그래서 부담이 더 큰 측면도 있습니다."

BNP파리바에서 받은 훈련으로 베르나르의 재무제표 분석 기술이 급격히 늘었다. "지금은 재무 보고서에서 어떤 수치를 봐야 하는지 정확히 알고, 그들 수치를 조사하는 데 걸리는 시간도 예전보다 훨씬 짧습니다. 그렇게 확보한 시간은 사업의 질과 시장의 역학을 평가하는 데 씁니다."

***

베르나르가 BNP파리바에서 일하는 동안 구스만은 베타 캐피털의 애널리스트로서 펀더멘털에 대한 심층 리서치에 집중했다. "기술주는 상당히 비쌌지만 다른 주식은 아주 저렴했습니다. 고객을 위해, 자본이익률ROC 40~50% 수준으로 재무상태표가 양호하고 밸류에이션 배수가 한 자릿수인 기업으로 포트폴리오를 구성했습니다. 1998년부터 2001년까지 내부 수익률 30~35%를 달성했습니다. 오전 9시에 출근해 오후 6시에 팀원이 전부 퇴근한 후에도 밤늦게까지 혼자 남아 리서치를 계속했습니다. 투자 아이디어를 찾기 위해 〈아웃스탠딩 인베스터 다이제스트〉를 읽었고 다른 포트폴리오 매니저의 선호 종목을 검토했습니다. 저는 유럽 소형주 매수에 집중했는데 컨센서스를 따르지 않는 철저한 분석으로 셀 사이드(sell side, 증권 업계)에서 어느 정도 명성을 얻기 시작했습니다. 어느 날 상사에게 급여 인상을 요구했는데 받아들여지지 않았습니다. 좋을 리 없는 상황이었죠. 2001년 초에 증권회사 바네스토의 매니저가 전화를 걸어, 수석 펀드매니저가 퇴사했다며 리서치 팀에 합류할 생각이 있는지 물었습니다. 마음에 드는 제안이어서 바네스토로 이직했습니다."

리서치 수장이 된 구스만에게 자신의 팀을 꾸릴 예산이 주어졌다.

그는 가장 먼저 베르나르에게 전화를 걸었고 베르나르는 새로운 기회를 고맙게 받아들였다. 베르나르는 말했다. "BNP파리바에서 했던 레버리지 금융 일도 좋았지만 결국 제게는 주식시장이 맞는다고 생각했습니다."

구스만은 석유 업종을 담당하면서 팀원의 타 업종 분석을 감독했고 베르나르는 원자재와 항공 업종을 담당했다. 바네스토로 이직한 구스만과 베르나르는 좋아하는 일을 할 수 있기는 했지만 셀 사이드인 증권 업계 애널리스트로서 고객이 좋아할 만한 투자 아이디어를 제시해야 하는 부담이 있었다. 둘은 결국 바이 사이드(buy side, 운용 업계)로 가야 한다고 생각했다.

구스만은 말했다. "2002년에 한 동료가 저와 똑같이 투자하는 어느 신사가 스페인에 있다고 알려주었습니다. 제가 산 주식과 정확히 같은 주식을 산다는 것이었어요. 그 신사가 프란시스코 파라메스였습니다. 만나서 점심 식사를 한 적도 있고 계속 좋은 관계로 지냈습니다. 저보다 열두 살 위였는데 시장 경험이 풍부했습니다. 그는 몇 차례 제게 함께 일하자고 제안했지만 저는 그의 회사인 베스틴베르의 상황을 잘 알지 못했죠. 그러던 중 2003년 어느 날 그가 전화를 걸어와 엔트레카날레스 가문과 계약을 맺었다며, 합류해 펀드를 운용해주면 좋겠다고 제안했습니다." 베스틴베르는 스페인 대기업 악시오나 소유였고, 악시오나는 엔트레카날레스 가문이 지배하고 있었다.

2003년 3월 구스만은 베스틴베르에 합류했다. 당시 베스틴베르의 운용 자산 규모는 스페인 국내 펀드 2억 유로, 해외 펀드 1,200만 유로 수준이었다. 그는 회상했다. "스페인 시장에 익숙한 프란시스코가 국내 펀드를 운용했고 저는 해외 펀드에 집중했습니다. 2003년부터 2007년까지 해외 펀드 운용 자산은 1,200만 유로에서 60억 유로로 성장했습니다. 순자산가치NAV는 대략 네 배가 되었죠. 제가 인수할 당시 포트폴리오에는 150여 개 종목이 있었는데 기업을 하나하나 검토해 구성 종목을 60~70개로 줄였습니다. 각각의 기업에 대한 밸류에이션 모델을 연구했고 강력한 종목 위주로 포트폴리오를 강화했습니다. 일례로 인수 당시의 포트폴리오에는 은행주가 많았는데 더 나은 대안이 있었기 때문에 모두 매도했습니다. 그때는 몰랐지만 금융위기가 눈앞에 있었으니 잘한 결정이었죠."

집중의 예술

베르나르는 자산 운용사에 들어가기 전, 2003년부터 2007년까지 증권회사에서 일했다. 그가 운영한 포트폴리오의 수익률은 2005~2006년 60%에 달했지만 2007년 사업 구조조정으로 회사가 문을 닫아야 했다. 그는 말했다. "좋은 실적을 냈는데도 문을 닫아야 한다는 것이 안타까웠습니다. 하지만 계속해서 연락을 주고받던 알바로와 프란시스코가 베스틴베르로 불러주었으니 전화위복이었죠."

그는 베스틴베르가 '소규모 수공업 형태' 자산 운용사였다고 생각한다. 그는 자신과 구스만의 체계적인 리서치 접근 방식을 이렇게 설명했다. "우선 가격이 떨어진 주식에서 시작해 시장을 공부하며 아이디어를 찾습니다. 그리고 현재 가격이 형성된 이유와 우리에게 기회가 있는지 여부를 분석합니다. 경기 순환에 민감한 기업, 부채가 많거나 원가 부담이 높은 기업, 우리가 이해하지 못하는 기업은 배제합니다. 그런 다음 경영진이 직접적인 이해관계를 가지는 기업을 찾습니다. 관여하고 직접 행동하는, 자기 돈을 건 경영진이 있어야 합니다. 투자자의 돈으로 도박을 하는 경영진은 피하며, 경영진이 스톡옵션으로 큰돈을 벌 수 있는 구조인지도 살펴봅니다."

이때 기업을 잘 안다는 것이 백과사전 같은 지식을 갖추어야 한다는 뜻은 아니라고 생각한다. 사실과 지식·정보와 분석 사이에는 큰 차이가 있다. "기업에 대한 모든 것을 구석구석 알 필요는 없습니다. 하지만 핵심 요점이 무엇인지는 알아야 하고 그것이 회사의 가치에 어떠한 영향을 미치는지 이야기할 수 있어야 합니다. 중요한 것은 '왜 사는지', '왜 싸다고 생각하는지'입니다. 업계 내부자는 어떻게 생각하는지, 최고와 최악은 어느 곳인지, 좋은(나쁜) 결정을 내리는 것은 누가 최고(최악)인지, 각 경영진은 기업 문화를 어떻게 만들어가는지 파악해야 합니다. 비전과 사명도 기업을 이해하는 데 매우 중요합니다. 물론 해당 산업 특유의 회계 방식도 알아야 합니다. 이런 일에는 많은 시간과 생각이 요구됩니다. 단순히 연례 보고서와 공시 자료를 모두 읽는다고 해서 알 수 있는 것은 아닙니다."

구스만은 덧붙였다. "많은 애널리스트가 사실과 숫자를 액면 그대로 받아들입니다. 제 생각에 가장 어렵지만 중요한 것은 단위의 경제를 이해하는 것입니다. 무엇이 매출 성장과 가격 형성을 주도하는지, 그리고 그것이 경쟁사의 가격 책정과 어떤 관련이 있는지 알아야 합니다. 특히 어려운 부분은 회사의 역사를 아는 것입니다. 조부모 연배의 업계 베테랑을 만나 이야기를 듣는 것도 좋습니다. 기업의 현재와 미래에 대한 통찰력을 키우는 방법입니다. 투자 대상을 분석하는 것은 콩을 세는 연습과 다릅니다. 직관적이고 총체적인 자신만의 관점을 형성해야 합니다. 숫자만 가지고도 많은 것을 알 수 있습니다."

다방면에 능통하다는 것은 구스만과 베르나르에게 창조성을 부여하고 수평적 사고를 가능하게 한다. 특정 업종을 전문으로 할 경우, 해당 산업에 대해서는 아는 것이 많겠지만 근시안적인 결과를 가져올 수 있다. 그러나 다방면에 능통한 애널리스트는 타고난 유연성으로 한 산업에서 다른 산업으로 이동하며 관찰한 결과를 통합해 투자 결론을 도출한다. 파라메스는 이 젊은 2인조에게 중요한 안내자 역할을 했다.

구스만은 말했다. "프란시스코는 우리보다 훨씬 더 많이 읽었습니다. 훈련된 애널리스트로서 다양한 산업을 추적하던 우리는 그 덕분에 좀 더 거시적인 접근에 눈을 뜨게 되었습니다. 그는 오스트리아학파 경제학에 관심이 있었는데, 우리가 경기 순환 주기에 영향을 받는 기업의 현금흐름과 이익 창출 능력을 논의할 때면 늘 거시적 견해를 제시해 도움을 주었습니다."

베스틴베르 팀은 성공 가도를 달렸으나 2008년 세계 시장이 무너졌다. 구스만과 베르나르는 해외 포트폴리오 수익률이 50% 이상 하락하는 것을 지켜보았다. "다행히 많은 고객을 잃지는 않았지만 힘든 시간이었습니다. 엔트레카날레스 가문의 도움을 받았습니다. 펀드의 순자산가치가 32라고 생각했는데 23까지 하락했습니다. 약 40% 상승 잠재력이 있다는 뜻이었죠. 펀드가 폭락했을 때에는 9까지 떨어졌고 그렇다면 세 배 수익률이 가능했습니다. 힘든 시간이었지만 우리가 하는 일을 알았기 때문에 평정을 유지했습니다."

시장이 하락하는 동안 베스틴베르에 행운이 찾아왔다. "리먼 브러더스가 파산한 2008년 9월 15일, 바스프가 우리 포트폴리오에 포함된 화학회사 시바를 인수하겠다고 제안해왔습니다. 시바의 포트폴리오 비중은 9%였는데 나중에는 20%로 늘었습니다. 다행스러운 일이었습니다. 시바에서 벌어들인 수익을 활용해, 주가 폭락으로 한 자릿수 배수에 거래되는 좋은 기업의 주식을 매수할 수 있었으니까요. 그런 밸류에이션 배수는 1998년을 끝으로 더는 볼 수 없었습니다."

리먼 사태 이후 가치투자자에게 기회가 왔다. 구스만과 베르나르는 아넬리 가문이 소유한 이탈리아 복합기업 엑소르를 찾아냈다. 베르나르가 말했다. "가문의 후계자인 젊은 청년이 기업을 이끌고 있었습니다. 젊고 증명된 것이 없으며 아넬리 가문은 호화로운 생활로 유명했기에 투자자 상당수는 그가 버릇없고 게으를 거라고 생각했습니다. 하지만 그 생각은 편견일 뿐이었습니다. 그는 상식이 있고 겸손했으며 경험 많고 똑똑한 사람의 의견에 귀를 기울였습니다. 우리는 주당 11유로에 엑소르 주식을 샀는데 애초 계산한 가치는 최소 40유로였습니다. 꿈의 주식이었습니다. 사업은 훌륭했고 주가는 크게 하락해서 믿을 수 없이 싼 수준인 데다가 소유주가 이해관계를 같이했습니다. 3년 넘게 보유한 끝에 마침내 주가가 40유로에 달했습니다."

꿈의 투자 대상을 발견하면 그다음은 포지션의 크기다. 베르나르가 말했다. "우수한 수익률 달성의 관건은 결국 포트폴리오 비중 조절입니다. 투자자로서 보수적으로 접근하면서도 엑소르에 가장 큰 비중을 두었습니다. 큰 잠재력을 보았기 때문이죠. 스페인에 최소 분산 규정이 없었다면 더 많이 샀을 겁니다. 다른 헤지펀드 하나에도 24% 비중으로 엑소르 주식을 보유했습니다. 굉장히 특별한 경우였고 가능한 한 최대로 매수하려고 했습니다."

이런 꿈의 주식은 자주 등장하지 않는다. 구스만은 시장 환경이 일반적일 때의 전략을 설명했다. "몇 가지 종목이 경합을 벌인다고 가정하겠습니다. 우리는 하락 위험 대비 상승 잠재력에 대한 믿음을 바탕으로 포트폴리오 비중을 결정합니다. 예를 들면 최악의 시나리오가 현실화하더라도 견딜 거라는 확신을 얻을 수 있어야 합니다. 상승 잠재력은 내부 수익률 관점에서 생각합니다. 우리는 60~70% 상승 가능성이 있는 주식을 사려고 합니다. 2~3년 안에 목표에 도달할 수 있다면 내부 수익률은 20% 이상일 것이고, 그렇다면 나쁘지 않습니다. 상승 여력은 30%에 불과하지만 하락 위험이 극히 낮은 기업을 만날 수도 있습니다. 이런 경우에는 작은 비중으로 포트폴리오에 편입할 수 있습니다.

이 과정에서 배운 교훈이 있습니다. 펀드 자금이 100억 유로 이상으로 지나치게 커지면 타협을 통해 수익률이 낮은 주식을 편입했는데, 그때 가장 많은 실수가 있었습니다. 결론은 반드시 싸게 사야 한다는 것입니다. 그래야 훌륭한 조합이 만들어집니다. 옵션을 생각하면 됩니다. 우리는 프리미엄을 손해 보지 않으면서 옵션 같은 성과를 내려고 합니다. 최악의 경우에도 돈을 잃지 않고, 최선의 경우에는 위로 볼록한 수익률 곡선을 가지게 되는 전략입니다."

모든 가치주를 찾아서

2014년 파라메스는 베스틴베르를 떠나기로 결정했다. 2015년 〈파이낸셜 타임스〉 인터뷰에서 "경영자로서 제가 전적으로 통제하는 새로운 프로젝트를 원했습니다"라고 말했다. 그가 떠난 것은 베스틴베르의 소유주 악시오나와 시각이 달랐기 때문으로 여겨졌다. 구스만과 베르나르는 직접 회사를 만들 준비가 되었다고 생각했다. 둘은 베스틴베르의 마케팅 담당 이사 벨트란 파라게스와 함께 2015년 아스발로르 에셋 매니지먼트를 설립했다.

아스발로르라는 이름은 '만들다, 창조하다'라는 뜻의 스페인어 'haz'와 가치라는 뜻의 'valor'를 결합한 'haz valor'와 발음이 같다. 또한 아스발로르의 철자 AzValor에는 성공적인 투자를 위해 알파벳 A로 시작하는 기업에서 Z로 시작하는 기업까지 빠짐없이 확인해 가치주를 찾아내겠다는 의지가 담겨 있다. 두 사람은 곧 20억 유로를 조달했고, 투자자를 위해 최고의 위험 조정 수익(risk-adjusted returns)을 창출하는 데 초점을 맞추는 소규모 수공업 형태의 접근법을 고수했다.

구스만은 이렇게 설명했다. "회사를 베스틴베르만큼 크게 키우고 싶지는 않았습니다. 그것이 고수익 투자 아이디어를 찾는 능력에 걸림돌이 될 수 있기 때문입니다. 베스틴베르에서 1,200만 유로의 운용 자산을 100억 유로로 키우고 회사를 떠났습니다. 규모가 60억, 70억 유로로 커지면서 대형주를 검토할 수밖에 없었는데, 그때부터 삶이 피폐해졌습니다. 정작 대형주는 그다지 가치를 창출하지 못했습니다. 아스발로르에서 우리는 남이 상대적으로 덜 분석하는 종목을 봅니다. 이 일을 하면서 가장 만족스러운 순간이죠."

그리고 저평가된 기회를 찾는 베르나르의 능력을 높이 평가했다. "페르난도는 저보다 훨씬 똑똑합니다. 저보다 훨씬 더 철저하게 기업을 분석하죠. 일로 맺은 우리 관계에서 제가 특히 좋아하는 것은 우리가 지금까지 함께 성장해왔다는 사실입니다. 같은 실수를 반복하기도 하면서 공통의 어휘를 만들었습니다. 어떤 기업에 문제가 있을 때 '2001년 그 회사 기억하지?' 하고 물으면 그는 곧바로 알아들을 겁니다."

지난 실수에 관해 묻자 둘 모두 캘리포니아 새크라멘토에 본사를 두고 지역 신문 다수를 소유했던 미국 출판사 맥클래치 컴퍼니 사례를 이야기했다. 구스만이 말했다. "회사가 순환 주기의 정점에 있고 펀더멘털이 악화되고 있었던 2007년에 맥클래치 주식을 샀습니다. 주가가 100달러에서 90% 하락하는 것을 보고 주당 10달러에 매수했죠. 싼 주식이었지만 과도한 부채, 발행 부수 감소, 지면 광고 감소, 1년 후 리먼 위기까지 더해지면서 주가는 다시 90% 하락해 1달러가 되었습니다. 실수였다는 것을 깨닫고 매도했죠."

베르나르가 덧붙였다. "맥클래치를 망친 것은 부채였습니다. 문제가 있는 회사는 대개 부채 때문이라는 것을 알게 되었습니다. 부채 문제는 충분히 피할 수 있는 시한폭탄입니다. 지난 실수를 돌이켜 보면, 서로에게 솔직하고 팀으로서 함께 실수를 인정한다는 것이 저와 알바로에게는 행운입니다. 투자자로서 계속 배우고 성장하는 알바로의 무한한 에너지를 높이 평가합니다. 알바로는 회사는 물론 저를 위해서도 좋은 문화를 조성합니다. 덕분에 우리는 서로의 사각지대를 살펴 과거의 실수를 반복하지 않을 만큼 충분히 단련되었습니다."

구스만은 마리아 라말랄과 결혼해 아들 넷을 낳았다. 베르나르는 알레한드라 마르티네스와 결혼해 아들 둘을 낳았다. 다음 세대를 위해 좋은 본보기가 되려고 노력하는 그들은 "내가 어디에서 죽을지만 알면 된다. 절대로 그곳에는 가지 않을 테니까"라고 말한 찰리 멍거가 옳다고 믿는다. 이것은 굳이 건너지 않는 편이 나은 인생의 다리를 가리킨다. 좋은 결정을 내리는 것 못지않게 끔찍한 결정을 피하는 것 역시 훌륭한 판단이다.

인생과 투자 모두 마찬가지다. 구스만은 말한다. "제 아이들에게 회계, 확률 이론, 오스트리아학파 경제학의 개념을 배우라고 말합니다. 회계를 배우면 재정에 관한 기본적인 개념을 가지게 됩니다. 확률 이론은 판단의 승산과 결과를 예측하는 감각을 키워줍니다. 오스트리아학파 경제학은 인간의 행동과 행태를 이해하게 도와줍니다. 하지만 제 아이들에게 알려주고 싶은 가장 중요한 것이 있습니다. 돈을 벌거나 가치투자자 명예의 전당에 이름을 올리려고 노력할 때가 아니라, 고객과 가족을 위해 옳은 일을 할 수 있도록 충분히 단련하고 책임감을 가지는 것이 제게 동기를 부여한다는 사실입니다. 이것은 세계 정복 같은 거창한 계획이 아니라 가치 있는 사람이 되기 위한 고민과 관련이 있습니다."

베르나르는 이렇게 정리했다. "구스만과 저는 피터 린치, 필립 피셔, 워런 버핏, 벤저민 그레이엄 같은 인물에 대해 공부했습니다. 많은 사람이 버핏처럼 차기 코카콜라를 찾으려고 애를 씁니다. 하지만 사람은 다 다르기 때문에 그런 연습은 오히려 해가 됩니다. 자기 자신에게 충실하고, 자신의 리듬을 찾고, 자신만의 스타일을 형성하는 것이 더욱 중요합니다. 이것은 결국 규율과 열정이 필요한 일입니다. 여정을 함께할 사업의 동반자를 찾은 덕분에 홀로 연습하지 않고 함께 팀으로서 노력할 수 있으니 저는 운이 좋은 사람입니다. 감사한 일이죠."

9

가치투자 브로커의
오디세이

필립 베스트
Philip Best

콰에로 캐피털(스위스)
Quaero Capital S.A.

잘못된 답이 중대한 실수를 낳는 것이 아니다.
정말로 위험한 것은 잘못된 질문이다.

— 피터 드러커

필립 베스트는 콰에로 캐피털의 최고투자책임자이며 대표 펀드인 아르고너트
펀드의 공동 포트폴리오 매니저다. 2003년 5월 31일에 개시된 아르고너트 펀
드는 애널리스트가 다루지 않는 소형주와 초소형주에 초점을 맞춘 롱온리(long-
only, 매수 일변) 가치주 전략(저평가 주식을 사고 장기간 보유해 수익을 올리는 전략)을
추구한다. 자산 규모 2억 8,000만 유로로 출발했고 2019년 12월 현재 누적 수
익률 623.61%, 연평균 수익률 12.66%를 달성했다. 같은 기간 EMIX 유럽소형
주지수의 수익률은 누적 기준 465.34%, 연평균 9.71% 수준이었다. 대형주지
수인 스톡스 유럽50지수의 누적 수익률은 150.42%, 연평균 수익률은 2.49%
에 그쳤다.

필립 베스트와 크리스토퍼 겔리는 2005년 스위스 제네바에서 콰에로 캐피털(전
아르고스 인베스트먼트 매니저)을 공동 설립했고, 뜻이 같은 펀드매니저들과 함께
기관과 법인 고객에 독창적인 리서치와 액티브 운용 전략을 제공하는, 독립적이
고 전문적인 자산 운용사를 만들어가고 있다. 2019년 기준 총 16개 펀드의 운용
자산 규모는 23억 유로이며 제네바, 취리히, 파리, 런던, 룩셈부르크 등 5개 사
무소에 60명이 넘는 직원을 두고 있다.

베스트는 제네바와 런던에 머물면서 유럽 대륙을 두루 돌아 기업의 경영진을 만
나는 데 많은 시간을 보낸다. 그는 자산 규모가 10억 파운드가 넘는 유러피언 오
퍼튜니티 트러스트의 비상임 이사이기도 하다.

Philip Best

펀드 운용 업계에서 20년 넘게 일한 베스트가 특별하게 기억하는 성공 및 실패 사례가 있다. 둘 다 귀중한 교훈을 준 투자였다.

"우리 역사상 최고의 투자가 될 것이라고 바로 알았죠. 생각만 해도 미소를 짓게 됩니다." 2019년 11월, 베스트는 런던 사무실에서 당시를 떠올렸다. 2009년 3월에 베스트의 팀은 독일 상장회사인 다이얼로그 세미컨덕터를 발견했다. 가전제품에 쓰이는 고집적 혼성신호 칩을 설계하고 개발하는 회사였다. "주식을 선별하는 과정에서 우리 레이더에 들어왔습니다. 다이얼로그의 주가는 시가총액 3,000만 유로까지 하락했는데 회사는 2,800만 유로를 현금으로 보유하고 있었습니다. 문제는 회사가 캐시 번(cash burn, 제품이나 서비스를 생산할수록 현금이 유출되는 상황)에 처해 있다는 것이었습니다. 현금 고갈을 해결한다면 상당한 안전마진을 확보할 수 있었습니다. 가치투자자에게 성배라고 할 수 있는 이른바 넷넷 주식이 될 수도 있었죠."

자동차 산업용 반도체 제조사로 출발한 다이얼로그는 다임러에서 분리된 뒤 통신 산업으로 옮겨 가 휴대전화용 칩 세트를 공급했다. 기술주 호황기인 1999년에 주당 19유로에 기업 공개를 했고 주가는 2000년대 초반 70유로 이상으로 급등했다. 그러나 인터넷 거품이 꺼지자마자 5유로 미만에 거래되었고 그 후 10년 동안 그 자리에 머물러 있었다.

베스트의 시야에 불쑥 들어온 다이얼로그는 공교롭게도 2009년 3월에 미리 잡혀 있던 일정에 따라 애널리스트 대상 콘퍼런스 콜을 진행했다. "동료인 마크와 함께 콘퍼런스 콜에 접속했는데 놀랍게도 회사가 직전 분기에 현금을 창출했고 이익을 달성했으며 흥미로운 잠재 고객을 만들고 있다는 사실을 알게 되었습니다." 몇 달 후 밝혀졌지만, 그 흥미로운 잠재 고객 가운데 하나가 애플이었다. 다이얼로그의 전망에 혁명을 가져온 계약이었다.

몇 가지 질문을 한 뒤 베스트와 마크는 콘퍼런스 콜에 접속한 사람이 둘뿐이라는 것을 알게 되었다. "일대일 회의처럼 진행되었습니다. 숫자들을 재빨리 살펴보니 회사에 현금이 있고, 그 현금이 다시 증가하기 시작했으며, 영업에서 이익을 내고 있었습니다. 거저나 마찬가지였죠. 회의실에서 뛰어나와 0.7유로 수준에서 최대한으로 다이얼로그 주식을 매수했습니다. 우리 때문에 주가가 1유로까지 올라갔죠." 콘퍼런스 콜 이후 6개월 만에 다이얼로그 주가는 5유로까지 상승했다. 처음에는 업계 레이더 밖에 있던 이 회사의 재무 지표가 꾸준히 개선되고 주가가 상승세를 지속하자 대형 기관이 이 종목을 분석 대상에 포함하기 시작했다.

"그 전까지만 해도, 다이얼로그에 관여한 적이 있는 프랑스 브로커 케블러 슈브뢰가 과거 인연으로 이따금 회사를 분석한 것이 전부였습니다. 그 역시 가끔 보고서를 쓰는 것 말고는 다이얼로그에 신경 쓰지 않았죠. 주가가 10유로까지 오르자 모건 스탠리, 도이체방크 등이 이 회사를 분석했습니다. 아무도 분석하지 않던 이 종목을 커버리지(coverage, 분석 대상 종목군)에 포함하는 곳이 늘어나면서 우리 수익률도 높아졌습니다. 다이얼로그 매수 당시 반도체에 대해 많이 알 필요는 없었습니다. 회사가 순현금 상태가 될 수 있을지 여부만 알아도 충분했습니다. 그러나 주가가 오른 후 많은 기관이 이 회사를 커버리지에 포함하면서 밸류에이션이 부담스러워졌고, 매수자는 회사와 업종을 속속들이 알 필요가 있었습니다. 포트폴리오 위험을 통제하기 위해 우리는 보유한 다이얼로그 주식 절반을 5유로에 매도했고 나머지 절반을 10유로에 매도했습니다. 그다지 체계적인 매도는 아니었지만 7.5배 수익을 얻고 투자를 종료했습니다. 워런 버핏의 유명한 조언처럼 '이익의 관건은 매수'입니다." 다이얼로그 주가는 2015년에 50유로까지 올랐다. 베스트는 훨씬 더 낮은 가격에 투자를 정리했지만 이 투자를 통해 헐값에 거래되는 안전마진 확보 주식을 찾는 방법, 베팅 금액이 커지고 하락 위험이 확대될 경우 보유한 칩을 현금화하는 방법을 배웠다.

모든 종목이 다이얼로그 세미컨덕터 같지는 않았다. 2013년 베스트와 그의 팀은 농업, 엔지니어링, 식품 서비스 분야에서 사업을 영위하며 다양한 투자 자산을 보유한 영국 상장회사 카멜리아를 큰 비중으로 보유했다. 복합기업인 카멜리아는 세계 최대 잎차 생산자이자 마카다미아, 아보카도, 포도를 비롯한 다양한 농작물의 주요 생산자였다. 게다가 그림, 우표, 필사본 등 많은 예술품을 소장했고 켄트의 성과 런던의 부촌 벨그라비아 지역의 건물들에 이르기까지 다양한 자산을 소유하고 있었다.

베스트는 말했다. "카멜리아는 알리바바의 동굴 같은 기업입니다. 우리가 매수했을 때 시가총액은 약 3억 파운드였고, 현금과 현금화가 쉽게 가능한 런던 부동산 자산을 총 1억 파운드 보유하고 있었습니다. 또한 던컨 로리라는 프라이빗 뱅크(private bank, 자산 관리 전문 은행)를 소유하고 있었는데, 이 은행을 매각할 계획이었습니다. 우리는 부분 가치 합산법을 이용해 회사의 가치를 계산했습니다. 가치를 매기기 어려운 자산도 있었지만, 회사의 가치가 최소 주가의 두 배는 된다고 추정했습니다. 그러나 기대했던 기업의 합리화와 효율화가 예상보다 느리게 진행되고 있어 가치 함정에 빠진 상황이라고 해도 과언이 아니었습니다."

베스트는 카멜리아의 문제가 현재 스위스 몽트뢰에 거주 중인 창업자 고든 폭스에게서 비롯되었다고 믿는다. 현재 90대인 폭스는 스코틀랜드 태생으로 아시아에서 오랜 시간을 보낸 후 불교에 귀의했다. 폭스 재단이 카멜리아 지분 51%를 장악하고 있는 가운데 불교 철학은 카멜리아의 거의 모든 측면에 영향을 미친다. '이익은 생명을 유지하는 데 필요한 요소일 뿐, 우리의 영혼이 아니다'라는 좌우명이나 이른바 '장기주의'라는 목표 아래 회사가 '미래 세대를 위해 이 기업을 맡아 보관하는 관리인'을 자처하는 것이 그 예다. 오랫동안 최고경영자 자리를 지켜온 말콤 퍼킨스는 회사의 정책에 따라 자산을 축적했고, 내재가치를 높이겠다고 자산을 매각하거나 구조조정을 하지는 않았다.

2015년 카멜리아는 톰 프랭크스를 최고경영자로 임명했다. 회계법인 KPMG의 파트너였던 프랭크스는 던컨 로리 같은 비핵심 자산 일부를 매각하며 차분하게 회사를 다듬어나갔다. 그의 노력에 투자자는 긍정적인 반응을 보였고 주가는 그해 19% 상승했다. 2017년에는 추가로 9% 상승했다. 그러나 2018년과 2019년에는 각각 10%, 17% 하락하는 부진한 모습을 보였다. "신임 최고경영자의 방향성에 박수를 보냅니다." 베스트가 말했다. "그의 생각에 맡기면 진행이 더 빠를 거라고 생각합니다. 현재는 창업자와 회장의 영향력으로 변화의 속도가 다소 제한적이지만 어느 순간엔가 달라질 것입니다."

좌절을 안겨준 투자였지만 베스트는 주가의 하방 경직성 덕분에 완전한 자본 손상의 위험이 거의 혹은 전혀 없다는 점을 강조했다. 재무상태표가 취약한 타 기업을 다룰 때와 달리, (적어도 당분간은) 가치 함정에 빠져 있을 카멜리아를 끝까지 보유할 작정이다. "기업이 매우 견고하다는 판단은 옳지만 우리가 원하는 기업의 본질적 가치를 발현시킬 사건이 아직 없다는 것이 문제입니다. 우리가 얼마나 오래 기다릴 준비가 되어 있는지는 지금 당장 판단하기 어렵습니다. 지금은 너무 싸서 도저히 팔 수 없습니다. 싼 주식을 처분하는 것은 어쩌면 투자자에게 가장 어려운 결정일 것입니다."

최고의 인맥을 구축하다

베스트는 1960년 런던에서 태어났다. 기업가인 아버지 패트릭은 제2차 세계대전이 끝나고 훈련생으로 제지회사에 입사해 최고경영자로 승진했다. 어머니 헤더는 주부로서 필립과 그의 형 셋을 키워냈다.

베스트는 일생에 걸쳐 제조업에 애정을 가졌는데, 그것은 아버지를 따라 처음 공장에 갔던 어린 시절의 기억에 뿌리를 두고 있다. 그는 다섯 살 때 거대한 제지 기계와 그것을 작동하는 사람을 보고 압도당한 기억을 떠올렸다. "과거에도 그랬고 지금도 제조업에 관심이 많습니다. 물건이 어떤 목적을 가지고 어떤 과정을 거쳐 만들어지는지, 그리고 시장에서 어떠한 지위를 차지하고 또 경쟁 상대는 누구인지 등에 관심이 있습니다. 아버지에게 이런 질문을 하며 자란 덕분에 지금도 다양한 제조업 제품에 쉽게 접근합니다."

부모는 상당한 재정적 안정을 누렸지만 물자가 부족한 전시 배급 상황에서 자유로울 수는 없었다. "부모님은 돈을 쓸 때 신중했습니다. 가치가 있는 물건을 사는 분별력이 있었죠. 낭비하는 세대가 아니었습니다. 새롭거나 유행하는 물건이 아니라, 지불하는 가격에 비해 가치가 크다고 생각되는 물건을 구입했죠. 값이 비싸거나 귀한 물건을 파는 상점을 찾는 것보다 지역 할인점에서 골동품 가구 고르는 것을 좋아했습니다."

베스트는 부모가 자녀에게 미치는 영향력을 중요하게 생각한다. 그의 아버지는 언제나 좋은 가격을 찾았고 그것은 훗날 가치투자자가 된 베스트에게 최고의 본보기였다. "아버지는 화려한 차 대신 '적절한' 가격의 '적당한' 차를 샀습니다. 가정의 재정적 문제를 대할 때도 마찬가지였습니다. 가치가 있다고 생각하는 것에만 돈을 썼습니다. 합리적이라고 생각합니다. 저는 그런 가정환경에서 자랐습니다."

베스트는 1970년대 후반에 옥스퍼드대학교에 입학해 1982년 현대사 학위를 취득했다. 당시 그는 금융업에 종사할 마음이 없었다. "워런 버핏처럼 열두 살 때부터 펀드매니저가 되려는 열망이 있었다고 말할 수 있다면 참 좋겠지만 그렇지는 않았습니다. 군중에 휩쓸리는 것을 싫어합니다만, 대학 졸업 당시 다들 금융업에 뛰어들고 있었고 저도 자연스럽게 같은 업계에 종사하게 되었을 뿐입니다."

런던으로 간 그는 슈뢰더에 입사해 채권 부문에서 18개월 동안 일했다. 그는 당시를 이렇게 떠올린다. "절대적으로 싫었고 완전히 지루했습니다. 금리에 따라 채권 가격이 오르내리는 것을 보고 있자니 상상력이 전혀 작동하지 않았습니다." 하지만 헛된 경험은 아니었다. 자신의 성격에는 주식이 더 어울린다는 사실을 깨달았기 때문이다. 얼마 후, 두 가지 기회가 주어졌다. 하나는 모건 그렌펠 인베스트먼트 서비스의 일본 시장 팀에 들어가는 것이었고, 다른 하나는 SG 워버그의 유럽 시장 팀(나중에 투자 사업을 분리해 머큐리 에셋 매니지먼트를 만듦)에 들어가는 것이었다.

베스트는 회상했다. "1984년은 일본 시장이 이미 전성기를 지나고 있을 때였습니다. 반면 유럽 시장은 활황이어서 언어만 할 줄 알면 서로 데려가려 할 정도였죠. 프랑스어와 스페인어를 조금 할 줄 알았던 저는 머큐리에 입사해 유럽 대형주와 소형주를 담당하게 되었습니다."

독일과 프랑스 현장에 파견된 그는 여러 기업을 방문하고 경영진과 이야기를 나누었다. 베테랑인 콘수엘로 브룩 밑에서 일하며 '대세를 멀리하라'고 배웠다. "이 업계에서 대단히 존경하는 사람이 몇 명 있는데 콘수엘로도 그중 한 명입니다. 그에게 중요한 교훈을 배웠습니다. 모두가 눈여겨보는 회사가 아니라 모두가 눈여겨보게 될 회사를 찾아야 한다는 것이었죠."

베스트에게 행운의 여신이 찾아왔다. 머큐리는 브룩이 이끄는 머큐리 유럽 그로스 펀드라는 단위형 투자 신탁을 운영했는데, 인컴 펀드(income fund, 이자·배당·임대료 등 안정적인 수익을 목표로 하는 펀드)를 도입해 더 많은 상품을 제공하고자 했다. 아직 26세였던 베스트가 그 프로젝트를 맡게 되었고, 결국 그는 유럽 인컴 펀드를 직접 구축하고 출시하기에 이르렀다. "펀드 출시에 필요한 여러 작업, 마케팅, 자금 조달 등의 문제 때문에 팀 내 누구도 인컴 펀드를 맡으려고 하지 않았습니다. 어느 날 콘수엘로가 제게 이 펀드를 운용할 수 있겠느냐고 물었죠. 제 경력을 완전히 변화시킨 결정적 순간이었습니다. 성장주 펀드 관련 업무를 그만두고 인컴 펀드에 집중할 수 있게 되었고, 그것이 저를 주식의 또 다른 세계로 안내했습니다."

베스트는 새로 맡은 역할에 맞게 자신의 투자 체계를 재조정했다. 성장주 펀드를 운용할 때에는 매출 성장 가능성과 판매 채널 확대 여부에 집중했지만 인컴 펀드를 맡으면서는 배당금 지급 가능성, 확실하고 지속 가능한 현금흐름, 배당 성향을 개선할 수 있는 강력한 재무상태표에 초점을 맞추었다. 그 결과 다른 동료의 관심 밖에 있는 주식이 눈에 들어왔다.

그는 인컴 펀드를 운용하며 가치투자의 세계와 대면했다. "이전에는 가치투자에 대해 들어본 적이 없었습니다. 영국은 다양한 투자 학파를 빠르게 흡수하지 못했습니다. 저는 인컴 펀드를 만들면서 가치투자자가 되었습니다. 누구나 다 알고 있어서 사람이 몰리는 사업 분야나 기업은 다루지 않았습니다. 발길이 많이 닿은 길에서 벗어난 것이죠."

1980년대의 포트폴리오 운용은 지금과 달랐다. 동시대의 다른 사람들처럼 베스트도 유럽 시장 전체의 정보를 얻기 위해 유럽 현지 브로커에게 크게 의존했다. 현지 인맥이 넓은 브로커는 인컴 펀드가 흥미로워할 잠재 고객을 발굴하기도 했다. 가치주는 1980년대 내내 투자 생태계에서 비주류였기 때문에 유동성과 거래량이 부족했는데, 좋은 브로커는 유동성을 확보하고 거래 상대를 찾아 거래를 성사시켜주었다. "브로커에게 많이 의존할 수밖에 없었던 시절이고 좋은 인맥은 필수였습니다. 브로커 덕분에 유럽 시장 전역에 걸쳐 많은 사람과 교류할 수 있었고, 거기서 출발해 인맥을 구축해나갔습니다. 가치투자자로서 특정 유형의 주식을 찾는 것처럼, 같은 방식으로 생각하는 브로커 혹은 나를 올바른 방향으로 인도할 수 있는 사람을 찾아야 한다는 것을 깨달았습니다."

베스트는 예를 들어 설명했다. "비유동적인 주식을 대량으로 거래할 매수자나 매도자를 찾으려면 제대로 된 브로커를 만나 상의해야 합니다. 과거에 그 주식을 보유했던 사람, 그 기업과 관련된 가족이나 관계자 등 그 거래 이력을 아는 사람을 폭넓게 파악하고 그들과 연락이 닿는 브로커를 만나야 합니다. 저는 시체가 묻힌 장소를 알아야 하는 사람이고 자신은 모든 것이 숨겨진 장소를 아는 사람이라고 말한 브로커도 있었습니다. 일단 어떤 기업을 발견하고 나면 할 일이 엄청나게 많아집니다. 그 기업을 분석해야 하고 거래할 주식을 찾아야 합니다. 이때 연락망이 필요합니다." 제대로 된 인맥은 지금도 유의미한 정보의 원천이다.

머큐리 인컴 펀드를 운용하면서 베스트는 북유럽 국가 주식을 전문으로 하는 증권사 엔스킬다 시큐리티의 고객이 되었다. 어느 날 그 회사는 베스트에게 브로커로 합류해달라고 제의했다. "1980년대 중후반에는 브로커가 되면 펀드매니저보다 몇 배 많은 돈을 벌 수 있었습니다. 그때가 스물일곱 살이었고 유혹을 뿌리칠 수 없었죠." 브로커가 된 베스트는 이베리아반도, 프랑스, 이탈리아, 독일 시장에서 쌓은 경험을 바탕으로 고객에게 소형주 투자 아이디어를 소개했다. 그는 브로커 관점에서 금융시장 내부의 다양한 전망을 접하게 되었고, 주식 거래가 어떻게 이루어지며 특히 주식의 공급과 수요가 시장 움직임에 어떤 영향을 미치는지를 배웠다.

최고의 기술을 습득하다

1988년 베스트는 엔스킬다 시큐리티의 확장을 위해 파리로 갔다. 그곳에서 트레이딩 기술을 익혔고 프랑스 여성 캐서린을 만나 3년 뒤 결혼해 2남 1녀를 두었다. "브로커로서 많은 트레이딩 기법을 배웠습니다. 소형주를 거래하면서 매수(bid) 쪽에는 항상 다양한 유형의 사람이 줄을 서서 대기하고 있다는 것을 알게 되었습니다. 마구잡이로 사는 개인 투자자도 있고, 정보지나 작은 증권사의 아이디어를 추종하는 투기 세력도 있고, 기관투자가와 기업 내부자도 있습니다. 주문서를 보면 그 주식이 개인 투자자를 상대로 거래될지, 아니면 기관 차원에서 거래될지 알 수 있습니다. 실적 발표, 브로커의 신규 추천, 로드쇼, 기업 분사 등 소형주에 어떤 일이 생기면 대형 기관이 갑자기 개입해 거래 장부를 장악합니다. 충분한 매도 물량이 없기 때문에 이런 상황은 시장의 역학을 변화시킵니다. 매수하려는 기관은 매도 측이 관심을 가질 만한 수준까지 가격을 끌어올려야 그 주식으로 무언가를 해볼 수 있습니다."

베스트가 설명을 이어갔다. "유동성을 찾을 수 없을 때 저는 '나무 흔들기'라고 이름 붙인 방법을 씁니다. 우선 매수 호가를 5% 올려서 모든 매도 물량을 받는다고 해봅시다. 그런 다음 새로운 매도자 집단이 등장할 때까지 잠시 기다립니다. 주가를 끌어올린 다음 잠시 사라지는 것인데 고양이가 쥐를 다루는 것과 비슷합니다. 이렇게 하면 결국 그 주식을 찾는 사람이 생겨나고 거래량이 급증합니다." 그는 소형주 펀드를 성공적으로 운용하기 위해서는 이런 거래 행위를 할 준비가 되어 있어야 한다고 강조했다.

맡은 임무를 잘 수행하고 원하는 결과를 얻기 위해서는 분석가의 예민한 정신, 트레이더의 수완, 펀드매니저의 현실 감각이 필요하다. "대형주 펀드매니저처럼 단순히 주문표를 입력하고 트레이더가 알아서 처리하도록 내버려 두면 안 됩니다. 매수와 매도 과정에 직접 관여해야 합니다. 10초 단위로 거래 상황을 지켜봐야 한다는 뜻이 아닙니다. 어떤 브로커에게 주문을 넣을 것인지, 대량 주문(block order)을 할 것인지, 누구와 자전 거래(cross trade)를 할 것인지 등을 생각해야 합니다. 어떤 브로커에게 연락할지, 그들에게 어떤 정보를 공개할지, 어떤 방식으로 주문을 실행할지도 알고 있어야 하고요."

엔스킬다에서 약 7년간 일한 베스트는 1994년 펀더멘털 리서치에 중점을 둔 유럽의 소형주 전문 증권사 더 유럽 컴퍼니 파리 지사를 설립했다. 그는 시장에 숨겨진 보석을 발굴하고 중개해 피델리티 인베스트먼트, 인베스코, 헨더슨 글로벌 같은 대형 펀드회사에 흥미로운 아이디어를 제안했다. 우량 고객과 소통하는 것이 중요한 업무였고, 유럽 전역의 최고 펀드매니저를 대상으로 리버스 로드쇼(reverse road show, 애널리스트와 투자자를 기업으로 초청해 여는 투자 설명회)와 기업 탐방 등을 마련했다. "피델리티의 앤서니 볼턴과 콜린 스톤, 오디 에셋 매니지먼트의 크리스핀 오디, 헨더슨의 스티븐 피크 등 경험 많은 고객과 함께 일하는 특권을 누렸죠. 그들은 제대로 된 질문이 무엇인지 알았습니다. 한자리에 앉아 회의를 하면서 그들의 기술을 배울 수 있다는 것은 진정한 특권입니다."

베스트는 숙련된 펀더멘털 펀드매니저에 대해 이렇게 말했다. "이른바 '블룸버그 단말기 앞에 앉은 사무실의 애널리스트'는 이제는 일반적인 모습이 되었습니다. 그러나 리서치를 편안한 사무실에서 하든 현장에서 하든, 무엇을 물어야 할지 알고 실제로 묻는 것이 핵심입니다. 비록 꼭 맞는 재료를 얻어내기 어렵더라도 일대일 미팅을 효과적으로 활용하기 위해서는 제대로 된 질문이 중요합니다. 그리고 간단한 질문과 어려운 질문의 균형을 맞추어야 합니다. 인수나 승계 계획처럼 회사가 직접 나서서 언급하지는 않을 주제가 있는데도 밸류에이션 모델의 빈칸을 채우기 위해 단순한 질문에 시간을 들이는 걸 보면 안타깝습니다."

가장 힘든 질문을 할 때 대개 가장 유익한 답을 얻는다. 하지만 베스트의 말처럼 그런 질문은 숙고 끝에 나온다. "좋은 질문을 하려면 외교적 수완이 필요합니다. 예를 들어 스위스나 독일과 같은 나라에서는 대놓고 어려운 질문을 하면 안 됩니다. 그곳에서는 눈치를 봐야 합니다. 상대를 도발할 수 있는 질문이라면 유머를 동원해야 하는 경우도 있습니다. 같은 질문도 여러 가지 방법으로 할 수 있습니다. 훌륭한 펀드매니저와 함께하며 배운 노하우입니다."

발길이 닿지 않은 곳에 투자하다

2000년 미국 투자은행인 제프리스가 더 유럽 컴퍼니를 인수하자 베스트는 이직과 전직을 진지하게 고민했다. 가족과 함께 유럽을 여행하던 중 그는 스위스 제네바에서 직접 펀드를 설립하기로 결심했다.

베스트는 스스로 허락한 안식 기간에 사이먼 홉킨스가 설립한 포천 그룹 이사로 활동했다. 포천 그룹은 다양한 자산에 대한 투자 자문 서비스를 제공했다. 그는 동료 이사인 크리스토퍼 겔리와 점심을 먹으며 펀드 설립에 대한 생각을 말했다. 겔리는 자신이 이미 제네바에 펀드 운용사를 설립했고 룩셈부르크에서 아르고스 인베스트먼트 펀드를 출범했다고 말했다. 새로운 펀드를 설립하는 번거로움 없이

베스트는 겔리의 플랫폼에 접속할 수 있었다. 펀드가 잘되면 자신의 인맥을 동원해서 자본 조달을 돕겠다고 한 겔리의 제안은 덤이었다. 그날의 논의를 계기로 베스트는 스위스로 향했고 2003년 아르고너트 펀드를 출범했다.

여느 신생 기업과 마찬가지로 아르고너트 호의 돛을 올리기 위해서도 자금이 필요했다. 베스트가 친구와 가족을 통해 조달한 초기 자금 400만 유로는 2003년 말 2,000만 유로로 불어났고 이듬해에는 약 7,000만 유로가 되었다. 그는 헤지펀드와 전형적인 뮤추얼 펀드 사이에서 최선의 수수료율을 찾았다. 운용 보수는 1.5%로 정했고 6% 기준 수익률(hurdle rate) 달성 시 성과 보수 12.5%를 수취했다. 당시 특화 펀드(specialist fund) 기준으로 적정한 수준이었다.

펀드 전략 측면에서 베스트는 유럽의 저평가 초소형주와 소형주에 초점을 맞추어 40개 이상 60개 이하 종목으로 포트폴리오를 구성했다. "남이 다 하는 것을 해서는 전혀 돋보일 수 없다고 생각했습니다. 이곳은 경쟁이 치열한 세계입니다. 다임러나 지멘스에 관해 스프레드시트를 작성해봐야 도움이 되지 않습니다. 제가 만든 것이 모건 스탠리나 도이체방크의 스프레드시트보다 나을 수 없을 테니까요. 저나 제 투자자에게 전혀 득 될 것이 없었습니다. 제 장점은 정원을 훑으며 누구의 손길도 닿지 않은 잔디를 발견하는 데 있습니다. 어떤 애널리스트도 분석하지 않는 주식을 찾아내고 싶었습니다. 큰손의 레이더망 바깥에 있는 초소형주와 소형주가 제격이었습니다."

베스트는 유럽의 소형주를 검토하며 가족 소유 기업과 제조업체를 종종 접하게 되었다. 어린 시절 그의 마음을 사로잡은 제조업에 대한 애정에 다시 불이 붙었다. "사실 '소형 보험사'나 '소형 통신사' 같은 기업은 없죠. 따라서 우리 회사의 주요 관심사는 제조업 분야였습니다. 하지만 저는 '제조업'이라는 단어를 싫어합니다. 이제는 제 젊은 시절의 굴뚝 기업이 아니니까요. 고도로 자동화된 기술 중심 업종이기 때문에 '첨단 제조업'이라고 부르는 것을 선호합니다."

그는 스위스 국내총생산의 약 30%가 제조업 부문에서 창출되며, 스위스가 선진 공업국 지위를 유지해온 것은 끊임없는 기술 향상과 생산성 향상 덕분이라고 강조했다. "스위스의 제조업은 건재합니다. 사실은 통화 강세 때문에 이미 죽었어야 하는데도 말이죠. 경쟁력을 유지하기 위해 계속해서 기술 혁신을 해온 결과입니다."

눈에 띄지 않는 가치주를 찾는 작업은 언제나 각 회사의 재무상태표에서 출발한다. 재앙을 피할 것, 그리고 장기적으로 살아남을 주식을 찾을 것. 베스트는 이것이 시장 대비 초과 수익을 내는 우량 투자라고 믿는다. 그는 재무상태표가 탄탄하고 대형 현금 소각 활동이 없는 회사에 가장 끌린다. 반면 부채 의존도가 높은 회사는 피한다. 문제가 복잡해지기 때문이다. "물론 재무상태표를 최적화했고 ROE나 ROA가 향상되는 경우라면 부채도 괜찮습니다. 부채가 회사를 무너뜨릴 정도로 크지 않다는 확신이 있다면 용인할 수 있습니다."

초소형주와 소형주 영역에서 PBR과 부채 비율이 낮은 주식을 선별하는 아이디어는 단순한 이론적 훈련으로만 의미가 있다. 더 중요한 것은 그 투자 아이디어가 실행 가능한지 여부다. 투자 아이디어의 실행 가능성은 주식의 유동성, 기업의 소유 구조, 지배 주주 가족이나 고위 경영진이 제시하는 유인책에 달려 있다. 이런 질문에 답하려면 회사를 방문해 다양한 이해관계자와 이야기를 나누는 등 길 위에서 많은 시간을 보내야 한다.

가치투자자를 지치게 만들지도 모르지만 이것은 일선 현장에서 이루어지는 필수적인 예비 작업이다. 이 단계를 소홀히 하면 극히 위험하다. "기업을 만나러 너무 많이 돌아다니다 보니 바닥이 닳은 신발이 여러 켤레입니다. 공장이 돌아가는 것을 보고 경영진을 만나면 그 기업의 문화를 이해하게 됩니다. 제 파트너 마크는 심지어 커피 머신이나 프린터가 놓인 위치로도 그 회사 사람이 어떤 식으로 상호 작용을 하는지 감을 잡을 수 있다고 하더군요."

기업을 평가할 때에는 최고경영자가 장기적 성장을 어떻게 계획하고 있는지를 파악한다. 분기 단위로 투자자의 기대에 부응하는가 아니면 수년 후를 내다보는가. 가족 소유 기업을 집중 분석한 그는 이런 기업은 장기 계획을 가지고 있다는 것을 알게 되었다. 반면 부를 지키기 위해 위험 감수에 소극적일 수도 있다. 그러므로 장기적인 지속 가능성과 견고한 성장성 사이에서 균형을 찾는 것이 매우 중요하다. "성공한 가족 소유 기업의 시야가 장기적인 것은 경영진이 가족의 부와 회사의 부를 연결된 것으로 여기기 때문입니다. 가족이 돈을 잃는 것을 좋아하지 않겠죠. 여러분 가족이 회사를 소유했다면 여러분은 다음 세대에 물려줄 수 있도록 회사가 굳건하기를 바랄 겁니다. 그래서 부채 수준을 낮게 유지하고 굳이 위험을 감수하지 않으려는 경향이 있습니다. 혹시 회사가 지나치게 보수적이어서 성장 기회를 놓치는 것은 아닌지 확실히 파악하고, 그것을 바탕으로 올바른 결정을 내려야 합니다."

베스트는 영국이나 다른 지역보다 유럽 대륙에 우수한 가족 소유 기업이 더 많다는 것을 알게 되었다. 유럽 대륙의 기업 지배구조 시스템에는 감독하는 이사회와 경영하는 이사회가 있다. 경영 이사회를 구성하는 전문 경영자는 자신의 방식으로 회사를 경영하고, 감독 이사회는 경영진이 옳은 일을 하도록 통제하는 역할을 한다. "영국에는 대형 인수 건이나 중대한 전략 변경에 평판을 건 성급한 최고경영자가 많습니다. 회사 구성원 대다수가 '예스맨'이고 몇몇 고분고분한 사외 이사까지 있다면 보스와 맞서기 어렵겠죠. 감독하는 이사회가 있어야 '아니요'라는 의견을 들을 수 있습니다."

베스트와 그의 팀은 우연히 한 회사를 발견했다. 그곳의 최고경영자는 대주주로서 회사 주식의 가치를 구현할 충분한 유인이 있었지만 현실적인 구현 방법을 찾지 못하고 있었다. 반면 시가총액에 맞먹는 현금을 보유한 또 다른 회사의 최고경영자는 회사 주식을 단 한 주도 가지고 있지 않았다. 그는 주주에게 보상을 주는 대신 자신에게 거액의 급여가 확실히 지급될 수 있도록 현금을 쌓아놓고 있었다. 회사를 방문하고 경영진을 만나는 것은 펀드의 포트폴리오에 편입할 주식을 선택하기 위한 필수 단계다. 베스트는 경영진의 의지가 있다면 기꺼이 돕는다.

"행동주의 투자자는 아니지만 우리는 늘 기꺼이 도움을 제공합니다. 우리에게 중요한 것은 주식시장 내 회사의 인지도입니다. 경영진에게 묻는 간단한 질문 목록에는 '마지막으로 애널리스트를 만난 것이 언제인가?'도 있습니다. 그 질문에 대한 답은 꽤 많은 것을 알려줍니다. 경영진이 애널리스트나 투자자를 만나는 데 신경 쓰지 않는다면 주식시장에서 회사의 인지도를 높이기는 어려울 겁니다. 하지만 회사가 시도하려고 해도 방법을 모르는 상황이라면 바로 그때 제 브로커 경력을 발휘합니다. 회사를 제 인맥과 연결해주는 것이죠."

지속 가능한 투자 플랫폼

초소형주와 소형주 전략에서 중요한 것은 펀드의 자금 수용 능력이다. 2007년 아르고너트 펀드 규모가 약 1억 1,000만 유로에 달했을 때, 훨씬 많은 자본을 조달할 기회가 있었지만 베스트는 펀드를 작게 유지하기로 결정했다. 그렇게 하지 않았다면 펀드의 성과는 크게 희석되었을 것이고 투자자의 관심도 다른 곳으로 옮겨 갔을 것이다.

"아르고너트 펀드에 훨씬 많은 자금을 끌어들일 수 있었는데도 그렇게 하지 않았다는 것이 뿌듯합니다. 당시 주식시장에는 핫머니(hot money, 투기성 단기 자금)가 많이 유입되었습니다. 시장은 곧 무너질 것처럼 보였고 실제로 그렇게 되었죠. 크리스토퍼 겔리는 새로운 펀드를 만들어야 한다고 저를 설득했습니다. 우리는 1,200만 유로를 조달해 또 다른 소형주 펀드를 만들었습니다. 양질의 자금이 아니어서 더 많이 받지 않은 것이 다행이었습니다. 한 브라질 재간접 펀드(fund of funds)는 역사상 가장 빠른 회전율을 기록했습니다. 한 달 동안 400~500만 유로가 유입되었고 약 6주 후에 모두 빠져나갔죠. 누구도 원하지 않는 유형의 자금이고, 소형주 펀드의 경우 특히 그렇습니다. 돈을 외면하기는 항상 어렵지만 유혹을 뿌리치지 못한다면 그 돈은 언젠가 방향을 바꾸어 당신을 물어뜯을 겁니다."

금융위기가 펀드 상환으로 이어진 2008년과 2009년은 베스트에게 말할 나위 없이 힘든 해였다. 그러나 그는 부분 환매(gate), 거래 중지(suspensions), 자산 분리(side-pockets) 없이 그 시기를 통과했다는 데 자부심을 느낀다. 금융위기 내내 평소와 다름없이 영업했다. 그러나 운용 자산 규모가 2008년 1억 2,000만 유로에서 2009년 3월 2,900만 유로로 감소할 만큼 자산 축소가 상당했다. "환매 요청을 신속하게 처리했습니다. 규정을 준수했습니다. 밀려드는 환매 요청을 보면서 이 돈을 어디서 마련해야 하나 고민했던 기억이 납니다."

　위기를 극복하고 투자자의 환매 요청에 응하기 위해 베스트는 다시 한번 브로커 시절의 경험에 의지했다. "위기 때에는 주식을 작은 규모로 거래하기보다 대량으로 거래하는 편이 더 쉬웠습니다. 창업자, 소유주 일가, 연기금, 회사의 이해관계자 등 신원이 확인되는 상대와 거래해서 우리가 5~6% 지분을 가지고 있던 몇몇 회사를 정리할 수 있었습니다. 우리가 보유한 주식 중에는 주가가 70% 이상 하락한 것도 있었습니다. 그때 소유주 일가가 개입해 우리 지분을 매입했습니다. 어느 기업의 지분 5%는 프랑스인 소유주 일가에게 되팔았습니다. 몇 년 후 그 지분의 가치는 세 배로 올랐죠. 2008년 이전과 2009년 말 소유주 일가의 지분을 비교해보면, 많은 가족 기업의 소유주 일가가 이 시기에 지분을 늘렸습니다. 굉장히 잘한 일이죠. 자본주의가 작동하고 있다는 사실, 금융시장이 세상의 종말을 이야기할 때 자기 사업을 잘 아는 가족은 올바른 결정을 내렸다는 사실을 보여주는 훌륭한 증거입니다."

　그래도 2008년과 2009년은 어려운 시기였다. 운용 자산은 감소했지만 사업 비용은 줄어들지 않았기 때문이다. 베스트는 자신의 급여를 삭감해 사업을 이어나갔다. 최악의 상황이었지만 아르고너트 펀드는 금융위기의 잔해 속에서도 최선의 기회를 발견했다. "환상적인 투자도 몇 건 해냈습니다. 처음에 자금을 조달하는 것이 문제였죠. 관심을 얻기 위해 끊임없이 사람을 만났습니다. 자산을 복구하기까지 한 사람 한 사람의 많은 노력이 필요했습니다. 문제는 유동성이 떨어지는 것은 아무도 찾지 않는다는 것이었습니다. 우리가 투자하는 기업 대부분은 매년 영업이익을 냅니다. 2008년에 대형주지수는 약 45% 하락했고 우리 펀드는 42% 하락했습니다. 소형주지수가 52% 하락했으니 10%포인트 앞선 성과였죠. 끔찍한 손실을 경험했지만 떠나지 않고 버틴 투자자가 있었습니다. 소형주에 투자했을 때 가장 좋은 방법은 늘 투자에 노출된 상태를 유지하는 겁니다. 결국에는 돈을 벌게 될 것이니 항상 베팅한 상태를 유지하는 것이죠. 2009년에 우리는 48% 수익률을 기록했고 2010년에는 추가로 12% 수익률을 올렸습니다."

금융위기를 경험하고 정상 궤도로 돌아온 2010년, 베스트와 겔리는 앞으로 닥칠 또 다른 위기에 대비하기 위해 지속 가능한 플랫폼을 구상했다. 이런 계획을 염두에 두고 2011년 진 켈러를 파트너이자 최고경영자로 영입했다. 스위스의 프라이빗 뱅크인 롬바드 오디에 다리에 헨치와 SYZ 그룹에서 기관을 대상으로 한 자산 운용 플랫폼을 개발한 켈러의 경험은 새로운 상품을 출시하고 취리히, 룩셈부르크, 파리, 런던으로 회사를 확장하는 데 큰 도움이 되었다. 2015년 회사는 플랫폼의 명칭을 '나는 찾는다'라는 뜻의 라틴어 콰에로Quaero로 변경하고 '군중에서 벗어난 투자'라는 기치 아래 2019년 기준 20억 유로의 자산을 운용했다. 베스트는 이 가운데 소형주와 초소형주 전략으로 약 2억 8,000만 유로를 운용했다.

소형주와 초소형주에 투자하던 베스트는 2020년 이후 금융시장의 방향에 의문을 제기한다. 2008년 금융위기 이후 저금리 환경과 중앙은행의 과도한 화폐 발행은 금융시장을 팽창시켰다. "가치투자자에게 새로운 기회가 있으려면 먼저 시장이 폭락해야 합니다. 누구도 금융위기를 원하지 않지만 가치투자자에게는 바로 그때가 기회인 것이죠. 현재 관찰되는 몇 가지 복잡한 동향이 있습니다. 회사를 성장시켜 상장하는 전통적인 방법은 더는 유일한 선택지가 아닙니다. 사모펀드가 성장하면서 새로운 자금원으로 기업을 안내하고 있고, 상장기업의 비공개 기업 전환(privatization)과 인수 합병에 추진력을 제공하고 있습니다. 사실 공모 시장(public market)의 다양성과 깊이가 위협받고 있다고 생각합니다."

베스트는 천성적으로 역사라는 주제에 끌린다. 그는 오늘날까지 의의를 지니고 영향력을 발휘하는 역사적 사건과 동향에 관한 글을 읽으면서 역사에 대한 이해를 다진다. 그는 1970년대에 미국 외교관 헨리 키신저가 중국 총리인 저우언라이에게 프랑스혁명의 결과에 대한 견해를 물었던 일화를 떠올렸다. 그때 저우언라이는 "아직은 말하기 이릅니다"라고 대답했다. 베스트는 75년 전, 심지어 100년 전에 일어났던 사건이 지금의 지정학적 상황에 영향을 미친다고 믿는다. 예를 들어 유럽연합 형성은 제2차 세계대전의 결과이고 더 나아가 브렉시트 역시 전쟁의 간접적인 결과라는 것이다. 같은 맥락에서 금융시장의 불확실한 전망은 2008년 금융위기의 여파다. 시간과 역사에 대한 저우언라이의 의견을 빌리면 저금리와 재정 적자, 경쟁력 있는 통화의 평가 절하와 함께 세계가 뉴 노멀(new normal) 시대에 접어들었다고 말하기는 아직 이르다.

2020년에 60세를 맞은 베스트는 지난 경력을 돌아보며 한 가지만은 분명하게 인정했다. "가치투자는 투자 방식이라기보다는 삶의 철학이라는 생각이 점점 더 분명하게 듭니다. 저라는 사람이 형성되던 시기와 첫 직장 그리고 다른 모든 것을 생각해보면, 어디서 출발해서 무엇을 제1 원칙으로 배우는지가 가장 중요합니다. 그것을 토대로 모든 것이 세워집니다. 이 일을 시작할 때, 대세를 멀리하고 아무도 눈길을 주지 않는 대상을 보라는 조언을 들었습니다. 제게는 그것이 제1 원칙이고 성격에도 맞습니다. 그 원칙이 지금까지 저를 이끌었습니다. 몇 년 전 런던 가치투자자 콘퍼런스에서 이른바 '가치 유전자'에 대한 논의가 있었습니다. 이 주제에 대해 한참을 생각했습니다. 이 일을 잘하려면 어떤 특성을 타고나야 합니다. 예를 들어 역발상 투자자가 되어 군중과 반대로 투자하라는 조언을 들었을 때, 실행 여부는 개인의 성격에 달려 있습니다. 성격상 안 되는 일을 가르쳐서 되게 만드는 것은 불가능에 가깝습니다. 환갑이 되어 지난 경력을 돌아보니 한 가지 확실한 것이 있습니다. 제게는 가치 유전자가 있더군요."

10
'인컴'에 민감한 영국인

앤서니 너트
Anthony Nutt

주피터 에셋 매니지먼트(영국)
Jupiter Asset Management

수입 안에서 살림을 꾸리듯,
현명한 사람은 자기 분별력의 범위 안에서 인생을 산다.

— 체스터필드

주피터 에셋 매니지먼트는 영국에 본사를 둔 자산 운용 그룹으로 개인과 기관 고객에 서비스를 제공하며 주식과 채권 투자에 주력한다. 1985년 전문 부티크로 설립된 이래 성공을 이어오며 크게 성장해 현재 459억 파운드 규모의 자산을 운용 중이다.

앤서니 너트는 주피터의 인컴 투자(이자·배당·임대료 등 안정적인 수익을 추구하는 투자) 및 영국 주식 팀 팀장이자 회사의 이사로서 2000년부터 2012년까지 주피터 인컴 트러스트, 주피터 하이 인컴 펀드, 주피터 배당 성장주 펀드, 주피터 디스트리뷰션 펀드의 주식 포트폴리오 등 네 개 투자 펀드를 운용했다.

1996년 주피터에 합류한 이후 너트의 수익률은 영국 주식시장을 꾸준히 앞질렀다. 5억 600만 파운드로 주피터 하이 인컴 트러스트를 출시한 1996년 2월부터 2011년 12월까지 그는 총 316.07%, 연평균 9.38% 수익률을 기록했다. 같은 기간 벤치마크 지수인 FTSE 올셰어지수는 총 159.93%, 연평균 6.19% 상승했다.

너트는 2012년에 자리에서 물러나 2014년에 은퇴했다.

Anthony Nutt

　　　　　　　　　　　미국에서는 가치투자 펀드가 보편
화되어 있지만 영국에서는 '가치'라는 단어가 일반적이지 않다. 대신
영국인은 '인컴(income, 꾸준한 현금 소득)'이나 '배당'이라는 단어를 사
용한다.

　너트는 이렇게 설명했다. "'가치'는 미국에서 선호하는 용어입니
다. 여러 전설적인 미국 투자자가 이 주제에 대한 책을 써왔기 때문
이죠. 영국에서도 가치투자가 실제로 오랫동안 존재해왔지만 '가치
투자'라는 말을 자주 쓰지는 않습니다. 투자는 본래 가치를 추구하는
것이기 때문입니다. 투자에 가치라는 단어를 덧붙이는 것은 불필요
합니다. 가치투자 대상을 찾을 때 영국인이 펀드매니저에게 요구하
는 것은 배당 또는 정기적인 소득 형태의 수익입니다. 복합기업이든,
필수소비재 기업이든, 유틸리티 기업이든 상관없이 영국 투자자는
기업이 지급하는 배당금에서 일정 수준의 안위를 얻습니다. 그것이
투자 수익의 유일한 유형적 증거니까요."

너트의 인생과 경력을 보면 영국의 투자 문화를 이해하는 데 도움이 될 것이다. 1953년 영국 미들랜드에서 태어난 그는 미국의 베이비부머에 해당하는 세대다. 그가 태어났을 때 영국은 윈스턴 처칠이 '피, 땀, 눈물의 시대'라고 일컬었던 시기를 지나고 있었다. 그가 기억하는 1950년대 당시 영국인은 굉장히 검소했다. 전쟁으로 인한 배급 제도는 1954년이 지나서야 비로소 끝났다. 살림살이는 얼마 되지 않았고 소박하게 생활했다. 한때 평화와 번영을 추구했던 영국은 유럽의 갈등으로 황폐해졌다. 사람들에게 장밋빛 전망이 아니라 유형의 수익이 중요하다는 것을 알게 한 경험이었다. "어린 시절 가졌던 유일한 꿈이 '런던에서 일하는 것'이었습니다. 1960년대 중반에 원격학습과 야간 강좌가 생겨났고 일을 하면서도 대학 학위를 받을 수 있게 되었습니다. 그 프로그램에 관심이 가서 오픈 유니버시티(Open University, 한국의 방송통신대학에 해당)에 등록해 철학, 정치학, 경제학 등 다양한 과목을 공부했습니다."

1970년대 초, 일과 공부를 병행하던 너트는 영국 경제의 불확실성을 체감했다. 높은 물가 상승률로 인해 정부가 공공 부문의 임금 인상을 제한하면서 노동조합은 파업에 돌입했다. 특히 광부의 쟁의 행위는 전국적인 정전 사태로 이어졌다. 당시 보수당 정부는 주 3일 근무제를 도입해 전력 소비를 줄이는 방법으로 위기에 대응했다. 사실상 근무 시간이 단축되었고 일정 시각이 되면 사무실 불이 꺼졌다. "런던의 얼스 코트에 살고 있었는데 해가 지면 도시가 조용해졌습니다. 주 3일제 외에도 1973년에는 석유 파동이 있었고 이어서 은행이 휘청거렸습니다. 내트웨스트 뱅크는 파산 직전까지 갔고 정부는 경제를 구하기 위해 금융 시스템에 유동성을 투입해야 했습니다. 모든 영국인이 힘든 과도기였습니다."

너트는 조달청에서 국방부를 상대로 일했다. 무기 판매와 구매를 감독하는 업무였다. "국방부와 일하는 것은 흥미로웠습니다. 하지만 빠른 발전을 기대할 수 있다거나 다른 매력이 있는 일은 아니었고 런던에서 계속 근무한다는 장점 말고는 별다른 보람이 없었습니다." 그는 공무원으로 2년 조금 넘게 근무한 뒤 영국의 유명 증권회사인 포스터 앤드 브레이스웨이트에서 주식 중개 일을 시작했지만 잠시 거쳐 가는 일일 뿐이었다. "총 8년 동안 브로커로 일했습니다. 그동안 자격 시험도 많이 치렀고 재무제표 분석과 투자 리서치를 배웠습니다. 그러다 운용 업무로 전향해야겠다고 생각했죠. 주식 중개는 투자에 대해 조언하고 고객을 대신해 매매를 실행하는 셀 사이드 업무입니다. 운용을 하려면 바이 사이드로 가야 했죠. 펀드매니저 보조 인력을 찾는 공고를 열심히 뒤졌습니다. 주식 중개 업무는 그것을 끝으로 그만두었고 펀드 운용 업계로 들어갔습니다."

빅토리아 시대 사고방식

1980년대 초반 너트가 바이 사이드로 전향해 처음 일한 곳은 패밀리 어슈어런스였다. 이 회사는 영국 노동자의 공제조합에 해당하는 친목 조합(friendly society)을 대신해 자금을 운용했다. "보험과 복지가 등장하기 전 많은 사람이 공통의 재정적·사회적 목표를 달성하기 위해 친목 조합을 결성했습니다. 친목 조합은 역사가 깊습니다. 정기적으로 조합에 저축한 뒤 정해진 기간에 고정된 수익을 얻도록 장려한 빅토리아 시대의 개념이죠." 정기적인 저축, 수입보다 적은 지출, 검소한 삶은 빅토리아 시대의 전통적 가치였다. 실제로 찰스 디킨스는 소설 《데이비드 코퍼필드(David Copperfield)》에서 "연간 소득 20파운드에 연간 지출 19파운드 6펜스면 행복, 연간 소득 20파운드에 연간 지출 20파운드 6펜스면 불행"이라고 조언했다.

패밀리 어슈어런스에서 너트가 맡은 일은 주식을 분석하고 배당금을 지불하는 회사를 찾는 것이었다. 얼마 후 너트는 배당 수익률만 강조하는 것은 잘못이라는 사실을 깨달았다. 그보다 기업의 전망과 밸류에이션이 더욱 중요하다고 판단했다. 그는 점차 가치 위주로 투자 대상을 분석했다. "단순히 기업 간 배당 수익률을 비교해서는 투자의 정당성을 입증할 수 없습니다. 기업의 전망을 분석하고, 시간이 지날수록 배당금이 성장하는지도 확인해야 합니다. 배당금이 늘면 소득이 늘기 때문에 자본을 효과적으로 재투자할 수 있고 따라서 복리 효과를 기대할 수 있습니다. 주식시장이 광기에 휩싸일 수 있는 만큼 기업의 밸류에이션도 중요합니다. 밸류에이션이 낮고 투자 기간이 길 때 수익률이 높아지는 경향이 있기 때문입니다. 주식 브로커 시절부터 주피터에서 일하는 지금까지 역사적·경험적으로 입증된 사실을 바탕으로 예측하면, PER 30배에 산 주식은 PER 5배에 산 주식보다 투자 수익률이 낮을 것입니다."

펀드 운용 경험이 많은 너트는 1984년 UK 프로비던트로 자리를 옮기며 더 큰 책임을 맡았다. 불과 2년 후에는 트러스티 세이빙스 뱅크의 펀드매니저로서 운용 자산 15억 파운드 규모의 제너럴 유닛 트러스트를 맡아 운용했다. 영국의 대형 투자 신탁 펀드를 운용하면서 그는 전문 펀드매니저로서 첫 번째 도전에 직면했다. "펀드의 규모 때문이 아니었습니다. 제게 넘어온 포트폴리오의 보유 주식을 분류하는 데만 어마어마한 노동력과 시간이 소요되어서 힘들었습니다."

너트의 전임 펀드매니저는 1980년대 소형주 호황을 틈타 중소형주에 집중적으로 투자했다. 소형주 호황의 기원은 영국 경제가 고전하고 많은 기업이 파산한 1970년대로 거슬러 올라간다. 1980년대 들어 경제가 회복되기 시작하면서, 고성장이 기대되는 작은 회사가 등장했다. 이들 회사가 상장하면서 시장에 강력한 상승 동력을 제공했고, 투자자가 평균을 상회하는 PER 배수에 적극적으로 값을 지불하면서 주가배수가 확대되었다. 이와 동시에 대형 복합기업이 빠른 성장세를 유지하기 위해 작은 기업을 인수하면서 언론에 대대적으로 보도되었고 주식시장의 급등세에 기여했다.

너트는 이렇게 설명했다. "영국의 대기업이 전 세계를 돌며 회사를 사들였습니다. 인수한 기업의 경영을 합리화하고, 비용을 절감하고, 수익성을 향상시켰죠. 인수에 성공하면서, 인수한 기업의 높은 밸류에이션 배수가 피인수 기업의 주가에 반영되었습니다. 자기 발생적인 투자 모델이 된 것이죠. 복합기업은 저평가된 기업을 계속해서 사들이며 손익계산서에 이익을 추가했습니다. 분명한 것은 이런 투자 모델이 얼마 안 가 매력을 잃었고 투자자의 신뢰도 잃었다는 것입니다. 1987년 10월 이후, 마침내 투자자도 복합기업이 밸류에이션 배수가 낮은 기업을 인수해 이익을 늘리고 자신의 밸류에이션 배수를 높게 유지하는 회계 게임을 하고 있다는 사실을 인식했습니다. 상각과 환입, '일회성' 회계 조정 끝에 투자자는 복합기업이 가치주와 거리가 멀다는 사실을 알았습니다. 복합기업은 회계 모델과 타인 자본을 활용한 레버리지(financial gearing) 효과로 돌아가는 기업에 가까웠습니다."

트러스티 세이빙스 뱅크에서 펀드를 맡은 너트는 모멘텀이 기대되는 주식이나 밸류에이션 배수가 확대되는 주식보다는 가치주를 포트폴리오에 담기로 결정하고 소형주를 비롯해 보유 중인 주식에 대한 포지션을 줄였다. 이 결정은 1987년 10월 19일 검은 월요일의 폭락 사태를 거치며 시기적으로 적절했고 합리적이었다는 것이 입증되었다.

"1987년 7월에 보합세였던 영국 시장은 여름 내내 심한 변동성을 보였습니다. 저는 이미 시장에 대해 회의적이었는데 당시 영국에서 큰 인기를 얻었던 라디오 금융 방송 '파이낸셜 월드 투나잇'을 청취하고 나서 주식을 팔아야 한다는 확신이 더욱 강해졌습니다. 출연자는 투자와 무관한, 형편없는 비법과 투기적 아이디어를 제시하기 시작했고 더는 시장에서 가치주를 찾을 수 없다는 사실이 확실하게 보였습니다. 시장이 달아오르고 비현실적인 시나리오에 근거해 주가가 매겨지는 상황에서 저는 소형주를 정리했을 뿐만 아니라 그야말로 닥치는 대로 주식을 팔아서 현금화했습니다. 검은 월요일이 닥치기 전 수요일에 프로그램 매매로 포지션을 처분해서 2억 파운드를 마련했습니다. 금요일에는 영국 역사상 가장 큰 폭풍이 주식시장에 몰아쳤습니다. 모두가 손을 놓은 채 주식시장은 문을 닫았습니다. 월요일이 되었고 시장은 폭락했습니다." 당시 트러스티 세이빙스 뱅크

펀드가 보유한 주식의 유동성이 높았던 것은 행운이었다. "검은 월요일은 가치투자가 통한다는 사실을 확인시켜주었습니다. 가치투자는 저평가된 주식을 사는 것은 물론 고평가된 주식을 파는 것에도 유용합니다."

주식의 밸류에이션은 1987년 이후로 달라졌다. 소형주 열풍이 잠잠해지고 복합기업의 인기가 시들해지기 시작했으며, PER은 평균 수준으로 회귀했고 꾸준한 소득이라는 빅토리아 시대의 개념이 점차 인기를 되찾았다. 찰스 디킨스의 말처럼 "목숨이 위급한 상황에서 단순한 진실만큼 강력하고 안전한 것은 없는 법!"이다.

제너럴 유닛 트러스트는 너트의 관리 아래 오로지 기업의 질과 밸류에이션에 초점을 맞추면서 시장에서 막대한 수익을 올렸고 동종 펀드를 일관되게 앞섰다.

올바른 투자 문화를 찾아서

너트는 검은 월요일의 여파를 보며 영국의 전반적인 투자 지형이 여전히 긍정적이라는 사실에 주목했다. 대처 행정부가 비과세 개인 주식 저축(personal equity plans, PEP) 같은 다양한 프로그램을 통해 투자를 권장하면서 개인 저축 시장은 계속해서 성장했다. 1986년에 도입된 PEP 프로그램은 투자자의 소득세와 양도세를 연간 일정 한도까지 감면해주었다.

영국 정부는 PEP 외에도 1980년대 내내 국영 기업의 민영화를 추진했고 이로써 모든 영국 시민이 주식시장에 참여하라고 독려했다.

"영국 시장을 보면 1980년대 초반부터 1990년대 후반까지는 대체로 강세였습니다. 1982년부터 1998년까지 FTSE지수의 연간 수익률은 약 13~14%에 달했죠. 검은 월요일 이후 지수가 회복하기까지 2년 정도 걸렸지만 그 이후 줄곧 최고치를 경신하고 있습니다."

트러스티 세이빙스 뱅크에서 보여준 눈부신 활약으로 너트는 1989년 플레밍 인베스트먼트 매니지먼트의 제의를 받고 자리를 옮겼다. 플레밍에서 몇 년간 20억 파운드 규모의 펀드를 운용한 다음 1996년 주피터 에셋 매니지먼트에 합류해 2012년까지 일했다.

30년 이상 펀드 운용업에 종사해온 너트는 가치 펀드매니저로서 장기적으로 지속 가능한 투자 성과를 내기 위해서는 가치투자의 관점을 공유하는 투자회사를 찾아야 한다고 강조한다. "주식시장이 단기적으로 카지노라는 사실을 피할 방법은 없습니다. 장기 수익률을 단기적 목표로 달성한다는 것은 잘 알려진 역설이죠. 많은 투자회사가 단기 성과만을 목표로 한다는 사실을 부인할 수는 없습니다. 저는 시장을 카지노처럼 취급하고 싶지 않기 때문에 매수 후 장기간 보유하는 전략을 세웁니다. 자신과 관점이 같은 투자회사를 찾는 것이 중요합니다.

가치투자에서 어려운 점은 주식이 싼지 비싼지를 판단하는 것이 아닙니다. 기업을 객관적으로 검토해서 타당한 의견을 제시하는 것은 늘 가능합니다. 어려운 부분은 과연 다른 투자자도 우리가 찾은 주식을 발견해서 우리처럼 생각할지 알 수 없다는 것입니다. 저평가된 주식이 수익을 내기까지 시간이 얼마나 걸릴지는 우리의 통제를 벗어난 일입니다. 그러다 보니 투자 기간(time horizon)을 따로 정하지는 않습니다. 대신 가치 평가에 온전히 집중합니다. 사업이 완전히 성숙했거나 수익성이 악화하기 시작하면 투자를 종료할 수 있습니다. 가치가 여전히 매력적이면 몇 년이고 쭉 보유할 수도 있습니다. 투자를 종료하는 것은 타이밍이 아니라 절대적으로 가치 평가의 문제입니다."

그는 1990년대 후반에 경험한 기술·미디어·통신주 호황, 이른바 TMT(technology, media, telecoms) 호황을 예로 들었다. 많은 전통적 기업의 주가는 PER 4~5배 수준에 불과했고 TMT 주식은 지나치게 고평가된 시기였다. "인터넷 기업이 전통적 기업을 대체할 것이라고 생각했기 때문에 아무도 구(舊)경제 기업에 관심을 가지지 않았습니다. TMT 호황이 끝나자 투자자도 비로소 우리가 보유한 구경제 기업의 밸류에이션이 얼마나 낮은지를 인식했죠."

너트와 주피터는 투자 철학을 공유한다. 장기적인 관점에서 생각하며 광풍에 휩쓸리지 않고 수익을 창출한다. 주피터는 1985년 전문 투자 부티크로 출범했다. 주피터의 문화는 기업가 정신을 함양한다. 주피터의 펀드매니저라면 시장 수익률을 수동적으로 모방하는 밀실 안의 지수 추적자가 되어서는 안 된다. 주피터는 펀드의 목적에 부합하는 한 자유로운 투자를 권장한다. 회사의 추천 주식이나 시장 전망 없이도 각각의 펀드매니저는 독립적으로 의사 결정을 내릴 수 있다. 결국 '위원회 기반의 접근은 나약한 타협으로 이어져 평범한 성과로 끝날 수 있다'고 주피터는 판단한다. 주피터가 펀드매니저에게 요구하는 것은 단 하나, 즉 기본적 분석과 상향식 접근에 기초해서 종목을 선정해 '투자자를 불필요한 위험에 노출시키지 않으면서 중장기적으로 최적의 성과를 내는 것'이다.

너트는 주피터에 대해 다음과 같이 말했다. "처음 합류했을 때의 주피터는 여러 창업자가 카리스마를 발휘해 올바른 문화와 사업 속도를 확립한 덕분에 개인 고객 대상 투자회사로 크게 성공을 거두며 떠오르고 있었습니다. 저는 몇 주 만에 주피터 하이 인컴 트러스트 펀드의 설립을 책임지게 되었습니다. 인컴 투자라고 부르든 가치투자라고 부르든, 상승 잠재력이 있고 안전한 투자를 보장하는 저평가 주식을 찾는 것이 펀드의 기본 개념이었습니다."

유형의 소득만 믿어라

너트는 강력하고 지속 가능한 현금흐름을 창출하는 저평가 기업을 찾는다. 동시에 이러한 기업이 배당금, 특별 배당금, 자사주 매입의 형태로 소득을 분배하겠다는 약속을 하는지, 그리고 그 약속의 효력이 유지되는지 확인한다. "영국 문화의 영향으로, 비현실적인 시나리오에 기대를 걸기보다는 유형의 수익을 추구합니다. 배당만 놓고 보면 영국 기업의 배당 성향은 세계 최고 수준입니다. 많은 기업이 성장을 약속하지만 그런 기업은 주주에게 이익을 분배하는 대신 밸류에이션을 끌어올리는 데 베팅합니다. 심리가 주도하는 (sentiment-driven) 장세가 끝나면 이런 기업은 주주에게 어떤 유형의 이익도 제공하지 못합니다. 적절한 투자 대상으로 충분한 ROC와 지속 가능한 현금흐름을 창출하는 기업을 찾아야 합니다. 그래야만 투자자가 보상받을 수 있습니다. 배당금은 투자를 유지하도록 투자자를 설득하는 수단입니다."

가상의 금광 투자를 예로 들었다. "투자자는 당연히 수익이 날 것이라고 기대하면서 경영진이 사업을 발전시킬 수 있도록 자본을 제공합니다. 회사가 금광으로 돈을 벌어서 이익을 나누어줄 거라고 믿습니다. 비용을 충당하고 사업을 발전시킬 자금은 경영진이 따로 마련해두었을 것이고, 투자한 원금도 돌려받을 거라고 생각합니다. 꽤 논리적이지만 실제로는 많은 투자자가 투자한 돈을 돌려받지 못합니다. 경영진이 사업을 발전시키는 대신 회사 주가를 끌어올리는 방법으로 투자자에게 돈을 돌려주려 하고, 이를 위해 주식시장에 베팅하기 때문입니다."

그는 상향식·실용주의적 접근법을 이용하지만 오직 숫자만 보는 것은 위험하다고 경고했다. "숫자나 수익률만 보고 투자 결정을 내리지는 않습니다. 배당 수익률, 배당 성향, PER, ROIC, 잉여현금흐름 등을 분석합니다. 이들 숫자를 보는 것은 아주 간단합니다. 모든 길은 로마로 이어진다는 말처럼 어떤 기준으로 가치를 평가하든 싸고 비싼 것을 가려내는 것은 가능합니다. 더욱 중요한 것은 정성적 분석입니다. 기업과 그 기업의 전략적 의도를 이해하는 데 분석의 초점을 맞춥니다. 매년 500개가 넘는 기업을 검토하고, 각 기업과 연중 두세 차례 접촉합니다."

그리고 기업의 전략적 의도를 파악하기 위해 경영진을 만나 사업 목표와 포부를 듣는다. 산업 구조 분석에 적용되는 '마이클 포터의 다섯 가지 요인(five forces)', 즉 신규 진입자의 위협, 대체 상품이나 서비스의 위협, 고객(구매자)의 협상력, 공급자의 협상력, 경쟁 강도를 분석에 이용한다. "기업이 투자 대상으로 적합한지 평가합니다. 사업 모델을 성공적으로 실행할 수 있는가? 경영진은 유능한가? 사업이 잘되면 시간이 지날수록 배당금도 늘릴 것인가? 이런 질문을 합니다. 고성장이 목표인 기업을 분석하는 것이 불편할 때도 있지만 기업의 성장성을 봅니다. 투자자에게 배당금을 지급할 능력이 있어야 하는 것은 물론이고 시간이 지나며 배당금을 늘릴 능력도 있어야 하니까요. 성장성이 있든 없든 관건은 밸류에이션이 과도하게 높지 않고 성장을 위해 너무 많은 비용을 지불하지 않아야 한다는 것입니다."

많은 가치투자자가 부채 없는 회사를 좋아한다. 너트는 부채가 다소 거치적거리더라도 좋은 목적으로 쓰이기만 한다면 용서받지 못할 죄악은 아니라고 생각한다. "기업마다 상황이 다르기 때문에 부채 보유 여부를 신경 쓰기보다는 재무상태표의 효율성 여부를 따집니다. 재무상태표를 보면 현금이 풍부하지만 사업은 부진한 기업이 있습니다. 부채가 많더라도 재무상태표는 효율적인 기업도 있고요. 합리적인 비용으로 적은 부채를 부담하는 것은 괜찮습니다. 경영진이 부채의 전략적 의도를 입증하고 부채로 주주 가치를 높일 수 있다는 점을 입증하기만 한다면 지지할 수 있습니다."

너트는 주피터에서 운용하는 네 개 펀드에 각각 100~110개 종목을 보유하고 있는데 상위 10개 종목이 각 포트폴리오의 40% 비중을 차지한다. 언제나 장기적으로 접근하기 때문에 업종별 비중의 전략적 변화는 점진적이다. 펀드의 규모가 큰 만큼 투자 진입과 청산에 몇 주가 소요될 수 있다. 이따금 그가 너무 일찍 사거나 너무 빨리 팔았다고 비난하는 투자자도 있지만 규모가 큰 포지션을 다루는 어려움을 대체로 이해하는 편이다.

그는 상향식으로 종목을 선정한다. 종목 선정에서 가장 중요한 것은 기업의 펀더멘털이지만 거시경제 요인의 영향을 인정한다. "초과수익의 일등 공신은 언제나 미시적 분석, 즉 상향식 분석입니다. 하지만 지난 몇 년간 거시경제 정책이 세계 증시에 큰 영향을 미쳤다는 데는 의심의 여지가 없습니다. 거시경제 정책을 살펴보고 하향식 관점에서 장기적인 경기 동향을 파악하는 것도 제 업무입니다. 업종을 제대로 선택하면 크고 작은 성공을 거둔 해당 업종의 좋은 기업이 다양한 경기 국면에서 좋은 성과를 낼 수 있습니다."

모두가 인터넷 주식에 뛰어들 때 너트는 인터넷 관련 종목을 멀리하고 장기적으로 유망한 광업 종목에 투자했다. 전통적 기업에 인터넷이 미치는 영향을 생각한 후, 세계는 여전히 식량과 경제에 동력을 공급할 석유를 필요로 한다는 결론을 내렸다. "언제나 장기적인 영향을 검토합니다. 2000년에 광산회사인 리오 틴토의 애널리스트 미팅에 참석했던 일을 아직도 기억합니다. 최고경영자는 리오 틴토 제품에 대한 유례없이 강한 수요가 중국에서 발생하고 있다고 말했습니다. 광업 부문에 투자하라는 중요 신호였지만 투자자는 인터넷 주식에 머무르고 싶어 했죠. 2000년대 중반에 인터넷 주식 주가가 폭락했고 광업 주식에 투자가 몰리기 시작했습니다."

그러나 2007년 광업 업황이 둔화되기 시작하고 밸류에이션이 지나치게 높아지면서 너트는 광업에 투자한 모든 포지션을 정리하기로 결정했다. "1990년대와 2000년대 초반 광업회사는 주주에게 현금을 돌려주는 모델을 가지고 있었습니다. 그러나 경영진은 자본을 분배하는 대신 사업을 확장하기로 결정했습니다. 2007년이 되자 일부 광업회사는 과도한 확장으로 파산할 지경이었습니다. 주주 가치를 더는 창출하지 않았기 때문에 우리는 광업 순환 주기의 정점에서 주식 일부를 매도했습니다. 동시에 제약회사 주식을 매수하기 시작했습니다. 10년 이상 멀리했던 제약업이 합리적인 밸류에이션, 지속 가능한 배당 수익률, 성장성을 갖추고 마침내 주주 가치를 창출하고 있었기 때문입니다. 제약업에 너무 일찍 뛰어들었다고 비난하는 투자자도 있었습니다. 하지만 지난 몇 년 동안 제약 관련 주식은 우리 펀드에 훌륭한 인컴 수익을 안겨주었고 주가 수익률 역시 좋았습니다. 기업에 가장 어려운 일은 자본의 효율적 배분이라고 생각합니다. 우리는 투자자로서 기업의 자본적 지출(capex)과 주주 자본 환원이 얼마나 효율적인지 분석합니다. 그런 다음 최적의 타인 자본(부채) 수준과 자기 자본의 적정 가치를 판단합니다."

시장을 관찰한 결과, 너트는 기업에 들어가 주도적인 역할을 하려는 경영 컨설턴트나 투자은행가에게 지나치게 의존하는 것이 현대 경영의 함정이라는 결론을 내렸다. 이들 전문가는 투자자에게 깊은 인상을 주기 위해 레버리지 활용과 단기 실적에 집중해 사업을 키우려고 하고 따라서 기업의 장기적이고 실질적인 가치를 간과하는 경향이 있다. "투자은행 일을 하다가 전통적인 제조업체로 간 사람은 왠지 우쭐대면서 남의 이목을 끌려는 경향이 있습니다. 이들을 크게 경계합니다. 단기적으로는 시장이 그들의 혁신 능력에 환호할지 몰라도 결국에는 주주 가치를 파괴하고 한때 존경받던 기업의 장기적 전망을 훼손하는 것을 보게 되기 때문입니다."

Anthony Nutt

계속해서 나아갈 용기

윈스턴 처칠은 "성공은 끝이 아니고 실패는 치명상이 아니다. 중요한 것은 계속하려는 용기다!"라고 말했다. 너트는 펀드를 운용하며 매 순간을 즐겼다고 말했다. 펀드에서 수익이 나든 손실이 나든 크게 걱정하지 않는다. 가치주와 배당주에 투자를 집중한 덕분에 시장의 단기 변동성에도 정기적인 소득이 수익률을 보호하기 때문이다. 장기적으로 변동성이 잦아들면 투자는 가치를 드러내기 시작한다. "2007~2008년은 투자한 미디어회사 일부의 수익률이 부진해서 힘들었습니다. 업종이 우리가 기대했던 것만큼 호황을 누리지 못했죠. 그렇더라도 펀드매니저는 자기 판단에 자신감을 가지고 자신에 대한 의심을 떨쳐내야 합니다. 제 투자 판단이 끔찍하게 잘못되었다고 생각한 적은 없습니다. 의심에 지나치게 압도되고 도전을 받아들일 수 없다면 애초에 펀드 운용 일을 하지 말아야 합니다. 가치를 추구하는 것은 즐거운 일입니다. 기업이 발전하면서 내 투자도 함께 발전하니까요. 투자 기간을 장기로 설정하면 길든 짧든, 흑이든 백이든 걱정하지 않고 경기의 순환 주기를 지날 수 있습니다. 투자한 기업의 성과를 꾸준히 지켜보기만 하면 됩니다."

최근에 너트는 펀드매니저를 대상으로 한 설문 조사 기사를 읽었다. '매니저 자신의 돈을 맡긴다면 누구를 선택할 것인가?' 하는 질문이었다. 대부분 같은 대답을 했는데 바로 '자기 자신'이었다. "거만하게 들릴 수 있지만 저 역시 같은 생각입니다. 제 능력에 자신이 있으니까요. 성공적인 투자는 보편적인 컨센서스가 아니라 개인의 판단과 더 관련이 있습니다. 투자에 적합한 기질과 충분한 투자 기간이 있다면 남이 아니라 자신의 판단을 믿으십시오."

2008년 미국의 금융위기와 2010년 이후 유럽의 국가 부채 위기를 경험한 너트는 가까운 미래에 선진국 시장이 다소 정적인(static) 모습을 보일 것이라고 생각한다. "가장 걱정하는 것은 투자 대상의 가치가 위축될 가능성입니다. 주식시장의 상단과 하단에서 이례적인 현상(anomalies)이 나타나는 일은 거의 없을 것입니다. 따라서 지난 30~40년 동안 가치투자자가 경험한 것처럼 지나치게 저평가된 주식으로 돈을 벌 기회는 이제 거의 없다는 것이 확실해 보입니다. 우리는 부자가 필요 이상으로 많이 가진 세상에 살고 있습니다. 과시적인 소비와 즉각적인 욕구 충족은 악덕입니다. 세계는 소비 경제에서 저축 경제로 돌아가야 합니다. 이런 이유로 유통업은 멀리하는 편입니다. 실제로 제 아이에게도 가치에 집중하고 절대로 과소비하지 말라고 가르칩니다."

열렬한 사이클 마니아이자 2남 2녀의 아버지인 너트는 아이에게 가치 위주의 사고방식을 심어주려고 노력한다. 투자는 미시적으로 개인 경기이고 거시적으로 팀 경기라는 점에서 사이클링과 비슷하다. "투르 드 프랑스(Tour de France) 사이클 대회를 즐겨 관람합니다. 사이클링을 하며 앞서가든 뒤처지든 상관없다는 것을 배웠습니다. 투자도 마찬가지입니다. 무엇보다 중요한 것은 끝까지 경기를 마칠 수 있는 인내심과 계속해서 나아가는 용기입니다."

Anthony Nutt

11
늘 출장 중인 가치투자자

마크 모비우스
Mark Mobius

모비우스 캐피털 파트너스(영국)
Mobius Capital Partners

숲속 두 갈래 길에서 나는 발길이 덜 닿은 길을 택했다.
그리고 그로 인해 모든 것이 달라졌다.

— 로버트 프로스트

마크 모비우스는 2018년에 설립된 모비우스 캐피털 파트너스의 창립 파트너다. 신흥 시장과 프런티어 시장(frontier market, 성장성이 큰 제2의 신흥 시장 국가) 전문인 모비우스 캐피털은 혁신적인 사모펀드 방식으로 공모 시장에 접근했다.

투자회사를 설립하기 전 모비우스는 프랭클린 템플턴 인베스트먼트의 자회사인 템플턴 이머징 마켓 그룹(현 프랭클린 템플턴 이머징 마켓 에퀴티 그룹)에서 회장을 지냈다. 재임 기간에 아시아, 중남미, 아프리카, 동유럽의 17개 시장에서 투자 팀을 감독했다. 글로벌 투자를 개척한 억만장자 존 템플턴이 1987년 신흥 시장 자금 운용을 맡기기 위해 직접 선택한 모비우스는 초기 자본금 1억 달러에서 출발한 템플턴의 신흥 시장 투자 펀드를 2018년 퇴진할 때까지 자산 규모 500억 달러 이상으로 성장시켰다.

'신흥 시장의 귀재'이자 (그의 특징인 민머리 때문에) '월스트리트의 율 브리너'라는 별명으로 불리는 모비우스는 2006년 〈아시아머니(Asiamoney)〉가 선정한 '가장 영향력 있는 인물 100인'에 이름을 올렸다.

모비우스는 보스턴대학교와 대학원에서 학사와 석사 학위를 받은 뒤 매사추세츠공과대학교 대학원에서 정치경제학 박사 학위를 취득했다. 《Trading with China(대중국 거래)》, 《The Investors' Guide to Emerging Markets(신흥 시장 투자자를 위한 안내서)》, 《Mobius on Emerging Markets(신흥 시장의 모비우스)》, 《Passport to Profits(이익으로 가는 여권)》, 《Equities—An Introduction to the Core Concepts(주식: 핵심 개념 기본서)》, 《Mutual Funds—An Introduction to the Core Concepts(뮤추얼 펀드: 핵심 개념 기본서)》, 《Foreign Exchange—An Introduction to the Core Concepts(외환: 핵심 개념 기본서)》 등 총 15권의 책을 저술했다. 가장 최근 작품인 《Invest for Good(선을 위해 투자하라)》은 투자로 이익을 거두는 동시에 세상에 긍정적인 변화를 일으키기를 바라는 투자자를 위한 책이다.

Mark Mobius

모비우스가 처음으로 주식시장을 가까이 접한 것은 1973년이었다. 홍콩에 본사를 둔 경영 컨설팅회사 모비우스를 운영하던 그는 부유한 현지 고객에게 주식시장 조사를 의뢰받았다. 투자는 그의 전문 영역이 아니었기 때문에 차트를 검토하는 등 기술적 방법을 적용해 시장을 조사했다.

모비우스는 이렇게 회상했다. "기본적 분석을 배우지 않았을 때였어요. 기술적 분석에 관한 책을 한 권 집어 들고 홍콩 주식시장의 움직임을 분석하기 시작했습니다. 심리학 전공자로서 심리학, 특히 사회심리학을 반영하는 것 같아서 이 분석 방법이 마음에 들었습니다. 시장의 차트를 보는 것은 컨설팅의 주요 업무인 소비자 설문 조사를 하는 것과 비슷했습니다. 시장을 조사하고 분석한 결과 당시 우세한 차트 유형은 헤드앤드숄더 유형(강세나 약세의 추세 반전)이었습니다. 주식시장이 뜨겁게 달아올랐고 차트는 추세 반전 신호를 보내고 있었기 때문에 고객에게 주식에서 손을 뗄 것을 조언했습니다."

그 직후 홍콩 주식시장은 하락했고 수년간 회복하지 못했다. 그러나 시장이 급락하기 전에 모비우스는 스스로의 조언을 어기고 모스버트 홀딩스라는 주식에 투자한 상태였다. 말레이시아에 본사를 두고 홍콩에 상장한 지주 회사였다. 회사의 배경과 자금 출처 등은 알려진 것이 없었지만 다른 회사와 부동산을 여럿 인수하면서 많은 사람의 입에 오르내리고 있었다.

주가가 8달러에서 3.5달러로 떨어졌을 때 한 동료가 이 회사를 추천했고 모비우스와 그 동료는 이 주가 급락을 기회로 활용했다. 그러나 이 회사의 사업은 사기로 드러났고 곧 파산했다. "회사에 전화를 걸어 정보를 얻으려고 했는데 응대가 불친절했고 인쇄된 자료도 없다고 하더군요. 심지어 전화를 끊어버렸죠! 의심스러웠지만 제 판단 대신 모스버트의 기적을 장담하는 동료의 말을 따랐죠. 이 실수를 통해 투자를 결정할 때에는 절대로 다른 사람의 조언을 따라서는 안 된다는 것을 배웠습니다. 늘 자신이 배운 내용을 바탕으로 결정하고 자신이 수집한 정보에 따라 행동해야 합니다. 설령 나중에 틀렸다고 판명이 나더라도 자신의 실수에서 배우는 것이 있을 테니까요."

그 경험으로 모비우스가 배운 또 다른 교훈은, 기술적 분석이 아니라 기본적 분석이야말로 기업의 실제 가치를 알아내는 유일한 방법이라는 것이다. 모스버트의 경우 수집할 수 있는 정보가 부족하다는 사실 자체가 멀리하라는 신호였다. "'현장 조사'의 필요성을 강력히 지지하게 되었고 기본적 분석을 가장 우선하게 되었습니다. 템플턴에서도 주식 차트를 보기는 하지만, 기업의 재무, 경영, 산업 역학에 대한 기본적 분석 없이는 결코 투자 결정을 내리지 않습니다."

1970년대 초반 주식시장에 대한 리서치를 수행하는 일이 늘면서 금융에 더욱 관심을 가지게 된 모비우스는 1980년 세계적 증권사인 비커스 다 코스타로 옮겨 아시아 금융시장을 연구했다. 경영과 마케팅 컨설턴트로 일해온 그로서는 일종의 경력 전환이었다.

생각의 행간을 읽다

모비우스는 1936년 뉴욕주 헴스테드에서 태어났다. 그의 부모는 독일과 푸에르토리코 출신이었다. "어렸을 때는 의사가 되고 싶었고, 그다음에는 공무원이 되고 싶었고, 나중에는 배우나 피아니스트를 하고 싶었습니다. 고등학교에 다닐 때에는 형제와 3중주단을 만들어서 저는 피아노를, 나머지 두 형제는 바이올린과 첼로를 연주했습니다. 대학 시절에는 재미 삼아 밤마다 술집에서 피아노를 연주해 학비에 보탰습니다."

1955년부터 보스턴대학교에서 장학금을 받으며 미술을 공부했다. 경력과 다소 무관해 보일지 모르지만, 미술은 간접적으로 세상을 탐험한다는 점에서 그의 흥미를 자극했다. "미술을 공부하면서 인간의 경험과 문명에 대한 넓은 시각을 가지게 되었습니다. 다양한 문화와 다양한 사람이 세상을 어떻게 인식하는지 알게 되면서 소통과 인간 심리에 관심을 가지게 되었죠."

1958년에 학사 학위를 받은 모비우스는 보스턴대학교에 남아 커뮤니케이션 분야를 더 공부했고 1959년 석사 학위를 받았다. 지식에 대한 갈증이 남았던 그는 위스콘신대학교에서 정치학과 사회심리학을 공부했고 교환 학생 프로그램에 참여해 일본에서 공부할 기회를 얻었다. 극동 지역을 여행할 기회에 들뜬 모비우스는 일본의 역사와 언어를 집중적으로 배우고 일본으로 떠났다. "교토대학교 인문학연구소에서 일본의 대중 매체에 대해 배웠습니다. 제2차 세계대전이 끝나고 얼마 지나지 않았던 시기라 학계에서는 프로파간다(propaganda, 정치 선전) 분석이 여전히 유행이었고 저도 이 분야를 전공하기로 결정했습니다. 공부하는 동안 아사히 브로드캐스팅에서 일본 소비 시장을 조사하고 미국 광고주에게 방송 광고 시간을 판매하는 일도 했습니다."

1961년 미국으로 돌아온 후에는 실험심리학을 공부했고 뉴멕시코대학교에서 조교로 일했다. 여름 방학에는 BBDO라는 광고회사에서 리서치 애널리스트로 일하며 소비자 설문 데이터를 처리하고 소비자와 일반 대중의 행동 양식을 분석했다. 그는 소비자 데이터를 연구하며 세계 각지의 급속한 경제 발전을 인식했다. 이어서 경제학을 공부하기 위해 매사추세츠공과대학교 대학원에서 박사 과정을 시작했다. 또한 연구 보조원으로서 교육 방송 시청자의 특징을 밝히기 위한 설문 조사 데이터를 분석했다. 1964년에 박사 학위를 받았다.

최고 학위를 받은 모비우스는 일본에서 좋게 지냈던 경험을 바탕으로 아시아행을 결심했다. 커뮤니케이션과 심리학에 대한 폭넓은 지식을 갖추었던 그의 목표는 동양과 서양의 기업을 연결하는 일을 찾는 것이었다. 도쿄에 있는 인터내셔널 리서치 어소시에이츠에 컨설팅 리서치 코디네이터로 합류한 그는 지역의 소비자 행태를 파악하는 데 주력했다.

그 후 몇 년 동안 인터뷰 수천 건을 실시했고 전 세계 소비자 브랜드를 100개 이상 분석했다. 다양한 사업 유형에 대한 지식을 쌓은 것은 물론 아시아 비즈니스 환경에서 효과가 있는 것과 없는 것은 무엇인지에 대한 통찰력을 얻은 기회였다.

한번은 다국적 농업 생명공학 회사인 몬산토 컨설팅 업무를 위해 홍콩으로 파견되었다. 아시아 시장에 고단백 음료 신제품을 유통하려는 몬산토를 대신해 사업의 타당성을 판단해야 했다. 자문을 제공하려면 먼저 아시아의 소비자 행태와 탄산음료 소비 현황을 파악해야 했고 다음으로 아시아 지역의 생산 능력과 물류 유통 환경을 분석해야 했다. 단순히 마케팅 차원의 리서치로 보일 수도 있겠지만, 사업의 가치사슬을 진정으로 이해해야 하는 업무였다. "소비자 리서치 경험은 제가 하는 일에 좋은 밑바탕이 되었습니다. 기업의 심리나 경제에 영향을 미치는 사회심리학은 지금 하는 일과 관련이 있습니다. 아이디어를 다루고 리서치를 통해 발전시키는 법도 그때 배웠습니다. 그때만 해도 투자 펀드매니저가 될 생각은 없었지만 그 경험을 바탕으로 기업을 분석하고 결국 자신감을 얻어 제 회사를 차릴 수 있었습니다."

몬산토 프로젝트 이후 미주리주 세인트루이스에 있는 본사에 자리가 났지만 모비우스는 홍콩에 남기로 결정했다. 다른 문화권의 아시아인을 상대하고 동양과 서양의 기업을 연결한 경험에서 자신감을 얻은 그는 1969년에 리서치 중심 경영 컨설팅회사인 모비우스를 설립했다.

크게 생각하기, 작게 생각하기

모비우스는 우선 현지 중국인 직원으로 작은 팀을 구성하고 차근 차근 영역을 넓혀나갔다. 스위스 제약회사가 대만에 판매 법인을 설립하는 일을 도왔고, 미국 수출업자가 인도네시아에서 세숫비누 첨가물을 판매하도록 도왔으며, 다국적 유제품 생산 기업을 위해 특정 치즈 종류가 일본 시장에 적합한지 판단하는 타당성 조사를 실시했다.

독립해서 자기 회사를 차린 모비우스는 큰 기업을 컨설팅하는 동 시에 작은 기업을 운영하는 기술을 배워야 했다. "아시아에서 사업 을 크게 하려는 외국 기업에 현지 정보를 제공하는 일을 하면서 정 작 제 회사를 어떻게 운영해야 하는지는 몰랐던 겁니다! 끊임없이 아시아 곳곳으로 출장을 다녔는데 수입이 비용을 감당하지 못했습 니다. 비용도 건질 수 없는 저가로 입찰해서 프로젝트를 따기도 했으 니까요. 현지 직원에게 배워서 항공권을 싸게 살 수 있는 곳을 찾았 고, 외식하는 대신 사무실로 도시락을 주문했습니다. 시간이 흐르면 서 검소함과 가치의 중요성을 의식하게 되었고, 돈을 버는 것보다 절 약하는 것이 더 존경받을 만한 일이라는 것을 깨달았습니다. 어느 정 도 중국인과 비슷한 사고를 하게 되면서 숫자에 더 집중하고 더 보 수적으로 접근하기 시작했습니다. 그 후 10년 동안 사업을 키워오 며, 큰 현금을 창출하지는 못했지만 안정적인 영업 활동을 할 수는 있었습니다."

모비우스는 아시아에서 일한 경험을 바탕으로 1973년 《대중국 거래》라는 책을 썼다. 중국 시장에서 해야 할 일과 하지 말아야 할 일을 다룬 책이다. 또한 홍콩대학교와 홍콩중문대학교의 객원 강사로 마케팅, 사회심리학, 소비자심리학을 강의하며 자신의 소신을 더욱 널리 전할 수 있었다.

1970년대 초 모비우스와 그의 팀은 제조업 시장 리서치 사업을 특화했다. 아시아에서 인맥을 구축하는 과정에서 그는 종종 독특한 사업 제의를 받았다. 스누피 봉제 인형을 유통할 기회도 있었다. "샌프란시스코에서 온 코니 바우처라는 여성이 사무실로 들어왔습니다. 스누피 인형을 생산할 제조업체를 찾을 수 있느냐고 물었죠. 스누피의 창작자인 찰스 슐츠가 발급한 라이선스도 가지고 있었습니다. 우리는 아시아에서 스누피 인형 생산을 시작하도록 도왔습니다. 그리고 그 인형을 아시아 시장에서 판매할 생각이 있느냐고 물었죠. 코니 바우처는 '당신이 하지 그래요?'라고 대답했습니다. 그렇게 해서 스누피 인형을 유통하기 시작했습니다. 결국에는 장난감 사업이 리서치 사업보다 커졌죠. 제 관심은 리서치에 있었기 때문에 한 중국인 직원에게 장난감 사업을 팔았습니다."

사랑받는 만화 캐릭터 스누피는 모비우스에게 상당한 돈을 벌어주었다. 그러나 그에게 결단을 요구한 작은 사고를 일으키기도 했다. "스누피 인형이 사무실 공간을 너무 많이 차지했어요. 직원에게 제가 한국에 가 있는 동안 일부를 제 집에 보관하라고 했죠. 집에 돌아왔고, 한밤중에 이상한 냄새에 눈을 떠보니 인형이 불에 타고 있었습니다. 열선 근처에 놓여 있었던 것이죠. 간신히 불을 껐지만 원래 붉은색이던 제 머리카락은 이미 그을린 뒤였습니다. 머리카락이 절반이나 타버려서 아예 머리를 밀기로 결심했죠. 그때 이후로 새 헤어스타일을 유지하고 있는데 꽤 마음에 듭니다.” 중국에는 ‘대머리는 열에 아홉이 부자’라는 말이 있다. 모비우스는 이 말을 입증할 적임자였다.

1970년대에 국제 무역과 금융의 중심지로 홍콩이 빠르게 부상하는 가운데, 사업적 지식과 민머리로 무장한 모비우스는 고객에게 투자 컨설팅을 제공할 사업 기회를 포착했다. 고객의 의뢰로 1973년 홍콩 증시를 분석한 경험과 모스버트 투자를 통해 교훈을 얻은 그는 기업의 재무와 경영 능력에 대한 깊이 있는 리서치가 핵심이라는 것을 알고 있었다. 직접 회사를 운영하며 근검절약을 체득한 장래 ‘신흥 시장의 귀재 모비우스’는 서서히 가치를 지향하는 투자자로 변모해갔다.

1980년 모비우스는 컨설팅 사업을 매각하고 투자 분석을 전업으로 하겠다는 결정을 내렸다. 그는 국제적 증권사인 비커스 다 코스타에 증권 애널리스트로 입사했다. 주로 홍콩과 필리핀 주식시장을 조사했고 싱가포르의 첨단 기술 업종, 중국의 석유 업종, 대만의 우량 업종을 폭넓게 리서치했다. 1983년에는 대만으로 건너가 비커스의 대만 사무소 설립을 도왔고 한국, 대만, 필리핀, 태국, 인도네시아, 인도를 포함한 신흥 주식시장 리서치와 개발을 담당했다.

아시아 시장 증권 분석 전문가가 된 모비우스는 인생을 바꿀 전화를 받았다. 세계적인 투자 선구자이자 템플턴 펀드(프랭클린 템플턴 인베스트먼트의 전신) 설립자인 존 템플턴은 아시아를 비롯한 신흥 시장 발굴에 나서기로 결정했다. 이 일을 돕기에 모비우스보다 적합한 사람이 있었을까? 모비우스는 1987년 설립된 템플턴 이머징 마켓 펀드의 회장으로서 템플턴에 정식으로 합류했다.

위기를 기회로

템플턴은 말했다. "남과 같은 유가 증권을 산다면 남과 같은 결과를 얻을 것이다." 모비우스는 이 말을 마음에 새기고, 일반적인 투자자가 거의 투자하지 않는 신흥 시장에 집중했다. "존은 여러 면에서 제 멘토였습니다. 그의 투자 철학은 인간의 심리와 성격에 대한 제 생각과 잘 맞아떨어집니다. 우리 둘 다 낯선 곳에서 숨겨진 가치를 발견하는 것을 좋아하죠. 남과 똑같은 결과를 얻는 것이 목표였다면 1960년대에 아시아에 가서 전혀 다른 일을 할 생각도 하지 않았을 겁니다." 템플턴의 명언은 또 있다. "강세장은 비관에서 태어나 회의 속에서 자라고 낙관 속에서 성숙하며 도취 속에서 소멸한다. 비관론이 극대화될 때가 최적의 매수 시기이며, 낙관론이 극대화될 때가 최적의 매도 시기다."

모비우스는 부연했다. "존은 투자 세계에 군중 심리가 있기 때문에 장기적으로 생각하고 펀더멘털에 집중하며 독립적으로 생각해야 한다고 가르쳤습니다. 더 나은 결과를 얻기 위해서는 군중과 맞서야 하고, 결정을 내리기 전에는 늘 상황을 분석해야 한다고 배웠습니다. 그의 접근 방식은 제가 배운 사회심리학, 제가 경험한 사업과 일치했습니다." 2008년 세상을 떠나기까지 템플턴의 책상 위에는 '위기는 기회다!'라고 적힌 명판이 놓여 있었다.

모비우스는 템플턴의 투자 아이디어를 발굴하기 위해 전 세계를 돌아다녔다. 나중에 싱가포르와 다른 15개 국가에 사무실을 열었지만 한곳에 오래 머무르는 법이 없었다. 1년에 250일 이상 출장을 다니는 그에게 호텔 방은 곧 집이었다. "홍콩에 있던 아파트를 팔았습니다. 싱가포르, 남아프리카, 말레이시아에도 아파트가 있지만 오래 지낼 일이 없어서 임대를 주었고 대신 호텔에 묵고 있습니다. 지금은 두바이가 제 집이지만 그마저도 짧게 머무릅니다."

1987년, 1억 달러 자본금으로 템플턴 이머징 마켓 펀드가 출범했다. 모비우스는 홍콩, 싱가포르, 말레이시아, 멕시코, 필리핀 주식시장에 투자하기 시작했다. 초창기에는 다섯 개 신흥 시장이 유일한 투자 대상이었다. 그 후 검은 월요일이 닥쳤고 그는 펀드 운용에 중요한 교훈을 얻었다. 바로 분산이다. "1987년 10월 19일에 다우지수가 20% 이상 하락했습니다. 검은 월요일이었죠. 충격파가 아시아까지 미쳤고 홍콩증권거래소 대표는 나흘 동안 홍콩 주식시장을 폐쇄했습니다. 거래가 재개되었을 때에는 우리 투자 포지션의 3분의 1이 날아간 상태였습니다. 홍콩에 너무 많은 비중을 두고 있었기 때문이죠. 경종을 울리는 사건이었습니다. 달걀을 한 바구니에 담지 말라던 옛 격언이 진리였음을 확실히 알게 되었습니다."

그 후 모비우스와 그의 팀은 특정 지역과 국가의 투자 비중을 제한해왔다. 지역과 국가 내의 특정 산업이나 기업에 대한 노출도 제한한다. "이른바 '5-40 규칙'을 적용합니다. 포트폴리오에서 5% 이상 비중을 차지하는 포지션의 총합이 전체 포트폴리오 자산의 40%를 넘지 말아야 한다는 뜻입니다. 비공식적으로는 개별 국가에 대한 비중도 20~30% 미만으로 제한합니다. 그 이상이 되면 포지션을 매우 주의 깊게 관찰합니다." 이처럼 지역 분산을 강조하는 정책에 발맞추어 25년 동안 투자 레이더의 폭과 깊이를 확대한 그와 그의 팀은 2011년 기준으로 아르헨티나, 브라질, 오스트리아, 중국, 홍콩, 인도, 말레이시아, 폴란드, 루마니아, 러시아, 싱가포르, 남아프리카공화국, 한국, 태국, 터키, 아랍에미리트, 베트남 등 17개 국가에 폭넓게 투자했다.

26개 국가 출신에 총 24개 국어를 구사하는 투자 전문가 51명으로 구성된 모비우스의 팀은 전 세계 신흥 시장의 기업 2만 3,000개 이상을 대상으로 리서치 데이터베이스를 구축했다. "출장을 다니면서 세계 여러 지역에서 무슨 일이 일어나고 있는지 새롭게 알게 되었습니다. 이렇게 해서 얻은 아이디어가 다음 투자 대상이나 출장지를 결정하기도 하죠. 하지만 대부분 데이터베이스를 활용해 각국 기업의 경제와 재무 데이터를 분석하는 체계적인 방법으로 아이디어를 창출합니다. 시장의 변동, 호황과 불황을 인식하는 것도 중요하지만 주식시장은 장기적으로 해당 국가의 경제 성장과 안정을 반영합니다."

PER은 신흥 시장을 쉽고 빠르게 비교하는 지표다. 모비우스와 그의 팀도 투자 아이디어를 찾을 때 PER을 활용한다. 하지만 PER이 상대 비교에만 유용하다는 것을 잘 안다. 예를 들어 GDP 성장률 10%, PER 10배인 국가는 PER 10배에 GDP 성장률이 5%에 불과한 국가보다 매력적이다.

PBR, ROE, ROIC, 영업이익률, EPS 성장률 등 다른 지표도 검토한다. "경제 성장률과 인플레이션을 비롯한 경제 지표를 언급하기 때문에 거시경제 중심으로 접근하는 것처럼 보일 수 있지만 거시경제 분석은 우리 리서치의 일부분에 불과하다는 것을 분명히 밝힙니다. 우리는 포트폴리오를 구성하는 개별 기업을 이해하는 것이 중요하다고 강조하는 상향식 가치투자자입니다. 포트폴리오를 구성하는 것은 개별 기업이지, 특정 국가나 지역이 아닙니다."

모비우스는 거시경제 지형에 초점을 맞추다 보면 특정 지역에 치우칠 위험이 있다고 경고했다. "경제 상황이 나쁜 곳의 좋은 기업을 무시해서는 안 됩니다. 재정적, 정치적 문제로 경제가 위기에 처한 곳을 오히려 선호할 때도 있습니다. 그때가 기회거든요! 가치투자로 큰돈을 버는 때는 폭락 이전이 아니라 이후이기 때문에 신흥 시장에 올 대형 폭락을 기대하고 있습니다. 우리는 시장의 위기나 하락세를 염려하지 않습니다. 정신적으로 준비되어 있고, 그런 사건이 단기적 성과에 영향을 미쳐도 신경 쓰지 않습니다. 우리 목표는 장기적이기 때문입니다."

모비우스는 투자 리서치 팀에 기본적 분석의 상당 부분을 위임해 왔다. 대신 더 중요한 역할을 맡았는데, 기업의 질적 측면에 집중하면서 수많은 기업을 방문하고 경영진을 만났다. "숫자를 꼼꼼히 다루고 자신의 모형에 따라 주식을 사고파는 투자자를 존경합니다. 그러나 이런 방법은 기업의 회계 시스템이 정교하고 투명할 때만 효과가 있습니다. 경영진을 심층적으로 파악하는 것도 필요합니다. 신흥 시장에서는 숫자에 의존하면 안 됩니다. 숫자를 전적으로 신뢰할 수 없기 때문입니다. 밖에 나가서 직접 현장 조사를 해야 합니다. 그런 다음 회사 경영진과 이야기를 나누고 그들의 눈을 들여다보며 믿을 만한지 판단해야 합니다. 회사의 직원이 만족스럽다고 말하더라도 때로는 회사를 방문하고 경쟁사를 만나 실제 상황을 알아봐야 합니다. 그렇게 하지 않으면 아무리 모형에 숫자를 대입해봐야 '쓰레기를 넣으면 쓰레기가 나오는' 것과 다를 바 없습니다."

물론 모비우스가 팀에 기여하는 것은 기업의 질적 요소에 대한 판단 이상이다. 그의 오랜 경험도 팀에 유용하다. 사업 감각과 통찰력을 바탕으로 과거, 현재, 미래의 관점에서 다양한 시장을 보는 시각에 균형을 형성하고 폭넓은 시야를 유지하는 것이 그의 임무다. 각 지역을 담당하는 투자 전문가는 저마다 자신이 맡은 지역에 우호적인 경향이 있다. 그는 그들에게 투자 대상에 어느 정도 거리를 두고 해당 국가와 지역 내에서 상대적으로 비교하라고 주문한다. 적절한 가격으로, 적절한 시기에, 적절한 시장에 자본이 도달하게 하는 것이다. "신흥 시장에는 장기적으로 지속 가능하지 않거나 사기로 판명되는 회사가 있기 때문에 언제나 장기적 측면에 집중해서 분석할 것을 강조합니다. 두려움이나 호의 없이 객관적으로 기업, 지역, 국가를 비교하는 것이 우리의 목표입니다."

최소 보유 기간이 5년인 만큼, 모비우스와 그의 팀은 시장이 큰 폭으로 변동하더라도 감내할 수 있다. "모든 시장에는 근본적으로 순환 주기가 존재합니다. 신흥 시장은 다소 미성숙해서 많은 사람이 상황을 지나치게 낙관하거나 비관합니다. 우리는 가치에 초점을 맞추어, 모두가 시장에서 빠져나오려고 할 때 진입합니다. 또한 가치를 찾도록 단련된 덕분에 여러 시장을 비교해서 고평가된 시장을 가려낼 수 있습니다. 모두가 진입하려고 할 때 그 시장을 빠져나오는 것이죠. 투자 대상을 볼 때에는 기업의 과거 5년을 평가하고 향후 5년을 예상합니다. 엄밀히 말하면 신흥 시장 분석은 아무것도 없는 상태에서 출발하는 것이고, 모든 것은 빠르게 변할 수 있기 때문에 5년후를 예상하려고 하면 분석이 모호해질 수 있습니다. 그러나 5년이라는 보유 기간이 있어서 그사이 변동성이 발생해도 괜찮습니다. 물론 처음 매수한 뒤 주가가 떨어지는 경우도 있지만, 그 기업과 경영진에 대한 확신이 있는 한 주가가 하락할 때 추가로 매수하는 것도 개의치 않습니다. 오랫동안 출장과 기업 방문을 하면서 악천후에 시달리기도 했고 우여곡절을 경험한 적도 많습니다. 우여곡절의 대부분은 회사 경영진이 주주를 속이는 데서 비롯되었습니다. 힘든 경험이었지만 결과적으로 사람을 더욱 잘 판단할 수 있게 되었고 더 나은 투자자가 되었습니다."

모비우스는 심층적인 리서치도 인간 본성의 예측 불가능한 변화와 싸우기에는 부족하다고 말했다. "이미 속았다면, 실수에서 배우고 앞으로 나아가는 것 외에는 할 수 있는 일이 많지 않습니다. 신흥 시장은 투자하기에 위험한 곳이라고 말하는 사람도 있지만 버나드 메이도프('폰지 사기'로 불리는 다단계 금융 사기 범죄자)는 오랫동안 미국에서 영업했습니다. 어느 나라든 좋은 사람과 나쁜 사람이 있습니다. 열린 마음을 유지하고, 주어진 숙제를 하며, 이따금 발생하는 위기에도 세상이 하루하루 나아지고 있다고 믿는 것이 중요합니다."

시장을 느끼다(FELT)

모비우스는 신흥 시장 투자의 네 가지 핵심 규칙으로 공정성(fair), 효율성(efficient), 유동성(liquid), 투명성(transparent)을 제시하고 알파벳 첫 자를 따서 펠트(FELT)라고 불렀다.

'공정성'은 크고 작은 투자자를 동등하게 대우하는 시장이어야 한다는 뜻이다. '효율성'은 증권거래소와 국내 브로커가 투자자들에게 정직하고 우호적인지, 경쟁력 있고 수용 가능한 수준의 수수료를 부과하는지 판단해야 한다는 뜻이다. 그리고 매수와 매도 주문을 충분히 낼 수 있도록 주식의 '유동성'이 확보된 시장이 매력적인 신흥 시장이다. 회계와 재무 정보의 '투명성'은 유동성이 풍부한 주식의 특징이라고 할 수 있다. "투자자에게 비우호적인 증권거래소를 여럿 봤습니다. 거래소를 비워두고 바로 옆 사무실에서 중개 업무를 하는 직원을 본 적도 있습니다. 부정직한 브로커와 거래한 적도 있고, 유동성이 부족한 주식을 보유했다가 하락세인 시장에서 처분하지 못한 적도 있습니다. 거짓 숫자가 적힌 회계 보고서를 본 적도 있습니다. 그렇기 때문에 기업을 방문하고 직접 현장으로 가서 상황을 평가하는 것이 중요하다고 거듭 강조합니다."

모비우스는 성공적인 투자를 위한 간단한 공식 같은 것은 없다고 믿는다. 청사진도 없고, 무엇도 성공을 보장하지 않으며, 기적의 성배도 없다. 그러나 올바른 태도를 갖춘다면 더 나은 투자가 가능하다. "존에게 배운 것이 있습니다. 바로 겸손입니다. 겸손한 태도를 갖출 때, 더욱 개방적으로 새로운 아이디어를 수용하고 더욱 객관적으로 투자 리서치를 수행할 수 있습니다. 마음을 열어야 세상이 변화한다는 것을, 그 변화에 보조를 맞추기 위해 끊임없이 새로운 것을 배워야 한다는 사실을 받아들일 수 있습니다. 오늘날 저를 계속해서 나아가게 하는 것은 투자 리서치에 대한 열정입니다. 열정이 세상에 대한 리서치를 허락하고 삶의 의미를 이해하도록 이끌어줍니다. 좋은 투자자가 되려면 마음을 열고 세상이 제공하는 모든 것을 받아들일 준비가 되어 있어야 합니다."

쉴 없이 출장을 다녀야 하는 업무 특성상, 프랭클린 템플턴 그룹은 모비우스와 그의 팀이 일반 상업용 비행기 대신 회사 전용기를 이용하는 것이 더 안전하고 효율적이라고 판단했다. 필요에 따라 상업용 비행기도 이용하기는 했지만 1990년대 이후 모비우스는 대부분 회사 전용기로 근사하게 출장을 다녔다. "전용기를 이용하면 더 많은 곳을 더 빠르게 다닐 수 있고 기업을 방문하는 길에 투자 아이디어를 논의할 수도 있어서 무척 효율적이었습니다. 더 안전하기도 했죠. 시차 적응 문제는 전혀 없습니다. 제 신체 시계는 어느 시간대가 제 집인지 모르거든요!" 그는 국제적 경험과 방대한 인맥을 활용해 다양한 지역의 정보를 신속하고 수월하게 수집한다. 이것은 시기와 대상을 가리지 않고 대화하는 그의 열린 태도 덕분이기도 하다.

한편 신흥 시장이 경험한 최고와 최악의 시기를 잘 아는 모비우스는 몇 가지를 우려한다. "시장과 사람의 삶을 극적으로 개선할 법과 규제가 부족하다는 것을 알게 될 때가 가장 싫습니다. 더 강한 규제가 필요한 경우도 있고 규제를 축소해야 하는 경우도 있습니다. 투명성을 개선하려면 규제를 강화해야 하지만, 투명성을 높이도록 장려하려면 규제를 완화해야 합니다."

그는 신흥 시장이 더욱 투명해져야 한다고 생각한다. "투자 유형이 점점 더 세계화하면서 투자 세계가 하나로 수렴하고 있습니다. 따라서 투명성이 더욱 중요해지고 있습니다. 투자자가 기업을 평가할 때 기업의 정확한 보고 자료에 의존하기 때문입니다. 하지만 여러 국가의 관료주의와 정치는 극적인 투명성 개선을 이루어내지 않을 것입니다. 저는 이런 시장에 참여해서 한 번에 한 단계씩이라도 시장의 구조를 개선하도록 독려하고 싶습니다. 이 과정에서 우리의 리서치 방식을 바꿀 수는 있겠지만, 투자 대상을 리서치하는 접근법 자체를 바꾸지는 않을 것입니다."

2018년 1월 31일, 모비우스는 프랭클린 템플턴에서 물러났다. 몇 달 후 그는 펀드매니저 출신인 카를로스 하덴버그, 그렉 코니에츠니와 사모펀드 방식으로 신흥 시장의 중견 기업에 투자하는 모비우스 캐피털 파트너스를 설립했다. 그는 자신이 투자한 기업에 올바른 기업 지배구조와 모범적 관행을 주입하고자 한다. "행동주의는 주주의 특전이 아니라 권리이자 의무입니다. 어떤 기업에 투자하면 그 회사의 일부를 소유하게 됩니다. 소유는 곧 책임입니다."

늘 신흥 시장 투자에 앞장서는 모비우스는 단순한 숫자 분석 이상의 결과를 만들어내는 데 견줄 상대가 없는 뛰어난 가치투자자다. 모비우스 캐피털 파트너스의 창립 파트너로서 시장에 이는 변화의 바람을 관찰하고 추적하는 것이 자신의 역할이라고 여긴다.

《이익으로 가는 여권》에서 밝힌 그의 생각은 설득력이 있다. "모든 것은 변화한다. 중요한 것은 펀드매니저, 메신저, 투자자로서 유연한 태도를 유지하고 융통성을 가지는 것이다. 바다에 밀물과 썰물이 있듯 시장에도 파도가 친다. 정상에 서는 유일한 방법은 무릎을 구부려 균형을 잡고 그 파도를 타는 것이다. 우리는 서핑을 하듯 세계 시장의 파도를 즐길 수 있다. 커다란 수익이 가능하다는 것은 말할 필요도 없다. 그러나 기본적 분석의 일환으로 일관되게 확인하는 요소가 있다. 바로 변화를 관리하는 기업, 국가, 지역, 그리고 경영진의 역량이다."

12
가치를 지향하는 사업가

텡 응이예크 리앤
Teng Ngiek Lian

타깃 에셋 매니지먼트(싱가포르)
Target Asset Management

일어난 일 자체가 아니라
일어난 일을 처리하는 것이 경험이다.

— 올더스 헉슬리

1996년 팅 응이예크 리앤은 롱온리 전략을 구사하는 투자 운용사 타깃 에셋 매니지먼트를 싱가포르에 설립했다. 대표 펀드인 타깃 밸류 펀드로 일본을 제외한 아시아에 주로 투자한다. 출범 당시 550만 달러였던 타깃 밸류 펀드의 운용 자산 규모는 팅이 은퇴를 선언한 2010년 7월까지 20억 달러로 불어났다.

펀드는 1996년 9월부터 2010년 11월까지 총 892.44%, 연평균 17.59% 수익률을 기록했다. MSCI 일본 제외 극동 지수의 같은 기간 수익률은 총 81.27%, 연평균 4.29%였다.

60세 생일이 지난 2010년 7월 팅은 잠시 은퇴를 선언했다. 서한을 통해 그는 쉬는 동안 개인적인 일을 처리하면서 스트레스가 덜한 펀드 운용 방법을 생각해보겠다고 밝혔다. 1년간의 휴식과 브레인스토밍 시간을 가진 그는 2011년 6월에 복귀해 약 5억 달러의 초기 자금으로 타깃 밸류 펀드를 재출시했다. 오랜 기간에 걸쳐 검증된 가치투자 원칙을 적용해 더 작은 위험을 부담하면서 더 큰 수익을 추구하는 것이 그의 목표다.

Teng Ngiek Lian

"주식의 가치를 적절히 판단하려면 우선 기업의 질을 판단해야 합니다." 텡의 투자 철학이다. "기업의 질을 판단하고 동종 업체와 비교하지 않으면 절대적으로 낮은 주가도 의미가 없습니다. 기업의 질에 대한 판단 없이 주식을 헐값에 사서 더 높은 가격에 파는 것은 '가치투자'가 아니라 '가치 매매'에 불과합니다."

중국인인 텡은 1950년 말레이시아에서 태어나 1985년부터 싱가포르에서 살았다. 그는 가치투자가 과학보다 예술에 가깝다고 믿는다. "전투에서는 기업을 찾아내고 평가하는 능력이 제일 중요합니다! 일단 사업 모델을 이해하고, 주요 성공 요인을 파악하고, 경쟁력(또는 약점)을 파악할 수 있으면 재무 분석과 평가는 훨씬 쉬워집니다."

사업가 출신 펀드매니저인 텡은 사업과 투자를 모두 논할 능력과 자격을 갖추었다. 그는 기업에 대한 철저한 이해와 다양한 인생 경험, 사업 경험을 좋은 가치투자자의 요건으로 꼽는다. 그는 자신이 꼽은 이 요건에 꼭 들어맞는다.

숫자를 배우다

텡은 말레이시아 트렝가누주의 해안 지역인 둔군에서 나막신을 만드는 집의 7남매 중 여섯째로 태어났다. 정치적으로 불안정한 환경에서 경제 정책은 끊임없이 바뀌었고, 그는 성장하는 동안 많은 어려움을 겪었다. "어려서부터 가난에서 벗어나겠다고 다짐했습니다. 가난은 전혀 재미있는 일이 아닙니다. 어떤 고생을 해서라도 언젠가는 돈을 많이 벌겠다고 굳게 결심했죠. 가만 보니 부자는 거의 다 사업을 하더군요. 오로지 사업가가 되어 부자가 되겠다는 생각뿐이었습니다."

생계를 위해 18세에 학교를 떠나야 했던 텡은 광산회사, 목재 조림지, 회계 법인에서 아르바이트를 했다. 일을 해서 사업의 개념을 익히고 저녁에는 회계 수업을 들으며 돈을 모아 4년 뒤에는 말레이시아의 수도 쿠알라룸푸르에 있는 대학교에 시간제 수강생으로 등록했다. 낮에는 회계 사무원으로 일하고 밤에는 대학을 다니면서 공인회계사와 법무사 시험을 준비했다.

1973년 텡은 영국이 소유한 동남아시아 대기업 거스리 그룹에 회계사로 입사했다. 기름야자나무와 고무나무 재배, 부동산 개발, 제조, 화학, 소비재 무역업을 하는 이 회사에서 10년 동안 일하며 다양한 분야를 두루 경험했다.

텡은 거스리에 들어가게 된 배경을 자세히 설명했다. 늘 자기 사업을 하는 것이 목표였지만 젊은 나이에 결혼해 어린아이 둘을 키우던 그는 가족을 부양하고 주택 융자금을 갚기 위해 안정적인 환경에서 돈을 벌어야 했다. 고용 상황이 불안정해질 수 있는 신흥 시장인 말레이시아에서는 대기업에서 일하는 것이 합리적인 결정이었다.

그는 몇 년 동안 승진의 사다리를 착실히 올랐다. 그룹 자회사의 최고회계책임자에서 재무 관리자로 승진했고 마침내 그룹 최고재무책임자로 임명되었다. "재무 부문에서 책임 있는 자리에 있었기 때문에 그룹 내 각 사업부를 확실히 이해하고 성과를 분석해야 했습니다. 마케팅, 유통, 물류 운영, 재고 관리, 매출 채권 관리 등이 분석 대상이었습니다. 다양한 재무 모델을 이용해 각 사업부를 평가하고 전망해서 자본과 자원을 어떻게 배분할지 권고안을 작성해 이사회에 제시했습니다. 분석 과정에서 질문하기를 주저하지 않았습니다. 각 사업부를 담당하는 임원 가운데 가장 유능한 사람을 찾았고 친구가 되어 사업 방식을 배웠습니다. 해당 사업에 대한 제 평가를 바탕으로 그들과 아이디어를 공유하기도 했습니다."

회계 부서는 직접적으로 이익을 창출하지 않는다. 텡은 회계사로서 자신의 업무가 집사와 비슷하고 따라서 전망도 제한적이라고 생각했다. 재무 관리자가 된 후 그는 회사를 위해 돈을 벌 수 있다는 사실을 깨달았다. 그룹의 외환을 관리하고 최선의 조건으로 자금을 조달해서 서서히 이익을 창출했다. 회사의 이익에 기여하며 상당한 상여금을 받았고 회사에서 자동차도 내주었다. 그는 점차 금융시장에 관심을 가지게 되었다.

1980년대 초반 동남아시아의 금융 업계는 상대적으로 규모가 작았다. 지역의 사업 환경에 만족하지 못한 텡은 기회를 찾아 호주로 떠났다. 하지만 동남아시아는 결국 그의 고향이었다. 1985년에 돌아온 그는 싱가포르로 가서 WBL에 재무 관리자로 합류했다. "가족과 함께 싱가포르에서 살게 되어 설렜습니다. 싱가포르는 동남아시아의 금융 중심지가 되고 있었고 경제적, 정치적 전망이 가장 밝았습니다. 더 수준 높은 금융시장에서 최고의 투자은행가를 상대하고 국제적인 공동체와 접촉할 기회를 얻었습니다."

1906년에 설립된 WBL은 싱가포르에 본사를 두고 아시아 전역에서 활동하는 다국적 대기업이다. 1980년대에 상당한 규모의 현금과 구경제 사업 여러 개를 보유하고 있었던 WBL은 컴퓨터, 부품 제조, 농업 기술 같은 새로운 성장 산업으로 사업 다각화에 나섰다.

복합기업에서 일하는 동안 텡은 자동차, 중장비, 장비 유통 등 그룹의 주요 사업을 배웠다. 회사가 수년간 쌓아온 풍부한 현금을 관리하는 임무도 주어졌다. 텡은 자신의 금융 기법을 활용해 외환, 고정수익 증권, 주식 등을 매매했다.

1980년대 말 WBL은 잉여현금 대부분을 새로운 벤처 사업에 투입했다. 투자 책임이 줄어들면서 텡은 다음 단계로 나아갔다. 1990년에 WBL을 나와서 런던에 본사를 둔 투자은행 모건 그렌펠 인베스트먼트 매니지먼트 아시아의 매니징 디렉터로 자리를 옮긴 것이다.

역발상의 예술

텡과 모건 그렌펠의 관계는 텡이 WBL을 대표해 투자하며 주문을 냈던 1980년대 중반으로 거슬러 올라간다. "한동안 모건 그렌펠의 투자 팀과 일했는데 한 임원이 WBL을 떠날 생각이 있다면 모건 그렌펠에 합류하는 것도 생각해보라고 했습니다. 1985년 말 싱가포르의 팬 일렉트릭 사태로 모두가 공황 상태에 빠졌을 때 저는 폭락한 종목을 다수 사들였습니다. 당시 제 역발상적 투자에 좋은 인상을 받았던 것이 아닌가 짐작합니다."

팬 일렉트릭은 싱가포르에 본사를 둔 해양 구조 작업 전문 회사였다. 1985년 미결제 선도 계약과 특수 관계자 거래로 파산할 당시 71개 자회사를 두고 있었고 싱가포르 경제와 밀접하게 연관되어 있었다. 팬 일렉트릭은 하룻밤 사이에 사라졌고 싱가포르 증권거래소는 3일 동안 거래를 중지했다. 싱가포르에서 전무후무한 사태였다. "처음으로 경험한 위기였습니다. 당시 기업의 주가가 상당히 부풀려져 있던 상황에서 팬 일렉트릭이 방아쇠가 되어 모든 주식이 폭락했습니다. 저는 오랫동안 많은 기업을 리서치한 만큼 주식시장에 들어가도 된다고 확신했습니다. 그러다 마침내 좋은 매수 기회가 나타났습니다. 수년간 다양한 사업부를 다룬 경험으로 어떤 회사가 좋고 어떤 회사가 나쁜지, 할인된 가격인지 여부를 판단할 수 있는 통찰력이 있었다고 생각합니다. 회계 경력 덕분에 민감도 분석에 노하우도 있었고 훈련도 충분히 되어 있었습니다. 최악의 시나리오를 가정하더라도 사야 한다는 확신이 들었고 제 리서치를 믿었습니다."

《현명한 투자자》에서 그레이엄이 남긴 조언은 텡을 더욱 고무했다. "여러분이 옳고 그른 것은 군중의 동의 여부와 관계가 없습니다. 여러분의 데이터와 추론이 옳을 때 여러분이 옳은 것입니다." 텡이 옳았다. 1985년 11월 공황 이후 20% 하락한 싱가포르 증시는 4~5개월 만에 하락 폭을 전부 만회하고 상승세로 돌아섰고 1년 뒤에는 연 30% 이상 급등했다. 회계 전문가인 텡은 리서치할 때 투자 대상을 보수적으로 바라본다. 하락 위험을 신중하게 분석하면 상승 여력은 따로 신경 쓰지 않아도 된다. 이런 사고방식을 바탕으로 어떤 기업이든 지나친 낙관론을 경계한다. 시장의 순환 주기가 언제라도 달라질 수 있기 때문이다.

모건 그렌펠 투자 팀이 목격한 텡의 역발상적 결정은 또 있다. 1989년 초 닛케이225지수가 31,000포인트에 이르렀을 때, 텡은 일본 주식을 모두 팔아치웠다. 그는 일본 기업의 주가가 지나치게 낙관적인 수준이라고 판단했다. 그는 탐욕을 버리고 그동안의 투자 수익률에 만족하며 기꺼이 손을 뗐다. 닛케이225지수는 1989년 말 38,900포인트로 최고점에 도달했고 그다음 해에 50% 이상 폭락했다.

텡은 기업의 세계를 떠나 투자의 세계에 발을 들였다. "모건 그렌펠이 저를 상당히 좋아했다 하더라도 제가 그 일에 적합하다는 것을 납득시켜야 했습니다. 훌륭한 투자 전문가는 또 있겠지만 저처럼 사업 개발 능력을 함께 갖춘 사람을 찾기는 어려울 것이라고 강조했습니다. 제 사업 경험과 투자 지식을 활용해 다른 자질 있는 투자 전문가보다 더 빨리 새로운 투자 상품을 개발할 자신이 있었습니다. 다행히 회사도 제 주장에 동의했습니다."

실제로 텡은 모건 그렌펠에 합류하자마자 팀에 새로운 사업적 통찰을 불어넣었다. "인기 있는 아시아 테마주로 투자 펀드를 만들고 싶었지만 우리 팀에는 과거 실적이 없었습니다. 주류 시장에서 대형 펀드 하우스와 직접 경쟁하는 것 말고 다른 전략이 필요했습니다. 그래서 다른 펀드 하우스의 실적이 없는 신흥 시장 펀드를 출시하자고 제안했습니다. 먼저 인지도를 높인 다음 주류 상품을 시장에 내놓을 수 있다고 생각했죠."

상사는 텡의 제안을 진지하게 받아들였다. 그 후 3년 동안 텡의 팀은 한국, 파키스탄, 인도네시아, 중국 펀드를 출시했다. 투자자의 호평을 받았고, 펀드 중에는 8,000만 달러였던 운용 자산이 불과 몇 년 만에 6억 달러 이상으로 성장한 것도 있었다.

텡은 투자의 노하우란 펀드 운용의 일부분일 뿐이고, 과거 투자 성적이 뛰어나다고 해서 반드시 결과가 성공적인 것은 아니라고 말했다. 지속 가능한 투자 활동을 위해서는 자금 조달부터 인력 관리, 펀드 마케팅, 투자자 유지에 이르는 사업 개발과 관리 능력도 중요한 성공 요인이다.

1993년, 텡의 직속 상사인 모건 그렌펠 아시아 대표 시에 푸 후아와 런던 본사 사이에 불화가 있었고 이 일을 계기로 텡을 포함한 많은 고위 경영진이 사임했다. "저는 곧바로 UBS 에셋 매니지먼트(동아시아)에 스카우트되었습니다. 시에와 몇몇 동료는 투자은행인 프라임 파트너스 그룹을 창업했습니다. 저는 1994년 UBS를 떠나 프라임 파트너스로 가서 시에와 합류했습니다."

그다음 해 텡은 일생에 한 번 있을까 말까 한 기회를 얻었다. "싱가포르 금융 당국이 투자 자문 기관에 대한 규정을 변경해 투자 펀드의 설립 요건을 완화했습니다. 독립은 젊은 시절부터 가졌던 꿈이기 때문에 곧바로 상사와 아내에게 제 사업을 시작하겠다고 말했습니다. 어느새 마흔다섯 살이었고, 제게는 연륜, 투자 지식, 사업 경험이라는 경쟁력이 있었습니다. 앞으로 3년간 좋은 성적을 낼 수 있다면 그 후로도 잘될 것이라고 생각했습니다."

1996년 텡은 총 운용 자산 550만 달러 규모의 타깃 에셋 매니지먼트를 설립했다.

아시아의 좋은 기업을 공략하다

사업가의 눈으로 가치를 추구하는 텡의 주된 목표는 합리적인 가격을 가진 좋은 회사를 찾는 것이다. 그는 아시아에서 투자를 결정할 때 역동적인 정치 환경과 문화적 다양성을 감안해야 한다고 경고한다. "아시아 시장의 위험과 기회를 신중하게 평가해야 합니다. 정치권력의 변화로 경제의 방향이 급격히 달라질 수 있기 때문에 정치를 이해하는 것이 중요합니다. 많은 아시아 국가의 정치 제도는 아직 성숙하지 못해서 위험과 기회가 굉장히 빠르게 나타나고 사라집니다. 아시아는 경제가 성숙한 지역에 비해 경기 순환 주기가 짧고 시장 변동성이 큽니다. 또한 아시아 기업인의 사고방식을 이해하는 것도 중요합니다."

아시아 경제 환경을 살펴보면 영리한 아시아 경제인은 정치 풍향과 차기 사업 기회에 상당히 민감하다는 것을 알 수 있다. 당연한 일이다. 현명한 투자자는 새로운 사업에 뛰어드는 목적이 사업 자체에 있는 사람과 정치에 있는 사람을 구별해야 한다. 사업의 성격이 아니라 사업가의 인맥과 기업가적 역량이 사업의 동력이 되기도 한다.

정치뿐만 아니라 문화도 중요하다. 텡은 같은 중국어권 사람 사이에서도 문화적 특징이 다양하게 나타난다는 데 주목했다. 예를 들어 홍콩과 대만 시민은 정치적 환경이 다른 중국 본토 시민보다 위험 감수(risk tolerance) 수준이 상대적으로 더 낮은 경향이 있다. 심지어 중국 본토 내에서도 취향과 선호도가 크게 다를 수 있다. 일례로 중국은 지역마다 고유한 식사 문화가 있는데, 음식료회사를 평가할 때 중국 북부에서 효과가 있는 방법이 남부에서는 통하지 않을 수도 있다. "기업을 이해하고, 성공 요인을 파악하고, 운영 능력을 검토하는 데 대부분의 시간을 들입니다. 중소기업의 경우는 특히 유통 물류, 브랜드와 마케팅 전략, 재무와 현금흐름 관리 등 운영의 세부 사항을 파고듭니다. 예를 들어 경영진에게 재고 노후화에 어떻게 대처하느냐고 질문합니다. 대답하지 못하거나 대답이 터무니없는 경우는 아무리 매력적인 기업이라도 멀리합니다."

많은 투자자가 아시아에 투자할 때 지역의 성장성에 초점을 맞춘다. '현재 유통 채널이 5,000개고 앞으로 2,000개 더 늘릴 여력이 있다'는 식으로 숫자와 통계에 초점을 맞춘다. 하지만 거기에 그치면 안 된다. 기업이 어떻게 돌아가는지 파악해야 한다. 예를 들어 그 기업을 움직이는 동력은 무엇인지, 소비자가 그 기업의 제품을 원하는 이유는 무엇인지, 제품의 가격은 어떤 구조로 결정되는지, 제품이 팔리지 않을 경우 대책은 무엇인지 물어야 한다. 이것은 기업의 가치를 평가하기 전에 반드시 해야 하는 질문이다.

예리한 사업적 통찰력을 가진 텡은 제대로 된 질문을 하는 데 집중

한다. 아시아의 산업 환경에서 관건은 잘 세워진 사업 모델과 자질 있는 경영진이라는 것을 알기 때문이다. 실제로 이처럼 중요한 문제를 규명하고 다루어야 투자 대상의 가치를 정확하게 평가할 수 있다.

"아시아는 빠르게 성장하는 지역이고 사업 기회가 풍부합니다. 많은 기업가가 과도한 야심 때문에 핵심 역량에서 멀어지고는 합니다. 또한 법적 규제가 적절히 작동하지 않아서 기업 지배구조 관련 위험이 큽니다. 좋은 인맥을 확보해서 이런 사업가, 특히 사업 경력이 극히 짧은 사람의 배경을 확인하는 것이 굉장히 중요합니다. 기업의 한 단면만 봐서는 안 됩니다. 또한 어느 한 기업만 보고 좋다 나쁘다 말해서도 안 됩니다. 한 번에 한 기업만 보는 것은 눈을 감고 보는 것이나 다름없습니다. 상대적으로 비교해야 합니다. 비교하지 않고서 좋은 기업인지 여부를 어떻게 알 수 있겠습니까? 시장의 역학과 기업의 다양한 특성을 고려해야 합니다. 이곳 아시아에서는 업종을 제대로 선택했더라도 손실이 날 수 있습니다. 업계의 먹이사슬을 자주 들여다보면서 누가 업계를 이끌고 누가 우위에 있는지 파악해야 합니다."

텡은 주인이 임대료를 계속 올리는 바람에, 사업이 잘되는데도 문을 닫은 홍콩 최고의 한 소매상을 예로 들었다. "손님이 가게 앞에 줄을 섰지만 결국 문을 닫아야 했습니다. 이것은 투자자에게 무엇을 의미할까요?"

밸류에이션의 상대성

'좋은 기업이 반드시 좋은 투자 대상인 것은 아니고, 좋은 투자 대상이 반드시 좋은 기업인 것도 아니다'라는 말이 있다. 텡의 우선은 좋은 기업을 찾는 것이다. 그렇게 좋은 기업을 찾고 나면 가치를 평가한다. "눈은 두 개가 있죠. 하나는 상승 여력, 하나는 하락 위험을 봅니다. 가치를 평가할 때에는 먼저 그 기업이 성장 단계의 어느 지점에 있는지 파악합니다. 그런 다음 상승 여력과 하락 위험에 대한 민감도를 계산합니다. 기업이 고성장 단계에 있다면 기업의 전망에서 가치를 찾습니다. 성장성이 없는 기업이라면 할인된 주가에서 가치를 발견할 수 있을 것입니다. 가치는 상대적입니다. 정량적 분석을 할 때 PER 10배 미만, ROE 15% 이상, 부채 비율 얼마 이하 식으로 엄격한 기준을 적용하지는 않습니다. 합리적인 투자자라면 기업의 특성, 경제 상황, 투자 환경, 다양한 잠재적 투자 대상을 고려한 상대적 가치 평가를 해야 합니다. 유연한 태도가 핵심이고 그러려면 경험이 필요합니다."

텡은 현금흐름을 창출한다는 실제 증거만 확인되면 신경제 최전선에 있는 기업을 매수하는 데 반대하지 않는다. 약간의 선견지명과 상상력이 필요할 뿐이다. 반면 현금흐름을 실제로 창출하지 않는다면 '좋은 기업'이라는 판단은 개념에 불과하다.

텡에게 가치투자의 목표는 저평가된 기회를 찾는 것이다. 문제는 '저평가를 정의'하는 데 있다. 저평가된 상태에서만 사야 할까? 1년 후에 저평가될 것으로 보인다면 오늘 사도 괜찮은 것일까? "저는 가치투자자입니다만 고PER 주식도 매수합니다. 지나가는 어떤 국면이나 다시 발생하지 않을 법한 일회성 사건 때문에 이익이 감소해서 PER 배수가 상승한 경우입니다. 우리는 추락한 천사나 이익의 잠재력이 발현되기 전 불가피한 성장통을 겪는 기업을 좋아합니다. 언젠가 나비가 될 애벌레를 사는 것이죠. 이런 투자를 하려면 심층적인 리서치가 필요하고 해당 기업과 산업 역학을 충분히 이해해야 합니다."

텡은 서구에서 개발된 가치투자 전략을 지지하지만 아시아 시장의 커다란 변동성을 감안해 전략을 조정해야 한다고 생각한다. "신흥국은 성장률이 높지만 정치, 기업 지배구조, 짧은 경기 순환 주기, 낮은 유동성으로 인해 위험 역시 더 큽니다. 신흥국 경제에서 시장이 조정을 받는다면 20~30% 하락을 생각하는 것도 무리가 아닙니다. 선진국 시장에서는 폭락이라고 부를 만한 수준이죠. 주식의 밸류에이션이 크게 변동할 수 있는 만큼 시장의 변동성을 고려하지 않은 장기 매수 전략은 시장에 못 미치는 수익률로 이어질 수 있습니다. 적극적으로 매매를 일으키라는 뜻은 아니지만, 시장이 행복감에 도취되어 있거나 주가에 가치가 충분히 반영되었다면 차익을 실현하고 시장이 조정을 거칠 때 다시 매수하는 것이 현명합니다."

텡은 투자 종목 수를 적게 가져가는 경향이 있다. 확실한 투자에만 집중하고 잘 아는 기업에 더 많은 시간과 전문 지식을 할애한다. 포트폴리오 구성 종목은 늘 30여 개다. '달걀을 한 바구니에 담지 말라'는 조언이 있지만, 그에게는 '달걀 대부분을 한 바구니에 담은 다음 그 바구니를 지켜보는 것'이 더 쉽고 나은 전략이다.

소수 종목으로 포트폴리오를 구성하면 집중력을 유지할 수 있고 일도 더 수월해진다. 텡은 포트폴리오에 담을 주식을 결정하는 것이 혼인 서약을 하며 '예'라고 대답하는 것만큼이나 진지한 일이라고 말했다. 포트폴리오에 주식을 편입할 때나 제외할 때, 그 정당성을 스스로에게 입증할 확실한 근거가 있다는 뜻이다.

"포트폴리오에서 제외할 때 가장 크게 영향을 미치는 것은 시장도 함께 하락했는지, 아니면 해당 업종은 상승했는데 그 종목만 하락했는지 여부입니다. 시장 전체가 하락했다면 그 종목이 하락하는 것이 당연하지만 동종 업체와 달리 혼자서만 하락했다면 시장이 그 기업에 대해 우려하는 바가 있다는 뜻입니다. 자세히 조사해 원인을 알아내야 합니다. 주식도 여러 가지 이유로 병에 걸릴 수 있습니다. 단순한 감기라면 더 매수해서 매수 단가를 낮추는 기회로 삼겠지만 말기 암이라면 주저 없이 도려냅니다. 제 강점은 기업 평가에 있기 때문에 시장의 소음에 영향을 받지 않습니다. 가장 신경 써서 보는 것은 주가 하락이 정상적인 사업의 문제인지, 사업 구조의 변화로 인한 것인지 여부입니다."

가치를 추구하는 생활 방식

저소득 가정에서 자란 텡은 어릴 때부터 절약하는 법을 배웠다. 무엇을 사든 가격 대비 가치가 나가는 것을 사야 했다. 그는 투자 상품뿐 아니라 그 어떤 상품이든 사기 전에 반드시 비교해야 한다고 강조한다. 가치를 추구하는 것은 그의 생활 방식이 되었다.

2006년, 싱가포르의 임대료가 오르기 시작하면서 텡은 사무실을 구입하기로 했다. 최고 입지를 찾는 대신 가격을 비교해 중심 업무 지구의 근사한 상업용 건물에서 불과 몇 분 거리에 있는 싼 물건을 발견했다. 그는 식당과 작은 옷가게가 모여 있는 지역의 3층 상가 주택을 사들여 펀드회사로 개조했다. 그 후 그 건물의 가격이 크게 올랐다. "쇼핑과 투자는 비슷합니다. 상식의 문제지만 상식이 잘 통하지 않는 세상입니다. 좋은 투자 기회와 좋은 아이디어는 대화를 통해 얻어집니다. 다음 단계로 그 아이디어가 우리 사회 및 경제와 어떤 상호 작용을 하는지 깊이 생각해야 합니다. 충분히 깊이 생각할 때 전 세계에서 벌어지는 일이 눈에 들어옵니다."

텡은 1997년 아시아 외환위기를 예로 들었다. "전 세계 모든 사람이 아시아를 칭찬했지만 저는 아시아 주식을 매도하려고 최대한 노력했습니다. 아시아 기업의 주가가 크게 부풀려진 상태였기 때문입니다. 게다가 아시아에서 있었던 많은 인수 합병은 자존심과 야망의 산물이었습니다." 특히 세 가지 사안이 경종을 울렸다. "첫 번째는 말레이시아가 세계에서 가장 높은 건물인 페트로나스 트윈 타워를 짓기로 결정한 것입니다. 두 번째는 말레이시아와 인도네시아가 수십억 달러를 들여 두 나라를 연결하는 다리를 건설하겠다고 논의한 것입니다. 세 번째는 번창하는 많은 아시아 도시가 광기에 뛰어든 불법 이민자 수백만 명으로 넘쳐난 것입니다. 언제 위기가 닥칠지는 알 수 없었지만 뭔가 잘못되었다는 것을 알았습니다."

텡의 펀드는 위기를 모면했다. 벤치마크 지수가 44.31% 하락한 1997년에 펀드는 15.74% 하락하는 데 그쳤다. 1998년에는 벤치마크 지수가 4.82% 하락했고 그의 펀드는 61.8% 수익률을 기록했다.

상식은 텡을 위험에서 구했지만 인터넷 주식의 호황과 이어진 거품 붕괴로 가해진 압박을 막아주지는 못했다. "고객이 제게 새로운 닷컴 경제에 참여하지 않는다며 구시대 사람이라고 지적했을 때, 제 투자 지식이 이미 낡은 것이 되었는지 잠시 의심했습니다. 깊이 생각했지만 인터넷 기업도 일반 기업과 다를 것이 없었습니다. 인터넷 기업에도 세금, 이자, 월급, 임차료를 비롯한 여러 비용이 발생했습니다. 하지만 진짜 현금을 벌지 못했죠." 분별 있는 태도와 현명한 판단 덕분에 그의 펀드는 2000년 벤치마크 지수가 36.73% 하락할 때 1.44% 수익률을 올렸다.

2008년 세계 금융위기는 텡이 처음으로 직면한 치명적 시련이었다. 리먼 브러더스가 파산한 이후, 제아무리 상식으로 무장해도 롱온리 펀드를 보호할 수 없었다. "벤치마크 지수보다는 나았지만 펀드도 44%나 하락했습니다. 가치투자자로서 주식이 싸다는 것은 알았지만 회복 시점이 언제일지 알 수 없었습니다. 저는 투자자에게 특별 서한을 보냈습니다. 펀드에 개인 자산 1,000만 달러를 투자해서 제 매수 논지를 뒷받침하겠다고 밝혔죠. 2009년에 최악의 상황이 끝났고 펀드는 68% 상승했습니다."

2010년에 60세를 맞은 텡은 이제 속도를 늦출 때가 되었다고 생각했다. 11월 펀드 폐쇄 후 1년도 지나지 않아 다시 펀드를 열기로 결정했다. "투자에 깊이 중독되었습니다. 제게 투자는 인생을 배우고 이해하는 방법이자 우리가 사는 활기찬 세상을 감상하는 방법입니다. 펀드를 다시 출시하면서 규모를 약 5억 달러로 유지하고 고객 수도 제한했습니다. 펀드 운용은 여전히 즐겁지만, 조금은 덜 빡빡하게 하려고 합니다."

텡은 블룸버그나 로이터 서비스를 구독한 적이 없다. 그는 시시각각 변하는 주가를 추적하지 않는다. 가치투자는 좋은 기업을 사는 것이고 주가 변동은 좋은 기업을 가려내는 것과 무관하다. 그의 생활 방식 중심에는 가치가 있다. "경제의 세계화로 세상은 더 빠르고 가까워졌습니다. 자본의 순환이 너무 빠르기 때문에 투자 대상을 다각화해도 위험이 줄어들지 않습니다. 중요한 것은 어떤 위기에서도 살아남을 수 있는 지속 가능 기업을 찾는 것입니다. 이를 위해서는 가치투자의 틀을 제대로 적용해야 합니다."

13

잃어버린 10년과 가치투자

아베 슈헤이
Abe Shuhei

스팍스 그룹(일본)
SPARX Group

생존을 위한 투쟁에서 살아남는 것은
환경에 최적으로 적응한 개체다(가장 똑똑하거나 가장 강한 개체가 아니다).
즉 적자생존은 경쟁자의 희생을 전제한다.

— 찰스 다윈

스팍스 그룹은 일본 주식시장에 상장된 자산 운용 지주 회사다. 그룹의 기원은
아베 슈헤이가 도쿄에 스팍스 에셋 매니지먼트를 설립한 1989년으로 거슬러 올
라간다.

창립 이래 일본 주식 리서치와 투자에 초점을 맞춘 스팍스는 소형 가치주 펀드
를 시작으로 일본과 아시아 전역에서 장기적이고 거시적인 전략을 운용하며 변
모해왔다. 2001년 일본 자스닥 증권거래소에 스팍스 그룹으로 상장되었으며
2019년 도쿄증권거래소 1부로 이전 상장했다.

2020년 3월 31일 기준으로 스팍스의 총 운용 자산은 105억 달러에 달한다. 전
체 직원은 158명으로 아시아 전역에 투자 전문가를 배치해 가치투자 기회를
모색한다. 대표 펀드인 스팍스 재팬 펀드는 2003년 10월 출시 이후 2020년
1월까지 누적 기준 163.80%, 연평균 6.13% 수익률을 기록했다. 같은 기간 일
본 주식시장 대표 지수인 토픽스지수의 수익률은 누적 기준 117.97%, 연평균
4.89%였다.

Abe Shuhei

스팍스 그룹의 설립자 슈헤이는 이렇게 말했다. "투자 운용 경력을 통틀어 제 목표는 일본에 투자하기를 원하는 사람에게 투자 정보와 해법을 제공하는 것입니다."

1989년 일본에서 설립된 스팍스SPARX는 '전략적 포트폴리오 분석 리서치 전문가'를 뜻하는 'Strategic Portfolio Analysis Research eXperts'의 약자다. 이 이름은 아베에게 불꽃, 즉 스파크(spark)가 일듯 투자 아이디어가 떠오르는 유레카(eureka)의 순간을 의미하기도 한다. 아베는 말했다. "스파크를 일으키려면 열린 태도로 새로운 통찰과 정보를 수용해야 합니다."

1985년 아베는 31세의 나이로 뉴욕에서 아베 캐피털 리서치를 설립했다. 그리스의 부유한 커피 사업가에게 조달한 3,000만 달러를 시작으로 일본 주식 투자에 초점을 맞추었다. 가치투자 접근법을 택한 그가 첫 번째로 주목한 것은 일본 철도 산업이었다. 투자자 대부분이 재무상태표에 있는 자산의 시장 가치를 완전히 무시한 채 PER

배수로만 주식을 평가했기 때문에 매력적인 철도주가 많았다.

정부가 운임을 낮출 것이라는 우려 때문에 철도회사 대부분은 수년간 토지를 구입하는 방법으로 이익을 축소했다. 1980년대 들어 부동산시장이 호황을 누리면서 토지 가치도 크게 상승했다. 철도회사의 주식은 보유한 토지의 시장 가치보다 몇 배나 낮은 가격에 거래되고 있었고 아베는 특유의 통찰력에 기초해 철도 산업에 크게 투자해야 한다고 확신했다. 그러나 단 한 명의 고객을 대상으로 서비스를 제공했기 때문에 철도 산업에 대한 집중 투자는 제대로 평가받지 못했다. 그는 '일본 내의 인수 기회(Takeover Opportunities in Japan)'라는 제목의 리서치 보고서를 작성하고 직접 선정한 미국 상위 10대 투자자에게 발송해 자신의 가치 제안을 알렸다.

어느 너그러운 투자자에게서 응답이 왔다. 퀀텀 펀드의 조지 소로스였다. "소로스가 전화해서 일본에 대한 제 투자 아이디어를 물었습니다. 깜짝 놀랐죠. 2시간 동안 의견을 나눈 끝에 소로스는 1억 달러를 맡기고 '위성 펀드매니저' 역할을 주문했습니다. 당시 퀀텀 펀드의 운용 자산 규모가 약 10억 달러였던 것을 생각하면 상당히 큰 금액이었죠! 돌이켜 보면 그는 처음부터 일본에 자본을 배정할 소신이 있었기 때문에 저를 고용했을 겁니다. 그는 이미 50대 후반이었고 혼자서 뛰어다니며 모든 일을 직접 하기는 어려웠습니다. 때마침 리서치 보고서를 보낸 것이 행운이었죠. 그는 저를 분석적이고 활기차고 정직한 사람으로 봐주었고 믿어주었습니다." 아베의 철도회사 투자는 성공적이었다. 1987년 10월 검은 월요일의 대폭락을 경험하고도 철도 관련주는 1988년까지 약 다섯 배 상승했다.

1980년대 후반 일본 시장이 고점을 향하고 있다고 판단한 소로스는 1988년에 아베 캐피털 리서치에서 자본을 회수했다. 같은 해 아베도 뉴욕에 있던 회사를 정리하고 1989년 도쿄로 돌아와 스팍스 에셋 매니지먼트를 설립했다.

소로스와 협력한 2년은 아베에게 대단히 귀중한 시간이었다. "소로스가 아니었다면 지금 이 일을 하지 못했을 겁니다. 구체적인 가치 평가 모형을 배운 것은 아니지만 소로스가 어떤 마음가짐으로 정보를 인지하고 시장의 순환 주기를 평가하는지 이해할 기회였습니다. 예를 들어 그는 1987년 검은 월요일에 적극적으로 다양한 주식을 공매도해 역발상 베팅 방법을 보여주었습니다. 자산 거품이 꺼지더라도 이익을 낼 수 있는 법을 가르쳐주었죠. 공매도는 결과적으로 옳은 판단이었지만 시점이 다소 빨랐습니다."

소로스와 헤어진 것은 전화위복이었다. 일본으로 귀국하게 된 간접적인 요인이 되었기 때문이다. 투자자에게 일본 시장에 대한 전문성을 보여줄 계획이라면 일본에 있는 편이 경쟁력을 높이는 데 유리했다. 1985년에 결혼한 아내 도모코 역시 일본으로 돌아가는 데 동의했다.

음악으로 출발하다

1954년 일본 북부 삿포로에서 태어난 아베는 기업가적 환경에서 자랐다. 아버지(아베 고지)는 어머니(미쓰에)와 함께 집 차고에 철공소를 차려 일을 시작했고 나중에는 제철소에서 감독으로 일했다. "어린 시절 기억을 떠올려 보면 부모님은 늘 일을 하고 계셨습니다. 어머니가 남동생을 등에 업고 공장에서 굴뚝을 만들고 도색 작업을 했던 기억이 생생합니다. 목욕물을 데우는 용도를 비롯해 주요 연료로 석탄과 숯을 사용했던 당시 일본 가정에는 대부분 욕실에 굴뚝이 있었습니다."

1950년대에 삿포로는 작은 마을이었다. 비포장도로에 말이 주요 교통수단이었다. "모두 가난했지만 열심히 일했고 낙관적이었습니다. 일본은 가난한 나라고 일본이 발전하는 유일한 방법은 무역이라고 배웠던 시절입니다. 대단한 부자는 아니었지만 부모님 두 분 다 일을 하셨고 작게나마 직접 철공소를 운영하신 덕분에 상대적으로 형편이 나았습니다. 동네에서 제일 먼저 텔레비전을 샀어요. 스모 경기가 있을 때마다 온 동네 사람이 우리 집에 모여 함께 경기를 봤습니다."

아베는 집안의 장남이고 남동생이 두 명 있다. 부모의 일이 힘들다는 것을 알았지만 아버지의 뒤를 따르겠다고 늘 생각했다. 그러나 가족의 사업을 이어받기 전 음악가의 길로 잠시 우회하고 싶었다.

아베는 어린 시절 학교 합창단 단원으로 활동했다. 합창단은 지역 텔레비전 방송국의 후원으로 다양한 프로그램에 출연했다. 대중 앞에 서서 호응과 격려를 받는 것이 좋았던 그는 기타를 배웠고 10대에 접어들면서 컨트리 음악을 연주했다. "원래는 학교 성적이 우수했는데 음악에 정신이 팔렸습니다. 하루 종일 기타 연습을 하고 길거리에서 노래를 불렀습니다. 성적이 보통 수준으로 떨어졌죠."

열정과 현실은 별개다. 기타를 잘 치고 노래 실력도 꽤 괜찮다는 것을 알았지만 프로의 수준에 도달하려면 현실적으로 훨씬 더 노력해야 했다. "열정을 가지는 것도 중요하지만 자신을 객관적으로 판단해야 합니다. 음악을 즐겼지만 직업으로 삼을 정도의 실력은 아니었어요. 모든 인간에게는 예술적 유전자가 있고 일생 동안 적어도 한 가지는 세계적으로 경쟁력 있는 걸작을 만들어낼 수 있다고 믿습니다. 하지만 프로가 되려면 걸작이 하나 이상 필요하고 그러려면 재능이 계속해서 복제 가능해야 합니다. 투자도 마찬가지입니다. 투자에 열정이 있을 수는 있지만 투자를 전문으로 하려면 자기만의 시스템을 개발해야 하고 반복적으로 좋은 투자 대상을 찾을 수 있는 재능도 갖추어야 합니다."

아베는 현실을 직시했다. 아버지의 회사에 들어가기 전, 필요한 능력을 갖추기 위해 도쿄에 있는 소피아대학교에서 경제학을 공부했다. 대학 수업이 특별히 어렵지는 않았지만 영어를 공부하기 위해 야간 강좌를 들었다. 하루에 세 시간씩 진행되는 집중 강의였다. 2년 후 수강생 200여 명 가운데 20명만이 평가를 통과했고 아베도 그중 한 명이었다. "동급생보다 시간이 더 많았기 때문에 합격할 수 있었다고 생각합니다. 대부분은 가족을 부양하느라 공부와 시간제 일을 병행해야 했으니까요. 저는 아버지의 사업이 잘되어서 일을 하지 않아도 되었으니 운이 좋았습니다. 영어를 알면 일본이 아닌 다른 곳에서 사업을 할 기회가 더 많을 거라고 생각해서 그 수업에 열심이었습니다."

언어의 장벽을 허물다

　새로운 언어 능력으로 무장한 아베는 세상을 탐험하고 싶었다. 그는 학교 총장의 추천으로 매사추세츠주에 있는 보스턴주립대학의 교환 학생 프로그램에 참여했다. 1978년에 학부 과정을 마친 뒤에는 미국에 남아 공부를 더 하기로 하고 매사추세츠주 밥슨칼리지 경영학 석사 과정에 입학했다. "사업을 더 진지하게 생각하게 되었고 공부도 열심히 했습니다. 1년 동안 회계, 재무, 경제학 강의를 들었는데 어느 순간 세 과목이 어우러지면서 머릿속에 하나의 사업 구조를 형성했습니다. 기업에 대한 사례 연구를 살펴보고 숫자를 검토해 사업 모델을 시각화하려는 노력을 시작한 때였는데, 어떤 깨달음을 얻었습니다."

　미국에서 거의 3년을 보내고 경영학 석사 학위까지 받은 아베는 일본으로 돌아가 아버지를 돕기로 마음먹었다. 하지만 1979년 석유 파동으로 아버지의 회사가 심각한 타격을 입었고 파산 형태의 구조조정을 겪어야 했다. 아버지의 조언에 따라 그는 일본 대기업에서 경험을 쌓기로 하고 1981년 노무라 리서치 인스티튜트에 가전 분야 리서치 애널리스트로 입사했다. "노무라에서 이루고 싶은 뚜렷한 목표가 있었던 것은 아닙니다. 더 나은 연구원이 되어 언젠가 책을 쓰겠다는 소박한 목표가 있었죠. 영어를 할 수 있었던 덕분에 1년 뒤 뉴욕 지사에 배치되었고 주식 브로커로서 미국 기관투자가를 상대로 일본 주식 영업을 했습니다."

서구에서 배우다

미국으로 돌아간 아베는 어떤 식으로 일본 주식 영업을 해야 할지 전혀 몰랐다. 영어를 할 수 있는 일본인이라는 것이 유일한 강점이었다. "1980년대 초만 해도 일본 주식을 미국 기관투자가에 소개하는 것은 사실상 불가능했습니다. 애초에 관심이 없었으니까요. 일본 개별 기업의 주식을 중개해서는 그들을 끌어들일 수 없다는 결론을 내렸습니다. 20대 후반의 젊은 영업사원으로서 잃을 것이 없었던 저는 '포트폴리오 영업'이라는 개념을 생각해냈습니다. 다행히 노무라가 그 가치를 알아주었죠. 투자자에게 지나치게 이질적인 데다가 위험해 보일 수도 있는 일본 개별 기업의 주식을 영업하는 대신, 리서치 보고서를 공부하고 우리 회사의 리서치 팀이 추천한 모든 종목을 분석했습니다. 저 자신을 포트폴리오 매니저라고 생각하고 포트폴리오를 구성해 잠재 고객에게 제시했습니다. 다행히 포트폴리오를 소개할 때마다 가치가 상승하면서 차츰 고객이 늘었습니다."

아베는 투자하려는 논리적 근거가 타당하다면 그다음으로 필요한 것은 오로지 인내와 끈기라고 믿는다. 영업과 마케팅에서도 마찬가지다. 1년 넘게 포트폴리오를 영업한 그는 테네시주 정부의 투자 포트폴리오 다양화 정책 소식을 듣고 자신이 구축한 포트폴리오 모델을 보여주기 위해 내슈빌로 갔다. 매달 꼬박 1년을 만난 끝에 테네시주 정부는 5,000만 달러 계좌를 개설했다. "끈기와 정직성이 테네시주 투자 담당자에게 좋은 인상을 주었다고 생각합니다. 처음에는 주문을 주지 않았지만 먼저 나서서 그들을 만났습니다. 결국 제 포트폴리오가 그들을 설득했고 그 계좌 덕분에 노무라의 일본 주식 담당 브로커 가운데 가장 높은 생산성을 기록했습니다."

미국 시장에서 직접 구성한 포트폴리오를 영업하면서 아베는 일본 브로커 사이에 '미국 투자자는 소니나 토요타 같은 블루칩만을 취급하려 한다'는 잘못된 인식이 있다는 것을 알았다. 그것은 사실이 아니었고 가치투자자는 특히 달랐다. "인디애나주 콜럼버스에 있는 림스 에셋 매니지먼트의 프레드 림스가 가치투자를 가르쳐주었습니다. 재무제표를 자세히 검토하는 법, 숨은 자산의 가치를 평가하는 법도 가르쳐주었죠. 일본식으로 주식의 가치를 평가하는 방식에서 벗어날 것, 노무라의 블루칩 추천은 모두 무시할 것, 림스의 가치 명제에 들어맞는 종목을 찾아 자기만의 목록을 작성할 것을 가르쳤습니다."

그러다 우연히 피델리티 인베스트먼트를 알게 되었다. 사장인 네드 존슨을 만나고 그 후 피델리티의 스타 펀드매니저인 피터 린치와 린치의 제자였던 조지 노블을 알게 되면서 미국 투자자가 리서치에 기본적 분석을 적용하는 방법에 대한 통찰이 생기기 시작했다. 미국식 모델을 적용하자 일본 투자자의 투자 리서치가 얼마나 단순했는지 금세 알 수 있었다. 예를 들어 1950~1960년대에 일본 투자자가 주로 본 것은 기업의 장부가액을 기준으로 한 배당 수익률이었다. 실적 성장세를 간과한 탓에 소니를 비롯한 많은 종목이 PER 2~3배 수준으로 거래되었다. 이렇듯 헐값에 살 수 있는 일본 주식이 노련한 외국인 투자자의 눈에 들어왔고, 일본 시장에도 PER 개념이 도입되면서 1970~1980년대에는 가치 평가의 주류가 되었다.

"서구 투자자가 고도화한 주식 평가 방식을 경험했습니다. 일반적으로 서구인은 사물을 보는 관점을 바꾸지 않습니다만 투자자는 고도화된 사고 체계로 세계 곳곳에서 기회를 찾습니다. 1980년대에 아직 경험이 부족했던 저는 가치투자자가 되는 법을 배우기 위해 미국식 모델에 맞추어 제 사고방식을 바꿔야 했습니다. 그들의 입맛에 맞게 요리법을 바꾸는 수밖에 없었죠. 미국인이 날생선을 좋아하지 않는다면 저는 익혀야 했습니다. 생존의 문제였으니까요! 스팍스를 설립했을 때 전 세계 투자자가 일본 시장을 더욱 잘 이해하고 진가를 알아볼 수 있도록 미국식 가치 평가 모델을 사용해 일본 주식을 분석하는 것도 제가 해야 할 일이었습니다."

새로운 마음가짐으로 무장한 아베는 일본 손해보험사 가운데 할인되어 거래되는 기업을 찾았다. 재무상태표를 검토하고 자산을 조사한 결과 보유한 주식의 가치가 시가총액을 몇 배나 넘어서는 보험사가 많았다. PER은 시장 평균 수준이지만 청산 가치가 시가총액보다 몇 배나 더 큰 회사들이었다. 아베는 이런 기업에서 매력을 발견했고 많은 투자 기관이 동의했다.

몇 건의 투자를 성공적으로 추천한 아베는 1985년 아베 캐피털 리서치를 설립했고 1989년에 스팍스 에셋 매니지먼트를 설립했다.

스팍스의 진화

아베가 보기에 1980년대 말 스팍스를 설립할 당시의 일본 브로커는 확대된 시장에 안주하고 있었다. 투자자는 1986년 이후 좋은 성과를 이어온 주식시장에서 굳이 투자 방식을 바꿀 이유를 찾지 못했다. 블루칩 주식을 사고팔면 누구나 부자가 될 수 있으며 이러한 투자 방식에서 더 개선할 것은 없다고 믿었다. "일본 중소형주에 대한 리서치가 전혀 없었습니다. 대형 기관은 중소형주로 투자를 확장하는 것이 사업적으로 유의미하지 않았을 겁니다. 일본 시장이 과열되는 가운데 이성적인 펀드매니저조차 대형주에 투자할 수밖에 없었습니다. 이들 대형주의 PER은 무려 70~90배로 상승했습니다. 경쟁하려면 차별화가 필요했습니다. 저는 가치투자 기법을 소형주에 적용하는 전략을 택했습니다. 소형주는 유동성이 떨어지는 데다가 브로커가 영업을 시도하지 않았기에 PER 10배 초반 수준으로 크게 할인된 가격에 거래되고 있었습니다."

아베는 소형주 포트폴리오를 만들어, 일본 대형주에 투자하는 대형 외국계 기관을 대상으로 영업에 나섰다. 대형주는 이미 크게 할증된 가격에 거래되고 있다는 것이 그의 논지였다. 소형주가 없는 기관의 포트폴리오는 하락 위험에 취약해질 것이라고, 반대로 시장이 계속 상승한다면 소형주가 가치를 발휘할 것이라고 주장했다. 중동의 한 국부 펀드가 이 아이디어를 진지하게 받아들였고 스팍스는 1억 달러를 끌어올 수 있었다.

스팍스 설립은 아베에게 자연스러운 결과였지만, 사실 그는 일본 자산 가격 거품의 정점에서 시장에 뛰어든 셈이었다. 6개월 후, 일본의 대표 주가지수인 닛케이225지수가 하락하기 시작했다. 다행히 아베의 소형주 전략은 폭풍우를 견디고 살아남았다. "1989년 12월이 닛케이지수의 고점이었습니다. 그때 소형주지수는 아직 1,600포인트에 머물러 있었고 1년 뒤 4,100포인트로 고점을 찍었습니다. 대형주 시장이 제대로 돌아가지 않는다는 것을 깨달은 이들이 대형주를 대체할 시장에 투자를 결정하기까지 시간 차가 있었습니다. 운 좋게도 우리는 그 절호의 기회를 잡았습니다. 손만 대면 전부 올랐죠!"

1992년은 스팍스와 아베에게 가장 암울한 시기였다. 1993년에는 장외 시장인 자스닥이 급락했고, 스팍스의 매출은 애널리스트의 급여와 도쿄의 높은 임차료를 간신히 감당하는 수준이었다. "이제 와서 생각하면 생존 가능성이 희박하다는 사실을 깨달아야 했습니다. 그때는 젊은 데다가 열정이 있었고 제 투자 원칙을 믿었기 때문에 포기해서는 안 된다는 투지가 있었죠."

1994년 워버그 핀커스의 자금을 새로 조달하면서 희망이 살아났지만 일본의 '잃어버린 10년' 동안 투자는 고통스러운 일이었다. 1997년 스팍스는 운용 자산의 20%를 잃었고 같은 기간 벤치마크 지수는 41% 하락했다. "시장이 하락하고 있었습니다. 우리는 2년간 상승했고 그 후 하락했죠. 늘 출발 지점으로 되돌아왔습니다. 이론적으로는 시장이 20% 하락하고 우리는 10% 하락하는 데 그쳤으니 고객이 행복해야 했는데 어찌 되었든 우리도 하락했으니 고객이 절대로 행복할 수 없었죠! 위기가 닥치면 주식을 싸게 살 수 있기 때문에 가치투자자로서 기뻐해야 마땅하지만 고객은 애가 탑니다. 투자자에게 일본 시장에 대한 해법을 지속적으로 제공하려면 우리도 진화해야 했습니다. 자본을 보전하고 수익을 창출하기 위해서는 고객의 요구를 충족시킬 새로운 트레이딩 기법이 필요했습니다. 그래서 1997년에 선도적으로 롱쇼트(long-short) 펀드를 출시했습니다. 수익률이 시장을 상회하거나 가치가 상승할 것으로 예상되는 포지션을 사고(long) 그 반대 포지션을 파는(short) 전략으로, 시장이 상승할 때와 하락할 때 모두 수익을 창출하는 것이 목표였죠."

아베는 이렇게 설명했다. "1990년대에 일본은 역사적으로 매우 독특한 시점에 있었습니다. '디플레이션'은 경제학에서나 배운 개념이었습니다. 실제로 일어날 것이라고는 전혀 생각하지 못했죠. 하지만 디플레이션은 현실이 되었습니다. 이론적으로 디플레이션 체제에서는 주식을 보유해서는 안 됩니다. 수익이 감소한다고 해서 비용도 반드시 감소하는 것은 아니었기 때문입니다. 이런 시장 환경에서 살아남는 유일한 방법은 적응과 변화입니다! 우리는 가치투자 전략을 채택해 싼 주식과 비싼 주식을 찾았고 강세장과 약세장을 모두 유리하게 활용할 수 있었습니다."

롱쇼트 전략은 전통적인 가치투자와 차이가 있는 것처럼 보이지만 아베는 이렇게 논리를 뒷받침했다. "좋은 투자자는 시간이 흐르며 시장에 맞게 전략을 발전시켜야 합니다. 동시에 자신의 투자 철학과 원칙을 일관되게 지켜야 하죠. 워런 버핏의 전략은 벤저민 그레이엄이 제시한 가치투자 원칙과 다릅니다. 버핏이 진화하지 않았다면 코카콜라 같은 훌륭한 투자 대상을 발견하지 못했을 겁니다. 버핏은 브랜드 가치를 수익으로 전환하는 방식으로 전략을 개선했는데, 전통적인 가치투자와 달랐습니다."

서구화된 아시아를 건설하다

아베의 논리는 통했다. 스팍스는 1990년대 후반과 2000년대에 시장을 이끌었고 오늘날 아시아의 대형 투자 기관으로 성장했다. 그는 가치투자 전략을 바탕으로 일본 시장에 주력하지만 자신이 개발한 전략에만 얽매이지는 않는다. "기업가, 가치투자자, 일본과 아시아의 힘을 믿는 사람으로서 우리 회사가 문화, 관습, 언어의 장벽을 깨고 다양한 유형의 투자자에게 보편적인 가치 판단의 기준을 제공하기를 바랍니다. 동시에, 안주해서는 안 됩니다. 스스로에게 이의를 제기해야만 창의와 혁신이 가능합니다. 그러지 않으면 시장의 자연 선택 과정에서 도태될 것입니다."

아베에게 혁신은 필수다. "기업은 자본주의가 작동한다고 가정하지만 자본주의는 동양이 아니라 서양에서 발전한 이념입니다. 기업가 정신에 따르면 자본은 비용을 수반합니다. 그 비용을 능가하는 가치를 창출하는 것이 목표입니다. 이러한 사고방식은 전통적인 아시아 문화에는 존재하지 않습니다. 고대에는 사업과 교역을 쉽게 하기 위해 정부가 자본 비용을 제공했기 때문입니다. 마침내 아시아 경제는 아직 자본화가 이루어지지 않은 구조에서 스스로 벗어나고 있습니다. 이러한 변화 속도와 함께하려면 기필코 혁신해야 합니다. 또한 '게이레쓰(系列)', 즉 기업 집단이 장악한 일본은 전통적으로 매력이 떨어지는 투자처입니다. 주주가 아니라 자신의 이익을 위해 경영진이 봉사하기 때문입니다. 이 문제를 개선하려면 기업과 기업 문화가 발전해야 합니다."

2003년 아베는 아시아 시장의 통합을 목표로 재팬 밸류 크리에이션 인베스트먼트 스트래티지 펀드를 개발했다. 스팍스는 캘리포니아의 공무원 퇴직 연금, 샌디에이고의 릴레이셔널 인베스터즈와 손잡고 일본 기업 지배구조 개선을 위해 노력했다. 이익의 질, 사업의 핵심 역량, 비용 관리, 주주 가치를 강조하며 시장의 새로운 강자로 부상했고 많은 일본 기업의 지배구조 개선과 효율화를 촉진했다. 그럼으로써 큰 투자 수익을 창출했을 뿐만 아니라 일본의 기업 문화를 변화시켰다.

스팍스는 투자 영역을 확장하기 위해 2005년 한국의 코스모라는 자산 운용사를 인수했다. 2006년에는 홍콩 PMA 인베스트먼트 어드바이저를 인수했다. 아베에게 스팍스의 확장은 아시아를 아우르는 투자회사로 진화하는 자연스러운 단계였다. "우리의 목표는 독점적 지위를 키우고 강화하는 것입니다. 코카콜라라는 이름이 곧 품질, 신뢰성, 좋은 평판과 동일시되는 것처럼 말이죠. 아시아에서 투자 서비스를 찾을 때, 신뢰할 수 있는 우량 브랜드로 스팍스를 떠올리게 되기를 바랍니다."

가치를 찾아서

아베에게 가치투자는 투자 대상의 진정한 가치와 시장 가격의 차이를 이용한 차익 거래 기회다. "스스로에게 질문해야 합니다. 이 사업은 왜 돈이 벌리는가? 최적의 성과를 낼 수 있는 영역은 어디인가? 그다음에는 경영자의 관점에서 그 사업의 가치가 얼마인지 생각해야 합니다. 투자 분석은 예술이고 과학입니다. 투자의 예술적 혹은 정성적 측면은 타고나야겠지만 때로는 경험이 타고난 것을 발전시킵니다.”

오랜 세월에 걸쳐 아베가 배운 것은 ‘집중’이다. 현명한 투자자는 다양한 유형의 투자 대상을 이해하고 분석하는 대신 특정한 유형의 자산에 전념해야 하고 자신의 성격과 위험 감수 성향에 가장 적합한 자산을 찾아야 한다. “채권이나 다른 국가 주식도 좋아할 수 있었겠죠. 하지만 항상 일본 주식에 집중했습니다. 제 시장 지능(market intelligence)은 일본 주식에 구축되어 있습니다. 투자자에게는 집중력과 함께 비전도 필요합니다. 세상은 직선적으로 분석할 수 없기 때문에 기회나 위기의 시기에 앞을 내다볼 줄 알아야 합니다. 과거에 기초한 현재 사실로 미래의 결과를 시각화해야 합니다.”

과학적·정량적 투자 기술은 육성할 수 있다. 아베가 스팍스를 설립했을 때에는 경력 사원을 채용할 여력이 없었다. 일본의 문화적 특성도 인재를 고용하는 데 걸림돌이었다. 전통적으로 좋은 학교의 졸업생은 잘 알려지지 않은 작은 회사에서 일하는 위험을 굳이 감수하지 않았다. 아베는 천천히 팀을 꾸리고 차근차근 애널리스트를 키워나가야 했다. 청년이 기업 분석에 체계적으로 접근하도록 지도하는 동안, 아베는 고등부 과외 교사가 된 기분이었다. 결국 그들은 숙련된 애널리스트가 되어 스팍스의 초기 성장을 도왔다.

“투자는 명확한 전략을 세우는 것이 중요합니다. 또한 수치화한 목표나 수익 자체가 원칙과 전략을 장악하게 내버려 두어서는 절대 안됩니다. 아이디어가 떠오르면 브레인스토밍을 하고, 창의력을 발휘해 과거와 미래를 생각하며, 자신의 논지를 시험해보아야 합니다. 그런 다음 그 투자 대상의 잠재적 가치와 창출할 수 있는 수익을 체계적인 방법으로 분석해야 합니다. 주식을 조사할 때에는 평범한 투자자가 궁금해하는 지표를 모두 검토합니다. 다음으로 2~3년 후 가치를 계산합니다. 가정을 시험하고, 민감도 분석을 실시하며, 투자 목표를 설정합니다. 대개 1개월을 '장기간'으로 규정하는 시장과 달리 우리는 그 기업의 사업이 지닌 장점에 초점을 맞춥니다. 기업의 실적을 수년 앞서 예측하는 것은 가능하지만, 세상은 불확실하고 끊임없이 변화하기 때문에 예측이 모호해지고 무의미할 수 있습니다. 가치투자자로서 제 목표는 기업의 가치를 최대 3년까지 예상하는 것입니다. 그 이상은 전부 투기 행위입니다."

통찰을 얻고 아이디어를 창출하기 위해 아베와 그의 팀은 매주 목요일 오전 7시에 만나 아침을 먹고 커피를 마시며 한두 시간 브레인스토밍을 한다. 아베는 이 모임을 '버핏클럽'이라고 부른다. 이 시간을 통해 회사의 애널리스트와 포트폴리오 매니저는 각자 가진 주식 아이디어와 경제적 관점을 자유롭게 공유한다. 좋아하는 투자서를 가져와 토론하며 통찰력을 키우기도 한다. 아베는 벤저민 그레이엄의 《현명한 투자자》와 조지 소로스의 《금융의 연금술(The Alchemy of Finance)》을 특히 좋아한다. "브레인스토밍 중에 의견이 엇갈리면 본래 취지로 돌아가서 다시 숫자에 집중합니다. 미래를 설명할 때에는 우리 두뇌의 예술적 측면과 과학적 측면이 함께 관여합니다. 미래에 관해서는 맞고 틀린 것이 없기 때문에 목표를 설정하고 모든 가정을 조화시키는 것이 중요합니다. 물론 상식과 경험도 빼놓을 수 없죠."

아베는 자신의 인생을 돌이켜 볼 때 "일본이 준 엄청난 기회를 감사히 여깁니다"라고 말했다. 가혹한 기업 환경의 현실에서 내딛는 한 걸음 한 걸음이 불확실했지만 그는 '행운은 덤이며 지나친 자신감은 실패 요소'라는 것을 배웠다. 경력 초창기에 일본 주식을 영업하며 어려움을 겪었고 자산에 거품이 형성되던 시기에 스팍스를 설립해 어쩔 수 없이 투자 전략을 조정해야 했지만, 그것은 그가 타인의 감정을 이해하는 펀드매니저이자 한 인간으로 성장하는 데 도움이 되었다. 근면, 정직, 극도의 성실성은 그가 고집스럽게 지켜온 덕목이다.

2003년 10월, 세계가 인터넷 거품 붕괴, 9.11 테러, 중증급성호흡기증후군(SARS) 사태의 여파에서 회복하기 시작했을 때, 아베는 이 시기를 관통한 경험을 글로 남겼다. "내일은 어제에서 오늘로 이어지는 흐름이다. 중요한 것은 그 과정에서 절대로 지름길을 찾지 말고 하루하루 최선을 다하는 것이다. 시행착오를 거듭하다 보면 구체적이고 반복되는 어떤 유형이 점차 드러난다. 처음에는 통찰이 명징하지 못할 것이다. 하지만 시간이 지나면 더 명확한 자신감과 확신으로 바뀔 것이다!" 실제로 이것은 스팍스의 정신이자 가치투자자 아베의 좌우명이다.

14

가치를 추구하는 마음의
영원한 행복

브니 예

V-Nee Yeh

밸류 파트너스 그룹(홍콩)
Value Partners Group

군중과 함께일 때에는 세상의 뜻에 따라 살면 수월하다.
혼자일 때에는 자신의 뜻대로 살면 수월하다.
그러나 진정으로 위대한 사람은
군중 속에서도 더할 나위 없이 온화하게
고독이라는 독립성을 지키는 사람이다.

— 랠프 월도 에머슨

브니 예는 1993년 설립된 홍콩 소재 자산 운용사 밸류 파트너스의 공동 창업자다. 밸류 파트너스는 가치투자 원칙을 적용해 아시아·태평양 지역에서 투자 기회를 찾는다. 이 회사는 2006년 밸류 파트너스 그룹으로 재편되어 2007년에 홍콩증권거래소에 상장되었다.

2019년 말 기준 운용 자산은 총 150억 달러로 아시아 자산 운용사 가운데 최대 수준이었다. 1993년 4월 출범한 밸류 파트너스 클래식 펀드 A는 2020년 3월 31일 기준 누적 수익률 2,989.20%, 연평균 수익률 13.50%를 기록했다. 같은 기간 홍콩 항셍지수의 수익률은 누적 기준 523.40%, 연평균 7.00%였다.

예는 1996년 경영 일선에서 물러난 후 아시아 전역에서 새로운 투자 인재를 발굴해왔다. 2002년에는 아가일 스트리트 매니지먼트의 공동 창업자이자 회장이 되었다. 아가일은 가치투자 접근법을 이용해 부실기업과 특수 상황에 처한 기업에서 투자 기회를 찾는다. 2003년 치타 인베스트먼트 매니지먼트 그룹 회장으로 취임한 예는 구조조정을 통해 가치투자 매니저를 발굴하고 아시아 투자를 테마로 한 가치 펀드를 편입하는 재간접 펀드 형태로 그룹을 재편했다.

V-Nee Yeh

"1987년 10월 19일 검은 월요일, 다우지수가 20% 이상 폭락하면서 처음으로 시장의 공황을 경험했습니다. 세계 경제가 심각한 침체에 빠질 것이라고 확신했지만 얼마 지나지 않아 제 생각이 완전히 틀렸다는 것이 입증됐죠." 당시 28세였던 예에게 거시경제 예측은 몹시 어려운 것이었다. 무엇이 옳고 그른지 사후에 판단하는 것은 얼마든지 가능하다. 하지만 빠르게 변화하는 경제 사건에 대해서는 확실한 사실과 수치를 바탕으로 내린 판단도 부정확하기 쉽다. 개별 기업의 펀더멘털을 이해하는 것이 더 쉬웠던 그는 경제 수치에 초점을 맞추는 대신 개별 기업에 관심을 집중했다. "위기가 닥칠 때에는 '지속 가능성'이 경기 침체에 대비하는 가장 큰 보험이라는 사실을 검은 월요일을 겪으면서 알게 되었습니다. 이런 점에서 현금흐름 창출 능력은 기업의 가치를 파악하는 가장 기본적이고 합리적인 근거입니다."

독립적 사고, 투자에 대한 역발상적 접근, 극단적인 시장 상황에서도 행동에 나서는 용기가 삶을 더욱 풍요롭게 만든다고 믿었던 예는 이미 진정한 가치투자자의 특성을 갖추고 있었지만 정작 투자 세계에 뛰어들 생각은 전혀 하지 않았다.

여러 학문 분야를 섭렵하다

예는 1959년 홍콩의 이름난 가문에서 태어났다. 그는 부모인 머우 첸과 청싱이 상하이 출신 난민이라고만 언급했다. 중국에서 탄탄한 건설회사를 소유했던 조부 칸니는 불확실한 중국의 정치 상황을 피해 1937년 홍콩으로 이주했다. 그의 가족은 모든 것을 버리고 홍콩에 정착해 아무것도 없이 새로운 삶을 시작했다.

예는 어릴 때부터 가치와 겸손을 머릿속에 새겼다. "가족 모두는 항상 검소했습니다. 어릴 때부터 얼마 안 되는 용돈 안에서 책임감 있게 예산을 세우고 그 범위 안에서 지출했습니다. 여동생과 저는 돈과 물질주의의 의미를 배웠습니다. 좋을 때에는 분위기에 휩쓸리지 말고, 나쁠 때에는 털어버리라고 배웠죠."

학창 시절에는 학교 공부, 과외 지도, 운동으로 하루하루가 바빴다. 상상력을 자극하기 위해 만화와 중국 무협 소설을 읽었지만 성적이 뒤처지지는 않았다. 16세 때 홍콩을 떠나 미국으로 유학을 가서 매사추세츠주에 있는 밀튼아카데미를 우등으로 졸업했다. 그 후 윌리엄스칼리지에서 마르크스주의 역사학을 공부했으며 1981년 역사학 학사 학위를 받고 차석으로 졸업했다. "어렸을 때에는 꿈이 없었습니다. 되고 싶은 것도 없고 이루고 싶은 것도 없었죠. 윌리엄스

칼리지는 진보적인 학교라는 이유만으로 선택했습니다. 1970년대는 진보주의자가 꽤 근사했던 시대죠."

졸업 후 바로 일을 하고 싶지 않았던 예는 컬럼비아대학교에서 법학을 공부하며 학생 신분을 이어갔다. "역사를 더 깊이 공부할 생각은 없었습니다. 게다가 진보주의자로서 경영학 역시 공부하고 싶지 않았죠. 그래서 차악으로 법학대학원에 진학했습니다." 당장은 어리석어 보이는 많은 결정도 훗날 돌이켜 보면 더 넓은 체계를 형성하는 데 크게 기여한다. 그는 좌파적 성향과 신념에 기초해, 계급 없는 사회라면 출신, 계층, 인종, 배경에 대한 편견 없이 모두에게 기회를 제공해야 한다고 생각했다. 다양한 기본 원칙과 법률이 다양한 사회의 행동 양식을 형성하는 방법을 법학으로 탐구하고 싶었다. 삶의 의미를 찾고 진로를 발견한 것은 아마도 이런 주제를 파고든 결과였을 것이다.

법학을 공부하던 예는 곧 다른 주제에 관심을 가지게 되었다. "법을 공부할 때 두 해 여름 방학을 서기로 일했습니다. 그때 경험으로 변호사는 제 성격에 맞지 않는다는 것을 확실히 알았죠. 한번은 증권업 규제에 관한 수업을 신청했는데 투자은행가의 강의를 듣게 되었습니다. 투자은행에서 하는 일에 흥미가 생겨 기업 금융 분야에서 일해 보고 싶었습니다."

새로운 분야에 관심을 기울이면서도 예는 1984년 컬럼비아 법학대학원 최고의 학문적 영예인 할란 피스크 스톤 장학생으로 학교를 졸업했다. 25세에 캘리포니아주 변호사 시험에 합격한 그는 뉴욕에 있는 투자은행 라자드 프레르의 제의를 받아 입사했다.

예는 정식으로 재무와 회계 교육을 받지 못한 채 현실 세계에서 첫 도전에 직면했다. 처음 6개월 동안은 그야말로 '죽기 아니면 살기'였다. 살아남기 위해 다른 누구보다 더 일한 결과, 끊임없이 변화하며 빠르게 달리는 기업 세계의 속도를 따라잡을 수 있었다.

라자드 프레르 뉴욕 지사의 기업 금융부에서 일하던 예는 인수 합병 영역으로 방향을 전환했다. 1988년 그는 런던으로 가서 프롭 트레이더(proprietary trader)로 일하며 회사의 고유 계정을 활용한 위험 차익 거래(risk arbitrage, 한 회사의 주식을 매수하고 동시에 다른 회사의 주식을 공매도하는 전략)를 담당했다. 1989년에는 라자드 브러더스 캐피털 마켓 파트너로 임명되었다. "대형 투자은행보다 유연한 구조였기 때문에 다른 사업부로 자리를 옮겨 관심 분야를 깊이 파헤칠 수 있었습니다. 다양한 기회가 주어졌습니다. 특히 기업 금융부의 선임 파트너 피터 스미스가 금융 분야에 배경이 없던 저를 믿고 채용해준 것은 지금도 감사하게 생각합니다."

회사의 여러 선임 파트너에게 투자에 관한 지식을 얻었지만 가장 기억에 남는 교훈을 준 사람은 어리석었던 자기 자신이다. "콜드 콜(cold call, 무작위 전화 영업) 브로커의 추천을 받아서 제 투자 경력 최초의 매매를 진행했습니다. 삼겹살 선물 거래 같은 것을 강력히 추천했는데 그럴듯하게 들렸어요. 얼마 안 가 두 달 치 월급이 사라졌죠. 고통스러웠지만 결정적인 투자 교훈을 얻었습니다. 무엇이든 사기 전에 직접 실사해야 하고, 그 누구의 조언도 액면 그대로 받아들이면 안 된다는 것이죠."

예는 아버지의 무조건적인 지지 덕분에 사회생활 초기에 진로를 자유롭게 선택할 수 있었다고 말한다. "아버지 세대 중국인을 기준으로 볼 때 굉장히 개방적인 분이었습니다. 가족 사업을 같이 해야 한다고 절대로 강요하지 않았고, 제가 열정을 가진 일이라면 전폭적으로 지지한다고 말했어요. 간섭하지 않는 아버지의 방식 덕분에 부담감이 없었습니다. 간접적인 방식으로 책임감을 더욱 키워주었죠."

　가족 기업인 신총 인터내셔널이 일련의 구조조정을 거치게 되었을 때 예는 집으로 돌아가 아버지를 돕는 것이 자신의 책임이라고 생각했다. 1990년 그는 라자드의 파트너 직을 사임하고 홍콩으로 돌아갔다.

편안한 가격을 찾아서

　예의 가족은 1989년 톈안먼 사건 이후 구조조정을 결정했다. 중국에 대한 신뢰가 크게 흔들린 데다가 1997년 홍콩의 중국 반환을 앞두고 많은 홍콩 기업인이 크게 우려하는 것을 보았기 때문이다. "우리 회사는 증권거래소에 상장된 중소기업이었습니다. 주로 부동산 건설과 개발, 관리를 했고 해운 사업도 했습니다. 아버지의 형제는 홍콩의 미래를 걱정했습니다. 주주 전체에게 유동성을 제공할 수 있는 최선의 해결책을 생각해내야 했죠. 구조조정은 모두에게 공평한 방법이었습니다." 그는 가족의 지주 회사를 신총 컨스트럭션 그룹과 신총 인터내셔널 홀딩스로 분할했다. 그 후 1992년 차입금을 이용한 기존 경영자 인수(MBO) 방식으로 신총 인터내셔널 홀딩스를 비공개 기업으로 전환했다.

완벽한 타이밍에 기민하게 금융 기술을 활용한 예는 금융계의 찬사를 받으면서 순식간에 명성을 얻었다. "이제 와서 돌아보면 굉장히 운이 좋았습니다. 우리가 제시한 인수 가격에 대한 소액 주주의 반응이 호의적이었거든요. 톈안먼 사건은 1992년 초반까지도 여전히 시장 심리에 그늘을 드리웠습니다. 그런 상황에서 우리가 제법 괜찮은 가격을 제시했다고 받아들여진 것이죠. 주주를 압박하면서 거래를 6개월 정도 늦췄다면 일이 성사되지 않았을 겁니다. 덩샤오핑이 중국 남부 순방 중에 낙관적인 발언을 하면서 시장의 심리가 긍정적으로 바뀌었으니까요."

1992년 3월, 당시 중국 최고 지도자이던 덩샤오핑은 홍콩과 인접한 광둥성을 방문해 투자자를 안심시키고 확신을 주기 위해 과감한 시장 개혁을 언급했다. '부자가 되는 것은 영광'이라는 덩샤오핑의 선전 구호는 홍콩, 대만, 싱가포르 등 중화권 시장 투자에 관심을 불러일으켰다. 당시 모건스탠리 애널리스트 바턴 빅스는 중국 경제에 대해 '최대 강세(maximum bullish)'를 전망했다.

1992년 말부터 1993년까지 홍콩 항셍지수가 30% 이상 상승하면서 투자한 주식의 밸류에이션이 상승했다. 또한 경영자 인수를 위해 조달했던 부채를, 회사의 선단을 매각해서 상환할 수 있었다. 비공개 기업이 된 지주 회사는 이로써 비용 부담이 없는 자산을 보유하게 되었다. 이 거래로 시장의 천재라는 그의 명성은 더욱 높아졌다. "타이밍을 잘 맞힌 것처럼 보였지만 정말로 운이 좋았고 순조로웠습니다. 인수 합병이나 투자에서 최선의 가격이 얼마인지는 결코 알 수 없습니다. 그저 남이 어떻게 생각하는지 혹은 시장이 어떻게 생각할지 추측하지 않고 마음에 드는 가격을 제시할 뿐입니다."

가치투자 파트너를 만나다

가업을 재정비한 예는 홍콩에서 새로운 기회를 모색했다. 여전히 만화책을 즐겨 읽었고 스키를 탔지만 둘 다 직업이 될 수는 없었다. 예는 생각 끝에 자신의 궁극적인 열정이 투자에 있다는 사실을 깨달았다. "1990년대 초반까지만 해도 가치투자를 몰랐습니다. 실사를 하고 투자 대상에 지나치게 비싼 값을 지불하지 않도록 확실히 해두는 일이 재미있었을 뿐이죠. 여러 사람과 아이디어를 나누던 어느 날 나중에 사업 파트너가 된 체아 챙 하이를 소개받았습니다. 서로의 관점과 투자 철학이 마음에 들었고 우리가 사실상 가치투자자라는 사실을 깨닫게 되었습니다."

말레이시아 페낭 출신인 체아는 저널리스트로 출발했다. 그는 1989년 런던에 본사를 둔 투자은행 모건 그렌펠 홍콩 지사에서 아시아 중소형주 투자를 위한 리서치 업무를 수행했다. 예가 신총 인터내셔널 홀딩스를 비공개 기업으로 전환할 때, 모건 그렌펠은 신총 인터내셔널 홀딩스 소액 주주의 재정 고문 역할을 했는데, 리서치 책임자로서 체아는 소액 주주를 위해 비공개 기업 전환의 장단점을 제시할 책임이 있었다. "신총을 비공개 기업으로 전환할 당시에는 챙 하이를 몰랐지만 우리의 제안을 분석한 그의 보고서를 읽고 존경하는 마음을 가지게 되었습니다. 실사와 투자 논거가 굉장히 인상적이었고 통찰력이 있었습니다. 소액 주주를 대표해 자신의 견해와 밸류에이션 근거를 타당하고 분명하게 제시했습니다."

나중에 더 가까워진 두 친구는 투자회사를 설립하자는 데 뜻을 모았고 실제로 1993년에 밸류 파트너스를 공동 설립했다. "560만 달러로 첫 펀드인 밸류 파트너스 클래식 펀드를 출시했습니다. 체아, 저, 비서 한 명이 전부였죠. 제 가족의 사무실에 딸린 작은 방 하나를 빌렸습니다. 그렇게 모든 것이 시작되었죠. 목표가 무엇이냐고 누군가 물었다면 사실 아무런 실마리도 없었습니다. 우리 돈을 직접 투자하고, 고객이 우리를 믿게 되면 고객의 돈을 받아 투자하면서, 리서치 대상에서 벗어나 있는 홍콩의 소형주를 가치투자 방식으로 찾으려고 했습니다."

1990년대 투자 지형을 검토한 예는 홍콩이 이미 아시아의 중요한 금융 중심지인데도 홍콩 국내 투자자의 시각이 상당히 단기적이고 투기적이라는 사실을 알게 되었다. 많은 국내 투자자가 신중한 투자 전략 없이 소문과 요령에 의지했다. "첫 펀드를 출시했을 때만 해도 가치투자는 아직 생소한 영역이었습니다. 우리처럼 하는 경쟁자는 없었습니다. 기본적 분석에 집중해 기업의 구조, 사업 모델, 현금흐름 관리를 파악했고 다음으로 그 기업을 비공개 기업으로 전환한다고 가정하고 적정 가치를 구했습니다. 하락 위험에 초점을 맞추었고 할인된 가격에 거래될 때 매수했습니다."

예는 투자 논리를 더 자세히 설명했다. "투자에는 광범위하고 횡적인 사고방식이 필요합니다. 투자 기회를 발굴할 때에는 언제나 현금수익률(cash yield)을 가장 먼저 생각합니다. 기업이 얼마나 많은 현금을 창출하는지 파악합니다. 하락 위험을 평가할 때, 불리한 사업 환경에서 궁극적으로 기업을 구제하는 것은 잉여현금흐름 창출 능력입니다. 매도할 때에는 항상 재투자 위험을 생각합니다. 가치투자자로서 배운 가장 큰 교훈은 사람들 대부분이 싼 가격에 팔아치우면서 재투자 위험을 과소평가한다는 것입니다. 투자를 잘했더라도 매도하고 나면 결국 그 돈을 다시 투자해야 합니다. 재투자 능력은 상당히 과소평가되어 있습니다. 훌륭한 투자자는 자본을 재투자해서 복리 효과를 창출할 좋은 아이디어를 끊임없이 만들어낸다는 점에서 평범한 투자자와 구별됩니다. 우리는 장기적으로 보유할 수 있는 소외된 소형주를 찾아 마침내 밸류 파트너스를 창업했습니다. 우리의 좌우명인 '규율에 따른 투자'는 돈을 더 끌어모으기 위한 홍보 구호가 아닙니다. 우리의 진심이죠! 가치투자자라면 엄격한 규율이 있어야 하고, 그 자질이 시간과 지속적인 실천을 통해 반드시 입증되어야 한다는 것이 우리의 신념입니다."

엄격한 규율에 따른 투자로 밸류 파트너스는 운용 자산 규모를 거의 90억 달러(2011년 기준)로 늘렸고 연이은 시장의 위기를 거치며 더욱 강력하고 더욱 뛰어난 시장 참여자로 탈바꿈했다. 자본이 자유롭게 드나드는 홍콩은 오랫동안 유동성이 풍부한 시장이었다. 홍콩이라는 독특한 금융 중심지는 국내외를 막론하고 늘 어떤 형태로든 위기의 영향을 받아왔다. "20년이 안 되는 기간에 시장의 순환 주기를 다섯 차례 거쳤습니다. 2~3년마다 위기를 경험했고 그때마다 그 위기에서 벗어났습니다. 지난 위기는 우리의 자신감을 더욱 키웠고 가치투자의 효과를 입증했습니다."

예에게 투자는 어렵지만 도전해볼 만한 즐거운 여정이었다. 하지만 심각한 위기도 두 차례 있었다. 한 번은 재정적으로 어려웠고 한 번은 심리적으로 지쳤다. "1997년 외환위기와 그 여파가 만만치 않았습니다. 펀드 환매 요청이 쇄도했고 밸류 파트너스로서는 아슬아슬한 순간이었습니다. 주식시장이 50% 이상 하락하자 홍콩 정부는 홍콩 달러와 미국 달러의 통화 연동제를 유지하기 위해 국내 블루칩 주식을 대거 사들여 시장을 구제했습니다. 중소형주 위주로 보유한 우리는 어둠 속에 남겨졌죠. 중소형주가 PER 3배 수준까지 하락한 가격으로 거래되면서 심한 압박이 있었지만 다행히 견뎌냈습니다. 1990년대 후반과 2000년대 초반 닷컴 버블 때에는 심리적으로 좌절했습니다. 규율에 따라 기술주에 진입하지 않았던 우리는 고객의 비웃음을 샀고 빗발치는 항의에 시달렸습니다. 하지만 기술 관련 종목 비중을 포트폴리오의 1% 미만으로 가져간 덕분에 시장의 폭락에서 살아남았고 규율이 핵심이라는 것을 입증했습니다. 인터넷 거품이 꺼지기 전, 우리는 시장이 눈길도 주지 않던 중국 B주(상하이와 선전 증권거래소에 상장된 보통주로, 액면가는 위안화로 표시되지만 미국 달러나 홍콩 달러로 결제)를 보유하고 있었습니다. 중국 정부가 중국 내국인 투자자에게 B주 시장을 개방하면서 우리 포트폴리오 가치는 80% 상승했습니다. 같은 기간 시장 지수는 50% 폭락했죠."

가치투자자를 알아보는 눈

일도 바빴지만 개인적인 삶도 바쁘게 꾸려왔다. 1994년에 미라 렁과 결혼해 1996년에 딸 나디아를 낳았다. 딸이 태어난 해에 예는 밸류 파트너스 경영에서 물러났다. 공동 창업자인 체아 쳉 하이에게 펀드 운용을 맡기고 예는 명예 회장으로서 통찰과 아이디어를 공유하며 긴밀하게 관여하고 있다. "쳉 하이는 펀드가 출범할 때부터 최고투자책임자로 일했습니다. 밸류 파트너스의 성공을 이끈 주된 공로자입니다. 사실 저는 동업자로서 의견을 나눴을 뿐입니다. 그처럼 신뢰할 수 있는 동업자가 있을 때 최고의 전략은 그 동업자에게 책임을 맡기고 가장 잘하는 일을 할 수 있게 만들어주는 것이죠!" 예는 자신의 약점을 잘 알고 있다. "저는 진정한 펀드매니저라기보다는 기업가에 가깝습니다. 투자에 열정이 크기는 하지만 훌륭한 펀드매니저로서의 '킬러 본능'은 없습니다. 하지만 더 먼 곳을 보고, 2인자로서 언제나 체아를 지지합니다."

예가 밸류 파트너스 경영에서 물러난 이유는 또 있다. 1996년 그는 홍콩증권거래소 상장위원회 위원이 되어달라는 요청을 받았다. 잠재적인 이해 상충을 피하려면 밸류 파트너스의 일상적 업무와 거리를 두는 것이 적절했다. 가족 사업도 살펴야 했던 그는 집중력을 분산하는 것이 관련된 모든 사람에게 부당한 일이라고 판단했다.

가업을 경영하면서도 계속해서 투자 기회를 모색했던 예는 2002년에 홍콩에서 투자 운용사 아가일 스트리트 매니지먼트를 공동 설립했다. "킨 챈과 앤절라 리를 만나 파트너가 되었습니다. 관여하는 자산 종류와 투자 방법만 다를 뿐, 쳉 하이와 닮은 성격에 가치투자 철학도 비슷했습니다. 두 사람의 재능과 헌신을 보면서 한 팀이 되었다는 것이 행운이라고 생각했습니다. 처음 회사를 설립했을 때에는 직접 실무를 맡았지만 회사가 궤도에 오르면서 손을 놓고 두 사람에게 회사 운영을 맡겼습니다."

일선에서 물러나 펀드매니저의 매니저가 되기로 한 결정에 대해 예는 이렇게 설명했다. "많은 투자자와 투자서가 올바른 투자 스타일과 방법에 대해 이야기합니다. 하지만 처음부터 방식의 옳고 그름에 너무 얽매여서는 안 된다고 생각합니다. 특정한 투자 스타일을 정하기 전에 자신을 먼저 이해해야 합니다. 차분하고 인내심이 있다면 가치투자가 맞을 겁니다. 성격이 급하고 공격적인 성향이라면 트레이딩에 가까운 접근법이 더 적합할 수도 있습니다. 투자는 어떤 고정된 형식을 찾는 것이 아니라 자신의 기질에 맞는 투자 방법을 파악하고 시간과 경험을 통해 전략을 개선해나가는 것입니다. 그러지 않으면 항상 자기 자신과 싸우게 될 겁니다!"

예는 이 같은 믿음을 바탕으로, 같은 철학을 공유하며 다양한 전략을 시장에 적용할 새로운 투자 인재를 꾸준히 발굴해왔다. 2003년 치타 인베스트먼트 매니지먼트 회장으로 취임한 그는 다양한 아시아 투자 테마 펀드를 육성했다. 그와 그의 파트너는 가치투자 원칙을 바탕으로 아시아·태평양 지역에서 다양한 펀드를 출시했다. "좋은 펀드매니저를 찾는 것은 예술의 영역입니다. 지난 17~18년간 많은 가치투자자와 협력했고, 뜻한 바를 실천하는 진정한 가치투자 펀드매니저의 보디랭귀지를 읽는 일종의 직관을 터득했습니다. 그들의 생각과 관점이 제게도 서서히 스며들었습니다. 훌륭한 펀드매니저는 진정으로 장기적인 가치를 창출할 수 있습니다. 하지만 수익률 기록 너머에 있는 펀드매니저의 진정한 기질과 스타일을 이해해야 합니다. 또한 그들의 기질과 전략이 옳다고 해도 경기 순환 주기의 영향으로 성과가 부진할 수 있기에 인내심과 장기적인 투자 기간이 필요합니다."

가치 있는 사람

홍콩에 살면서 중국 경제 성장의 수혜를 기대하는 외국 자본의 유입을 목격한 예는 세계화의 의미를 체감했다. 이른바 동서 분할에 대해 그는 이렇게 설명했다. "세계는 점점 작아지고 있고 세계화와 인터넷이 젊은 세대의 사고방식을 융합시켰습니다. 동양과 서양의 문화적 차이에 지나치게 의미를 두어서는 안 됩니다. 투자 측면에서 말하자면 서양은 이미 나름의 가치 평가 방법을 개발했지만 동양의 투자 문화와 사고방식은 아직 발전 초기 단계입니다. 가치투자는 분명히 좋은 방법이지만 일반 투자자가 그 원칙을 이해하려면 시간이 필요합니다. 아시아 가계 자산에서 부동산이 차지하는 비중이 불균형적으로 커서 주식시장이 확대될 여지가 여전히 많습니다. 특히 중국에서 새로 떠오르는 중산층이 주식에 자본을 할당하기 시작하면 시장은 더욱 확대될 겁니다."

예가 우려하는 것은 세계적인 불확실성이다. 잘못된 정치적 결정으로 세계 경제의 급격한 침체를 가져올 수 있는 '테일 이벤트(tail events, 자산 가치에 막대한 영향을 미칠 수 있는 일회성 사건)' 가능성이 증가하고 있다는 것이다. 실제로 2008년 리먼 브러더스 붕괴 이후 체감 경기는 금융시장의 문제가 아니라 정치적인 문제에 더 큰 영향을 받아왔다. "경제학자는 다양한 상황에서 좋은 해법을 제시해왔지만 늘 정치적 제약과 여러 정치적 동기가 좋은 아이디어를 망쳤습니다. 세계는 그 어느 때보다 불확실하고, 세계 시장은 그 어느 때보다 가깝게 연결되어 있으며, 시장의 변동성은 정도의 차이만 있을 뿐 근본적으로 달라지지 않았습니다. 이런 점에서 가치투자 방법론은 제가 이 일을 시작했을 때나 지금이나 여전히 적절하고 의미가 있습니다. 가치투자의 본질은 적정하고 온전한 가치를 알아보는 감각을 키우는 것입니다. 보수적인 지점에서 출발해 안전마진을 찾아야 하기 때문입니다. 보수적으로 출발하지 않으면 오차 범위가 커질 수 있고 이것은 진정한 가치투자자의 태도에서 벗어납니다. 하락 위험을 먼저 생각한다면 남보다 더 신중한 경향이 있다는 것이고 이런 자질은 군중을 따르는 대신 자신만의 의견을 형성하는 데 도움이 됩니다. 남에게 쉽게 휘둘리지 않을 때, 투자자로서뿐 아니라 한 인간으로서도 점차 적정한 가치를 알아보는 눈이 생깁니다."

예는 새벽 4시에 일어나서 저녁 8시 30분에 잠자리에 드는 생활을 오랫동안 해왔다. 이렇게 규율을 따르는 일상은 뉴욕에서 일할 때 시작되었다. 처음에는 출근을 위해 일찍 일어났을 뿐이지만 매일 기상 시간을 조금씩 앞당기며 한계를 넓혀갔고 이른 기상은 지금도 일상이 되었다. 그는 두 시간 동안 이메일을 읽고 정리하는 것으로 아침을 시작한다. 이메일 공포증이 있는 그로서는 좋아하지 않는 업무다. 힘들고 단조로운 이 일을 처리하고 나면 체육관에 가서 두 시간 동안 운동한다. 다음으로 뉴스를 읽고 사무실에서 투자 파트너를 만나거나 혼자서 세상에 대해 읽고 생각하며 하루를 보낸다.

예는 현재의 투자 전략을 겸손하게 설명했다. "요즘은 좋은 아이디어가 있는 좋은 투자 매니저를 찾아 투자 아이디어를 얻습니다. 배울 수 있는 파트너가 있으니 운이 좋은 편이죠. 가끔 제 의견과 통찰로 거들기도 하지만 다들 저보다 똑똑하기 때문에 주로 듣는 편입니다."

예를 점심 식사에 초대하는 것은 실속 있는 계획이다. 점심을 먹지 않는 그는 기껏해야 다이어트 콜라를 주문할 것이다. 오후 6시 정각에 퇴근하면 가족과 함께 시간을 보낸다. 잘 알려지지 않은 부티크 와인을 좋아해서 잠자리에 들기 전 한두 잔 마시기도 한다.

예는 겸손해서 자신의 성공을 인정하지 않으려고 하겠지만 가치를 중시하는 사람이라는 사실은 부인하지 못할 것이다. 벤저민 프랭클린은 "일찍 자고 일찍 일어나는 습관은 사람을 건강하고 부유하며 현명하게 만든다"라고 했다. 투자는 물론 개인적인 행복을 위해 규율을 지키는 예를 가장 잘 설명하는 문장일 것이다.

15

형식을 벗어던진,
저평가 기업 딜 메이커

킨 챈
Kin Chan

아가일 스트리트 매니지먼트(홍콩)
Argyle Street Management Ltd.

무예가 성숙한 단계에 이르면 형식이 없는 형식을 가진다.

— 브루스 리

킨 챈은 홍콩 아가일 스트리트 매니지먼트의 창립 주주이자 최고투자책임자다. 아가일은 2002년 범아시아 특수 상황 기업 전문 부티크로 설립되었고 홍콩, 일본, 동남아시아 기업의 인수 합병에 주력한다. 2020년 기준으로 직원 24명과 운용 자산 약 16억 달러를 보유했고 설립 이후 150억 달러 이상을 거래했다. 대표 펀드인 아시아 리커버리 펀드는 2002년 4월부터 2020년 3월까지 복리 기준으로 연평균 9.5% 수익률을 달성했다. 직접 비교 대상은 아니지만 MSCI 아시아 태평양지수는 같은 기간 연평균 3.6% 상승했다.

브니 예에게서 설립 자금을 조달한 아가일의 성공 열쇠는 범아시아 전역에 걸쳐 신중하게 구축한 전략적 인맥에서 찾을 수 있다. 아가일은 2011년 유레카헤지 최고 헤지펀드상(일본 제외), 2010년 올해의 아시아 헤지펀드상, 2007년 유레카헤지 최고 아시아 부실채권 펀드상 등을 수상했다.

Kin Chan

챈은 기업의 경영진과 맞서기를 피하지 않는다. 2017년 10월 그는 차이나 모터 버스(CMB) 이사회에 공개서한을 보냈다. 홍콩 시장에 상장한 버스 운수 업체인 CMB는 1998년 운행을 중단하고 버스 차고 자산을 부동산 개발 용도로 전환했다. 편지에서 챈은 모든 주주를 위한 가치 창출을 이사회에 요구했다. "지난 1년 동안 여러 차례 편지를 보냈는데도 CMB에 대한 우리의 견해와 우려를 논의할 기회를 아직 가지지 못했습니다. 매우 바쁘시겠지만 적극적인 주주 참여는 좋은 기업 지배구조의 중요한 축이라는 점을 유념해주시기 바랍니다."

챈은 편지에서 영국인이 운영하는 스와이어 프라퍼티와 전 이사 사이의 거래를 비롯한 여러 거래에 의문을 제기했고 회사의 승계 계획, 설비 투자, 준비 중인 프로젝트, 자사주 매입과 배당 정책, 심지어 이사의 자격까지 질문했다. 이 공개서한은 언론과 지역의 많은 사업가를 놀라게 했다. 주주 행동주의의 전례가 없는 것은 아니었지만 응안 일가처럼 부유하고 막강하며 유력 인사와 연줄이 있는 가문에 직접적으로 도전하는 것은 용기와 확신이 필요한 일이었다.

2019년 중반 아가일 스트리트 매니지먼트 홍콩 본사에서 진행된 인터뷰에서 챈은 이렇게 말했다. "CMB가 가치 있는 기업이라는 것은 쭉 알았지만 시장에서 유동성을 찾을 수 없을 정도로 주식을 엄격하게 관리하고 있었습니다. 우리는 회계 법인 프라이스워터하우스쿠퍼스가 어느 부유한 부인이 남긴 재산을 청산하는 과정에서 가까스로 3% 지분을 확보했습니다."

챈은 투자 당시 시가총액 4억 5,000만 달러였던 CMB 주식의 가치를 회사 순자산가치에서 65% 할인한 약 13억 달러로 평가했다. "투자 논지는 단순했습니다. 'CMB는 매우 저평가된 상태이고 회사를 공동 소유한 세 남매는 사이가 좋지 않다. 회장은 현재 80대 중반인 장녀 아이린 응안이다. 그녀는 합리적이지도, 철두철미하지도 않다. 불편한 진실이지만 그녀도 언젠가 세상을 떠날 것이고 동생들은 아마 자산을 전부 매각하고 회사를 청산할 것이다. 우리는 인내심이 있고 기다릴 수 있다.'" 챈은 54세였다.

첫 번째 저격 후, 챈은 웹사이트 'unlockvaluecmb.com'을 개설했다. 그는 이곳을 통해 CMB에 관한 불만 사항을 모두 알렸다. 2018년 그는 회장 아이린 응안과 CMB 사이에 있었던 특수 관계인 거래 여러 건에 대해 회장이 감독 당국의 특정 공시 요건을 위반한 것은 아닌지 의문을 제기했다. 또 다른 공개서한에서는 회사가 주주에게 최선의 이익이 되는 방향으로 적절하게 부동산 포트폴리오를 관리했는지, 아니면 오로지 응안 일가에 유리하도록 관리했는지 질문했다. 당연히 CMB 경영진은 이런 비난에 아무런 응답을 하지 않았고 연례 주주총회에서 추가 질문도 회피했다.

2019년 회사는 3억 달러 이상 가치를 지닌 사무용 건물 지분 매각을 제의했다. 챈은 이 제안을 반겼고, 회사가 모든 이익을 주주에게 돌려준다는 조건으로 동료 주주에게 찬성표를 권유했다. 놀랍게도 응안 일가의 두 동생은 찬성표를 던졌고 회장은 반대표를 행사했다.

부동산을 매각한 가치 이벤트(value event, 기업의 본질적 가치를 변경시키는 사건)는 CMB 주가를 30% 이상 끌어올렸다. 주당 배당금 6.7달러가 예상되었지만 회장은 주당 2.3달러만 지급하기로 결정했다. 이 발표에 격분한 챈은 '주주의 노래가 들리는가?(Do you hear your shareholders sing?)'라는 제목으로 또다시 공개서한을 보냈다. 그는 뮤지컬 〈레미제라블〉의 노래인 '민중의 노래가 들리는가?(Do you hear the people sing?)'를 빌려 CMB 회장의 경솔한 결정을 비난했다.

2019년 말 결국 아이린 응안이 사임했다. 막내 남동생 헨리 응안이 회장으로 취임했다. 챈은 한참 전에 이루어졌어야 할 회장 임명을 축하하며 웹사이트에 이렇게 적었다. "유서 깊은 우리 회사의 기존 지도부는 전략적인 방향을 제시하지 못했고 승계 준비 작업도 소홀했다. 과거의 실수를 바로잡을 헨리 응안 박사의 능력에 전적인 신뢰를 보낸다."

경영진과의 마찰에도 불구하고(어쩌면 그 덕분일지도 모르지만) 챈은 CMB로 확실한 수익을 거두었다. 처음 CMB를 산 2016년 12월부터 2019년 말까지 누적 수익률은 약 65%, 연평균 수익률은 18.1%에 달했다. 같은 기간 홍콩 항성지수는 누적 기준 43%, 연평균 12.6% 상승하는 데 그쳤다. 챈은 CMB에 투자를 유지하고 있고 앞으로 더 많은 배당금 지급과 지분 및 자산 매각이 있을 거라고 기대한다.

행동주의 투자자로서 챈의 재능은 홍콩의 여러 부유한 일가가 운영하는 기업에만 국한되지 않았다. 2018년 10월 그는 일본 생명보험사 다이이치 라이프홀딩스의 지분을 확보했다. 회사의 시가총액은 250억 달러였지만 순자산가치가 330억 달러에 달했다. 다른 보험사와 달리 다이이치는 자산의 11%에 해당하는 340억 달러 이상의 투자 포트폴리오 가운데 이례적으로 많은 비중을 일본 주식에 할당했다. 챈은 보유 주식을 일부 매각해 일본 주식에 대한 노출을 업계 평균 수준으로 낮추고 매각 대금으로 130억 달러 규모의 자사주를 매입하라고 다이이치에 제안했다. CMB 때와 달리 다이이치 고위 임원이 관심을 보였다. 경영진은 주주와 추가 대화를 환영한다고 공개적으로 응답했다. 2019년 5월 회사는 2억 5,500만 달러 규모의 자사주 매입을 발표했다. 다이이치 같은 대기업은 변화에 냉랭할 수 있지만 적어도 챈 같은 행동주의 투자자가 나서면 상황을 조금이나마 개선할 수 있다.

이 투자 사례는 아시아 시장에 숨겨진 자산이 많고 따라서 행동주의 투자자에게 기회가 풍부하다는 교훈을 준다. 하지만 인내심이 필요하며 회사 경영진과 정면대결할 능력이 있어야 한다. CMB 같은 가족 경영 기업은 소액 주주의 목소리에 귀를 기울이지 않을 수 있다. 다이이치 라이프홀딩스와 같은 상장 대기업은 약간의 자극을 가해야 비로소 숨은 가치가 발현되기도 한다. 그런데 챈은 자신의 행동주의 전략이 대개 공격성을 발휘해 승리를 거두는 이른바 '서양식'

행동주의와 거리가 멀다고 여긴다. 그는 관련된 모든 당사자에게 이익이 돌아가도록 하는 것을 목표로 건설적이고 긍정적인 변화를 일으키는 '긍정적 행동주의'를 표방한다.

챈은 CMB와 다이이치 투자를 돌아보며 '접근 방식은 달랐지만 이면에는 일관된 철학이 있었다'고 설명했다. "항상 최악의 시나리오를 생각합니다. 비관주의처럼 들리겠지만 그것이 제 성격에 맞고 부실기업 투자자로서 받은 훈련과 통합니다. 안전마진 역할을 하는 하방 경직성을 찾는다는 점에서 가치투자와 일맥상통하기도 합니다. CMB와 다이이치에는 공통적으로 하방 경직성이 있습니다."

빈민가를 헤쳐 나오다

"저는 밑바닥에서 자랐습니다. 우리 가족은 1950년대에 중국 하이난성에서 홍콩으로 건너왔어요. 많이 배우지 못했던 부모님은 식당에서 허드렛일을 했습니다. 몇 년 후 아버지는 작은 중국식 찻집을 열 수 있었습니다. 주방 일, 손님 응대, 물품 구매까지 모든 일을 혼자 하셨죠." 1966년에 태어난 챈은 홍콩의 야우 마 테이라는 거친 동네에서 자랐다. 37제곱미터 넓이 연립주택에서 조부모, 부모, 자신을 포함한 삼 형제, 이모가 함께 살았다. "아편을 파는 곳이 근처에 있었고 길 아래 놀이터에는 동네 건달들이 어슬렁거려서 가까이 갈 수 없었죠. 중국에서 친척이 자주 찾아와서 비좁은 집에 열 명까지도 끼어 앉았지만 누구도 개의치 않았습니다. 모두가 행복했고 그런대로 적응했죠. 어릴 때를 생각하면, 부모님 세대는 고통에 대한 내성이 강해서 온갖 고난을 견디며 삶을 꾸려나갔습니다. 바로 그 '할 수 있다'는 정신이 홍콩을 성공으로 이끌었죠."

　집에 여유 공간도 없고 놀이터에 갈 수도 없었던 챈은 방과 후 오랜 시간을 근처 도서관에서 보냈다. 그곳에서 수많은 주제를 다룬 책을 탐독하고 지식에 대한 갈증을 해소했다. 이런 특별한 교육은 그가 학급에서 최고 성적을 내는 데 큰 도움이 되었다. 무모하다고 생각한 사람도 있었겠지만 그는 명문 남자 사립 고등학교에 지원했고 가족의 연줄이나 추천 없이 입학 허가를 받았다. 그러나 두 팔 벌려 환영받지는 못했다.

　"공부는 잘했지만 다른 준비가 전혀 되어 있지 않았어요. 사회적 격차를 극복할 수 없었습니다. 새로 등장한 '외부인'으로서 맨 처음 겪은 일이 두들겨 맞는 것이었습니다. 맞서 싸웠더니 함부로 대하지 않더군요. 저를 괴롭히던 녀석들도 얼마 안 가서 제가 싸움을 좀 한다는 것을 알게 되었고 그중 몇은 평생의 친구가 되었죠!"

　1970년대 후반에는 의사, 변호사, 회계사가 되면 성공이 보장되는 것이나 마찬가지였다. 챈 역시 의사가 되고자 했고, 영국의 유나이티드월드칼리지에서 장학금을 받으며 의학을 공부했다. 그곳에 있는 동안 일주일 내내 의사를 그림자처럼 따라다녔다. "처음에는 좋았습니다. 좋은 의사가 될 수 있겠다고 생각했어요. 심지어 부검조차 꽤 근사하다고 생각했습니다. 그러다가 의사는 제게 맞는 직업이 아니라고 생각하게 된 계기가 있었습니다. 한번은 간 이식이 필요한 환자 두 명이 들어왔는데 간은 하나밖에 없었습니다. 회의를 열어서 어떤 환자가 이식받아야 할지 논의했고 결국 '나이'로 결정했습니다. 젊은 환자에게 간을 주고, 늙은 환자에게는 이식을 받지 못하는 이유를 거짓으로 설명했죠. 의사가 되면 인간의 삶에 관한 결정을 내려야 하는 책임이 결코 마음 편할 수 없다는 것을 그때 깨달았습니다."

장래 직업 목록에서 의사를 제거한 챈은 공부가 더 필요하다고 생각했고 미국으로 눈을 돌렸다. 하버드대학교와 프린스턴대학교에 지원했고 프린스턴에 장학생으로 합격했다. 어떤 분야를 추구하고 싶은지도 모른 채 우드로윌슨스쿨에서 국제학을 전공했고 사회학, 역사학, 정치학, 인류학, 경제학을 공부했다. 하고 싶은 일을 알지 못했던 그는 직업 상담 센터를 방문했고 그곳에서 '은행에서 일하면 돈을 가장 잘 번다'는 이야기를 들었다. 새로운 정보를 얻은 그는 여름 동안 뉴욕에 있는 체이스 맨해튼 뱅크에서 인턴 생활을 했다. 대학 졸업 후 월스트리트 투자은행 퍼스트 보스턴에서 기회가 왔다. 하지만 은행이 자신에게 맞는지 아직 확신하지 못했다. "원래 계획은 법학대학원에 가는 것이었습니다. 은행에서 일해서 돈을 많이 번 다음에 법학을 공부하려는 생각이었죠. 하지만 시간이 지나면서 금융 분야에서 계속 일하고 싶어졌습니다. 더 나은 일을 하려면 경영을 더 공부해야 했죠. 퍼스트 보스턴에서 2년간 일한 뒤 펜실베이니아대학교 와튼스쿨에서 MBA 과정을 밟았습니다. 1991년 졸업 후 골드만삭스에 들어갔죠."

챈은 자신이 금융계에 종사하게 될 줄은 전혀 몰랐다. 매번 삶의 목적을 찾았다고 생각했지만 그것들은 결국 지금의 자신으로 이어준 연결 고리일 뿐이었다. "가난하게 자란 탓에 언제나 가격 대비 가치를 생각했고 돈을 잃는 것을 두려워했습니다. 저 같은 배경을 가진 사람 중에 금융계 종사자는 드뭅니다. 이 직업에 종사하는 사람은 대개, 더 나은 표현을 찾지 못해서 이렇게 표현합니다만, 굉장한 특권층 출신이고 사실 그래야만 합니다. 금융은 사회에서 상대적으로 높은 계층에 있는 사람을 상대하는 일이니까요. 빈민가에서 가난하게 자란 제가 보기에 금융계에는 탐욕스러운 사기꾼이 가득합니다. 하지만 어찌 되었든 골드만삭스에 들어갔으니 저도 할 말은 없죠."

부실기업 투자에 특화하다

처음에는 비정규직으로 일했다. "원래는 12주짜리 프로그램이었지만 연장을 요청해 16주 동안 있었습니다. 순전히 경제적인 이유에서 누구보다 더 열심히, 오래 일했습니다. 일주일에 1,500달러 정도를 받는데 한 달간 일하면 한 학기 동안 필요한 경비를 벌 수 있었기 때문에 기간을 연장해도 되는지 문의했죠. 일은 언제나 있다면서 허락해주었고 4주 더 일할 수 있었습니다."

프로그램을 마친 뒤 챈은 투자은행 부문 정규직 입사 제안을 받았다. 그는 홍콩으로 보내달라고 요청했다. "이유는 단순했습니다. 은행에서 일한 경험에 비추어 볼 때 월스트리트에서는 성공할 수 없었습니다. 제 배경에 불리한 점이 많았으니까요. 물론 열심히 일하며 도전할 수는 있겠지만 '할 수 있다' 정신이 저를 끌고 온 것은 거기까지였습니다. 괜찮은 중간급 이사가 될 수도 있겠지만 더 높은 자리에 오르려면 인맥과 관계가 필요한데 제게는 어떤 것도 없었습니다. 하지만 아시아에 배치된다면 회사에도 더 도움이 되고 인맥을 구축하는 일도 비교적 수월할 것 같았습니다. 부서는 제 요청을 받아들였고, 일이 잘되지 않으면 뉴욕으로 오거나 런던으로 가서 일하기로 했습니다."

1983년 골드만삭스가 홍콩에서 투자은행 업무를 시작했을 때 직원은 단 두 명이었다. 1993년 말 홍콩을 거점으로 아시아에 전략을 집중하기까지 홍콩 사무소는 1980년대 내내 전초 기지 역할을 했다. 골드만삭스가 아시아 사업을 확장하던 시기에 홍콩으로 돌아온 챈은 다양한 인수 합병 거래, 자본시장의 채권 발행, 비상장 주식, 부실 기업 투자를 다루면서 지역의 성장을 직접 경험했다. "아시아에는 많은 기회가 있었기 때문에 골드만삭스 곳곳에서 이동이 있었습니다. 사모펀드 사업부가 대대적으로 출범하면서 비상장 주식을 주력으로 맡게 되었죠."

1996년, 신흥 시장에서 이동통신 서비스 가입이 빠르게 늘면서 통신 업종이 뜨겁게 달아올랐다. 골드만삭스는 커다란 성장 기회를 감지하고 태국에서 세 번째 이동통신 사업자(와이어리스 커뮤니케이션 서비스) 설립을 위한 1억 5,000만 달러 투자에 참여했다. 제안은 서류상으로 탄탄해 보였고 한국의 SK텔레콤을 비롯해 여러 통신회사가 참여했다. 하지만 1년 후 아시아 외환위기가 닥쳤다. 모든 것이 달라졌다.

챈은 당시 모든 것이 무너졌다고 회상했다. "거시경제 요인이 모든 것을 무너뜨렸습니다. 심지어 휴대폰 보급률조차 감소했습니다. 사업 자체에도 변화가 있었지만 위기를 겪으면서 사람도 변했습니다. 몇몇 이해관계자는 함께 일하기 어려울 정도였고 통신회사 회장도 아예 사람이 달라졌습니다. 태국에 머무는 기간을 몇 주씩 거듭 연장해가며 상황을 해결하려고 했습니다. 일부 자본은 회수했지만 손실이 상당했습니다." 태국 통신사로 겪은 시련은 그에게 사람의 기질을 잘 파악해야 한다는 교훈을 주었다. "그 투자로 깨달은 것이 있습니다. 사업에서 가장 중요한 것은 성장 전망이나 현금흐름 같은 것이 아닙니다. 모든 것은 사람에게 달려 있습니다. 압박에 처했을 때 사람들의 서로 다른 반응을 확인한 것은 좋은 경험이었습니다. 사람을 평가하는 법을 익히는 것은 성공에서 중요한 요소입니다."

챈은 형편없는 투자 결과 때문에 해고될 거라고 생각했지만 놀랍게도 부실기업 투자 책임자로 승진했다. 그의 투자 인생에 결정적인 순간이었다. "골드만삭스는 사모펀드가 고갈되자 자금난에 빠졌습니다. 저는 수익성 높은 투자 기회에 접근할 때 '죽지 않을 만큼의 고통은 사람을 더 강하게 만든다'라고 생각했습니다. 부실기업 자금 조달(distressed financing)에서 최악의 시나리오를 분석하고 그 상황에서도 이익을 실현하는 데 초점을 맞추었습니다. 자본 구조상 부채가 선순위이기 때문에 주식보다 부채 제공을 선호했습니다. 딥 밸류 투자, 안전마진 추구와 비슷한 전략이었죠."

챈은 프린스턴대학교와 펜실베이니아대학교 동문이며 나중에 포트리스 인베스트먼트 그룹 파트너이자 공동 회장이 된 피터 라이오넬 브리거 주니어 밑에서 일했다. "피터는 인간적으로 매력이 있었습니다. 투자에 방법론적으로 접근했고 철저한 자기 규율이 있었습니다. 그에게 다양한 투자 전략을 배웠는데, 무엇보다 중요한 것은 가치를 지향하는 것이었습니다."

챈은 브리거에게 '자산 보호가 관건'이라는 것을 배웠다. 비상장 주식 투자에서 전망이 좋은 기업, 뛰어난 경영진이 있는 기업을 찾았다 해도 지불하는 가격이 적절하지 않다면 무의미하다. 챈은 하방 경직성을 확보한 가격에 싸게 사는 것이 투자 성공의 중요 요소라고 여겼다. 또한 그는 가치투자를 통해 자신의 기질을 파악했다. "제 성격에는 비상장 주식보다 부실기업 자금 조달이 더 잘 맞았습니다. 비상장 주식은 낙관론과 비전이 필요합니다. 둘 다 제게는 없는 것이죠. 투자하는 기업에 신앙 같은 믿음이 있어야만 합니다. 반면 부실기업 투자는 부정적인 면에 초점을 맞춥니다. 제게는 그것이 더 설득력 있었습니다." 그는 부실기업 부서에서 일하며 비로소 가치투자를 배웠다고 말했다.

2년간 브리거의 지도를 받은 챈은 아시아의 금융 자문 및 자산 운용사인 라자드의 제의를 받아 최고경영자와 파트너로 2년간 일했다. 하지만 라자드에 오래 몸담을 생각은 없었다. 2002년 챈은 아가일 스트리트 매니지먼트를 설립했다.

비정형 투자 구조

2002년 챈은 라자드 동료 앤절라 리, 밸류 파트너스 공동 창업자 브니 예와 함께 아가일 스트리트 매니지먼트를 설립했다. 특정 투자 전략이나 의무를 가진 회사에서 하는 일과 다른 일을 하고 싶었던 그는 남이 도외시하는 투자 대상을 찾았다. 그는 직설적으로 설명했다. "'특수 상황', '신용', '부실' 등의 화려한 용어는 잊으십시오. 우리는 다른 사람이 눈여겨보지 않는 투자 기회를 찾습니다. 누구도 유동성을 제공하려고 하지 않는 기업을 찾습니다."

챈은 투자자나 금융기관에 의해 자신의 투자 방식이 틀에 갇히는 것을 원하지 않았다. 투자 스타일이 정형화되면 전략의 민첩성과 유연성을 잃는다고 보았기 때문이다. "투자를 정리하고 현금화하려는 사모펀드, 자산을 처분하려는 패밀리 오피스(family office, 고액 자산가 전문 투자 자문 회사), 부실 대출을 매각하려는 은행 같은 투자 기회가 있을 때, 경직되고 고정된 의무 조항으로 인해 자율성 발휘나 독립적 사고가 차단되면 투자에 제약이 생깁니다. 부실 자산을 다루는 사람은 부실 자산이 사모펀드의 투자 영역이라고 보지만, 사모펀드는 2차 시장인 유통 시장에서 부실 자산을 매수하는 것은 불가능하다고 말하는 상황이죠. 다양한 상황에서 독특한 투자 기회를 여러 투자자와 기관에 설명하면 모두가 제게 부실 자산 전문인지, 하이일드 주식 전문인지, 행동주의자인지를 물었습니다. 그런 다음 어떤 자본 구조에 초점을 맞추는지를 물었죠. 제가 '모두 다'라고 하면 '그런 것은 없다'는 반응이 돌아왔습니다. 답답했죠. 그러다가 브니 예에게 제 철학을 이야기할 기회가 생겼고 그는 제 철학을 정확히 이해했습니다." 훌륭한 동업 관계는 이렇게 탄생했다.

챈과 예는 1990년대에 친구의 생일 파티에서 만나 연락을 이어갔다. 2001년 어느 날 챈은 자신의 비전과 투자 전략을 예에게 이야기했다. 다음 날 아침 예가 챈의 전략에 관심이 있다고 알렸고 그 이후는 익히 알려진 바와 같다. 챈은 예를 이렇게 평했다. "브니는 최고의 동업자이고 지적으로 누구보다 관대합니다. 굉장히 사려 깊은 동시에 결정이 빠릅니다. 상대방의 실행 능력을 믿는 한 무엇이든 착수할 사람입니다."

예 역시 챈을 높이 샀다. "가끔 장광설을 풀어놓을 때도 있지만 챈은 분석적 사고 과정에 누구보다 단련된 사람입니다. 게다가 사람의 성격과 동기를 판단하고 통찰하는, 흔하지 않은 능력을 지녔죠. 그런 챈이 벌컨족(〈스타 트렉〉 시리즈에 나오는 외계 종족)처럼 합리적이고 냉철한 객관성을 지닌 앤절라를 만나서 역동적인 2인조를 이뤘습니다. 챈과 앤절라가 동업을 제안했을 때 저는 그 기회를 거절할 만큼 어리석지 않았습니다. 두 사람의 엄청난 성실성과 균형 감각이 더해졌으니, 동업자가 될 수 있었던 것은 축복이었습니다."

초기 자본 700만 달러를 공동으로 조달해 설립한 아가일 스트리트 매니지먼트는 2002년에 정식으로 사업을 시작했다. 챈은 자신의 출신을 잊지 않기 위해 회사 이름을 아가일 스트리트로 정했다. "아가일 스트리트와 상하이 스트리트가 만나는 곳에서 자랐습니다. 상하이 스트리트라고 하면 아무래도 예의가 아닌 것 같아서 아가일 스트리트를 선택했습니다."

이해하기 어렵지만 일반적인 의무 조항을 피할 수 있는 유형의 기회를 설명하며 챈은 소송 자금 조달(litigation funding, 소송에 투자해 재판 승소나 합의에서 발생하는 손해 배상금에서 수익을 얻음)을 예로 들었다. 최근 그는 홍콩 소재 파산 기업의 감사를 회계 조작 혐의로 고소하는 데 80만 달러를 지원했다. 챈이 개입하지 않았다면 감사는 혐의를 일축하거나 소송 절차를 질질 끌었겠지만, 챈이 소송에 진지하게 참여한다는 사실을 알게 된 뒤 협조적인 태도를 보였다. 지금까지 손해 배상금 250만 달러에 합의했고 추가로 1,750만 달러에 대한 합의가 계류 중이다.

홍콩의 3D-골드 주얼리 홀딩스 사례도 있다. 2008년에 회사 소유주가 갑자기 사망했고 이듬해에 1억 7,000만 달러 규모의 채무 불이행이 발생했다. 회사가 그 금액보다 몇 배나 큰 자산을 보유하고 있었기 때문에, 챈은 그 회사가 상환하지 못한 부채의 40%를 1달러당 6센트에 인수해서 2대 채권자가 되었다. 그는 채권자 위원회에서 청산인과 함께 일하며 회사가 금 재고에 대해 분식 회계를 한 사실을 발견했고 감사를 배임 혐의로 고소했다. 결국 챈은 회사의 자산을 청산했을 뿐 아니라 법원에서 승소해 부채 1달러당 23센트를 회수했다.

챈은 자신과 그의 팀이 이런 상황에 특히 적합한 이유를 설명했다. "금융계 종사자는 대부분 직급이 높습니다. 비상장 주식 전문가는 이사급입니다. 부실 자산 전문가는 늘 청산인과 함께 일하지만 청산이나 소송 과정에 직접 손을 대지는 않습니다. 우리는 직접 부실기업의 자산 가치를 계산합니다. 우리가 회사의 감사와 이사를 고소했던 3D-골드 사례에서 보듯, 다른 방법으로는 불가능한 수준의 투자금을 회수했습니다."

소송 펀드는 챈의 운영 방식 중 일부에 불과하다. 그는 앞서 설명한 주주 행동주의 활동 외에 부실기업 투자에도 관여하고 있다. 부실기업 투자는 현지 업계에서도 여전히 이례적인 영역이다. 2000년에 포드자동차에서 분사한 미국의 자동차 전자 제품 공급사 비스테온의 인수 합병 건을 생각해보자. 2007년에 파산 보호를 신청한 비스테온은 시동 모터와 시동 모터 키트, 자동차 애플리케이션용 교류 발전기를 제조하는 인도 자회사 컴스타 오토모티브 테크놀로지를 포함한 여러 사업을 매각해야 했다. 컴스타 매각은 전통적인 투자자의 관심을 받지 못했다. 이 매각 건을 알게 된 챈은 자신이 유동성 공급자가 될 수 있다고 생각했고, 실사를 거친 후 컴스타 현금흐름의 3배에 해당하는 3,000만 달러에 지분을 매입했다. "컴스타 인수 합병 건은 꽤 오랫동안 시장에 있었습니다. 와튼에 같이 다녔던 인도인 친구를 통해 알게 됐죠. 그 친구의 가족이 마침 자동차 부품 사업을 하고 있었기 때문에 함께 컴스타를 살펴보았습니다. 회사의 주요 고객이 포드이고 회사 자체에는 자산이 없다는 것을 파악했습니다. 우리는 현금흐름의 세 배 수준이라면 충분히 괜찮은 가격인지 스스로에게 물었고 '그렇다'는 답을 얻었습니다. 기존 분석법으로는 단일 고객 의존도가 높아서 위험도 큰 상황이었지만, 포드에 컴스타 외에 다른 공급처가 있는지도 살폈습니다. 포드가 망하지 않는 한 진행해도 괜찮겠다고 판단했습니다."

결국 아가일 스트리트 매니지먼트와 찬다리아 일가 사이에 지분 50 대 50의 합작회사(joint venture)가 구성되었다. 2011년 이들은 사모 투자 펀드 운용사 블랙스톤 그룹에 1억 달러가 넘는 가격으로 컴스톤을 매각하며 투자를 종료했다. 챈은 설명했다. "핵심은 투매 수준의 가격(distressed price)을 제시하는 매도자를 찾아냈다는 것입니다. 그리고 우리가 유일한 입찰자였기 때문에 싼 가격에 손에 넣었죠. 제생각으로 그리 대단한 회사는 아니었지만 상당히 훌륭한 가격에 샀기 때문에 자본을 회수할 가능성이 높다는 것을 알고 있었습니다. 평범한 가격에 팔더라도 수익을 거둘 수 있었죠. 컴스타 사례에서 중요했던 한 가지는 믿고 사업을 실행할 수 있는 좋은 파트너를 찾았다는 것입니다. 찬다리아 일가가 없었더라면 성사시키지 못했을 겁니다."

30년 동안 업계에 몸담아온 챈은 업계 인맥과 개인적 친분을 활용해 인수 합병 계약을 성사시켰고 동업자 관계를 구축했다. 수많은 기업 부실화 상황에서 유동성 공급자 역할을 하면서 그는 친구를 얻었고 다른 사람에게 영향을 미칠 기회를 가지게 되었다. 이제 그의 펀드에 자금을 맡긴 유한책임 투자자와 공동 투자자는 그가 가는 곳이면 어디든 따라간다. "대형 공동 투자 파트너 중에는 골드만삭스에서 같이 일했던 동료도 있습니다. 버지니아의 대학교 기부 기금 최고 투자책임자인데, 그는 큰 그림보다 세부 사항을 봅니다. 우리가 어떤 자산에 들어가는지 신경 쓰지 않죠. 인수 합병 건을 상향식으로 검토한 다음 성공할 가능성이 높아 보이면 늘 우리와 함께 들어갑니다."

챈은 다양한 시나리오마다 각기 다른 척도로 투자 대상을 평가했다. "상황에 맞는 분석이 필요합니다. 똑같은 인수 합병 건은 없습니다. 선진국 시장에서는 밸류에이션 배수에 초점을 맞출 수 있습니다. 제조업은 현금흐름이 제일 중요하고 부동산에서는 순자산가치가 가장 중요합니다. 하지만 무엇보다도 중요한 것은 확실한 하방 경직성과 투자 회수 가능성을 확보하는 것입니다."

매우 높은 수익률이 목표인 투자 펀드와 달리 챈의 목표 수익률은 10~15% 정도로 비교적 높지 않다. 일반적인 헤지펀드의 수익률은 7~10% 수준이고 사모 투자 펀드는 대개 레버리지를 동원해 15~25%를 낸다. 두 펀드 중간 수준의 성과를 낸다면 장기적으로 복리의 마법이 발휘되어 5~7년마다 투자금이 두 배로 불어날 것이다. "위기 상황이라면 좋은 매수 대상을 찾아 벤처 캐피털처럼 높은 수익을 올릴 수 있겠지만 정상적인 환경에서는 능력 밖의 큰 수익을 올리기가 어렵습니다. 예를 들어 2008년 금융위기 이후 자산 가치가 크게 상승하는 기간을 거친 지금은 10% 후반대의 수익률을 기대할 수 없습니다. 하지만 지금 같은 저금리 환경에서 15% 이율로 돈을 빌려줄 수 있다면 아주 좋겠죠. 게다가 담보물의 가치가 빌려준 원금의 세 배라면 세상이 또다시 어려운 시기를 겪더라도 우리의 안전마진은 상당히 견고할 것입니다. 관건은 매각을 통한 유동성 확보가 시급한 부실기업을 찾는 것입니다."

안 된다는 생각

아가일 스트리트 매니지먼트의 직원은 2020년 기준 총 24명이다. 챈은 홍콩 금융 지구에 위치한 회사를 빈틈없이 운영하면서 늘 비용을 주시한다. "아버지가 찻집을 운영하던 방식대로 회사를 운영합니다. 사무실 넓이는 185제곱미터로 넓지 않고 로비 역시 업무 공간입니다. 철저히 비용을 의식하려고 노력합니다. 주제넘은 말인지 모르지만 금융계 사람은 대부분 수입에 초점을 맞춥니다. 비용 절감을 신경 쓰지 않죠. 은행업에서 자산 운용에 이르기까지 마찬가지입니다. 그래서 근사한 사무실, 멋진 액자, 드넓은 로비를 갖추고 있습니다. 제 출신 때문인지 저는 수입보다 비용에 더 초점을 맞춥니다. 부실기업 투자의 관점에서는 살아남는 것이 제일 중요하니까요."

아가일 스트리트 사무실의 일상은 말 그대로 '대면하는' 시간이 대부분이다. 많은 펀드매니저가 영업 기회를 창출하기 위해 여러 지표를 활용해 기업을 선별하고 애널리스트와 상의하는 반면, 챈의 회사는 이례적인 접근법을 택한다. 즉 모든 것을 사람의 손으로 움직인다. "세상은 효율적인 곳이 아닙니다. 비스테온 건에서 보듯 인터넷이나 금융 관련 뉴스는 매수자와 매도자를 연결하지 못했습니다. 모든 것은 결국 인적 관계에 기초하고 있었고 우리는 기본적으로 그 정보를 이용해서 차익 거래를 했습니다. 우리는 고도로 비정형적인 환경에서 일합니다. 달리 말하면 끊임없는 출장이죠. 저는 1년 중 40% 정도만 홍콩에 머물고 나머지 기간은 일본, 인도네시아, 인도, 말레이시아 등에 머뭅니다."

젊은 시절과 마찬가지로 여전한 독서광인 챈은 끊임없이 읽는다. 특히 시장과 인간의 심리를 다룬 찰스 킨들버거와 로버트 알리버의 《광기, 패닉, 붕괴: 금융위기의 역사(Manias, Panics, and Crashes)》, 찰스 맥케이의 《대중의 미망과 광기(Extraordinary Popular Delusions and the Madness of Crowds)》는 종종 다시 꺼내 읽는다. 그러나 무엇보다도 자주 읽는 것은 《삼국지》다. 14세기 중국 작가이자 철학자인 나관중이 쓴 《삼국지》는 톨킨이 쓴 《반지의 제왕(The Lord of the Rings)》 3부작이나 조지 마틴이 쓴 연작 소설 《왕좌의 게임(A Game of Thrones)》과 비슷하다. 챈은 《삼국지》를 읽으며, 세상이 변화해도 사람은 결국 다양한 상황에서 예측 가능한 행동 유형을 반복하는 습관의 노예라는 사실을 깨닫는다. "좋은 투자자가 되려면 현상 이면에 숨은 인간의 심리를 이해하는 것이 무엇보다 중요합니다. 《삼국지》에는 다양한 인물 유형이 등장하고 그것은 오늘날의 비즈니스 세계를 반영합니다. 사람에 대해 생각할 때 언제나 이 책을 떠올립니다."

챈은 아내 조앤 서우와의 사이에 22세, 18세, 15세 딸 셋을 두고 있다. 미래를 준비하는 딸들에게 그가 주는 최선의 조언은 열정을 따르라는 것이다. 딸들이 금융계에서 일하게 할 생각은 없다. 사실 그는 금융계의 미래가 그다지 밝지 않다고 여긴다. 세금 인상은 물론 시간이 지날수록 수수료 압박과 규제가 커질 것으로 보기 때문이다. "세금은 더 오를 겁니다. 우리는 상당히 관대한 세금 제도의 수혜를 누렸지만 미래에는 바뀌어야 합니다. 우리 금융업자가 충분한 세금을 부담하지 않는다는 사실을 조만간 세무 당국자도 알게 될 겁니다."

금전적 변화 외에도 챈은 많은 규제 변화가 임박했음을 감지한다. "저는 규제를 전적으로 준수하고 있지만, 규제 때문에 업계가 훨씬 더 어려워질 겁니다. 예를 들어 부실채권 거래는 주식과 달리 현재 규제가 덜합니다. 소송 펀드는 아시아 일부 지역에서 이제 막 시작되는 사업입니다. 규제가 적을수록 돈을 벌기가 더 쉬운 것은 분명합니다."

챈은 학창 시절 누린 학습 기회와 장학금 혜택에 감사해한다. 금융 산업에 대한 그의 전망은 밝지 않지만, 다음 세대의 가치투자자를 키우는 것으로 자신이 받은 것에 보답하고 있다. 그러나 생활 수준이 향상되고 부가 확대되는 오늘날 아시아에서 젊은이의 진취성에 대한 그의 시각은 회의적이다. "요즘 세대는 예전처럼 위험을 감수하려고 하지 않습니다. 1960년대부터 1990년대까지 돌아보면 우리 부모님 세대는 '절대 포기하지 않는다', '할 수 있다'의 정신이 있었습니다. 순진해서였든 미지의 대상에 대한 두려움이 없어서였든 기꺼이 노력했고, 그것이 아시아를 고성장과 신분 상승의 시대로 이끄는 동력이었습니다. 지금은 사고방식이 바뀌었습니다. 유전적으로 돌연변이가 일어난 것은 아니겠지만 젊은이가 야망과 공격성을 잃고 있습니다. 신분 상승 가능성이 보이지 않기 때문에 열심히 일해도 보상받지 못한다고 생각할 수도 있습니다. 설사 그렇더라도 직장에 출근해서 맡은 일은 가볍게 여기고 휴가와 병가 쓸 궁리만 해서는 안 됩니다. '할 수 있다' 정신을 되살리려면 젊은이가 더욱 진취적으로 나서야 합니다. 천부적인 재능이라는 것은 없습니다. 폭넓은 훈련이 필요하고 일이든 세상을 보는 기회든 스스로를 다양한 기회에 노출시키는 것이 중요합니다. 젊은이가 인식하게 할 방법이 있을지 모르겠습니다만 세상은 치열하게 경쟁하는 곳입니다. 생존이 걸린 이 전투에서 불멸의 영웅 브루스 리의 가르침을 생각합니다. '신체의 모든 부분을 단련하라.'"

Kin Chan

16

우연한 가치투자자

체아 쳉 하이
Cheah Cheng Hye

밸류 파트너스 그룹(홍콩)
Value Partners Group

되돌아보지 않는 삶은 무의미하다.

— 소크라테스

체아 쳉 하이는 1993년 설립된 자산 운용사 밸류 파트너스의 공동 창업자다. 홍콩에 본사를 둔 밸류 파트너스는 아시아·태평양 지역에서 소외되고 선호도가 낮은 투자 기회를 발굴한다. 회장이자 공동 최고투자책임자인 체아는 회사의 다양한 투자 펀드와 전반적인 사업 방향을 책임지고 있다.

〈아시안 인베스터〉, 〈파이낸스 아시아〉 등 경제지 다수가 선정한 '투자 업계에서 가장 영향력 있는 인물' 명단에 이름을 올린 체아는 밸류 파트너스를 세계적인 투자회사로 전환하려는 목표를 착실히 이루어가는 중이다. 그의 임무는 크게 두 가지다. 평범한 투자 팀도 비범한 성과를 낼 수 있는 투자 프로세스를 구축하는 것, 그리고 그것을 통해 아시아에 가치투자를 도입하고 촉진하는 것이다. '규율에 따른 투자'가 회사의 좌우명이다.

아시아의 최대 자산 운용사 중 하나인 밸류 파트너스는 운용 자산 규모가 150억 달러에 달하며 대부분의 아시아 투자회사보다 앞서 증권거래소에 상장했다. 대표 펀드인 밸류 파트너스 클래식 펀드 A는 1993년 4월 출시 이후 2020년 3월까지 총 2,989.20%, 연평균 13.50% 수익률을 기록했다. 같은 기간 항셍지수 수익률은 총 523.40%, 연평균 7.00% 수준이었다.

Cheah Cheng Hye

체아는 말했다. "평생을 배우는 데
헌신했습니다. 스물다섯 살 때 서명을 '배운다'는 뜻의 'learn'으로 바
꾸었습니다. 세상을 너무 모른다는 생각이 들었거든요. 문명화되고
책임감 있는 인간이 되는 유일한 방법은 배우는 것이라고 믿습니다."

몇 번이나 간신히 퇴학을 면한 체아는 배운다는 것이 얼마나 큰
특권인지 직접 체험해 알고 있다. 1954년 말레이시아 페낭에서 태
어난 그는 어린 시절 극도로 가난했다. "말레이시아는 제3세계 국가
였고 사회 안전망이라고 할 만한 것이 없었습니다. 열두 살 때 아버
지가 건강 악화로 세상을 떠났습니다. 가정에 수입원이 없으니 어머
니와 저를 비롯한 삼 남매는 말 그대로 굶어 죽을 상황이었습니다.
이 집 저 집으로 이사를 다녔고 집세를 내지 못해 쫓겨나는 일이 다
반사였죠."

장남인 체아는 일해서 가족을 먹여 살려야 했다. "일주일 내내 거
리에서 파인애플을 팔았고 국수 행상도 했습니다. 학교는 시간이 나

면 가는 식이었죠. 오로지 생존에 매달리느라 꿈도 없었습니다. 어머니는 제게 사무원이 되어 뙤약볕 아래서 일하지 않아도 되는 인생을 살라고 했죠." 그는 어머니의 바람보다 조금 더 높은 곳을 보았다. 가난에서 탈출하겠다고 결심한 후 열심히 공부했고, 엘리트 중등학교인 페낭 프리스쿨에서 장학금을 받았다. 배움의 기회를 놓치지 않기 위해 매일 편도 45분씩 자전거를 타고 학교에 갔다. 누군가 자전거를 훔쳐가서 몇 주 동안 학교에 가지 못하게 되었을 때에는 삼촌이 자신의 자전거를 내주었다. "학교생활은 힘들었지만 몇 가지 이룬 것도 있습니다. 주니어 체스 챔피언이었고, 말레이시아의 뛰어난 젊은 작가 중 한 명으로 꼽히기도 했습니다. 영국 잡지에 제 단편소설이 실린 적도 있고요. 경험을 바탕으로 아동 노동 착취에 관한 글을 썼습니다. 열일곱 살 때 졸업 시험을 치른 뒤, 대학 진학 대신 가족을 부양할 일자리를 찾았습니다."

1970년대 초반은 높은 실업률로 괜찮은 직장을 구하기가 쉽지 않았다. 1971년에 찾은 유일한 일자리가 〈스타〉 신문을 접는 것이었다. 하룻밤 신문을 접으면 3링깃(오늘날의 1달러)을 받았다. 매일 밤 얼굴과 손이 검은 잉크로 뒤범벅되어 집으로 돌아갔지만 공짜로 신문을 읽을 수 있다는 것만으로도 감사했다. 일을 한 지 3주 만에 기자 견습생이 될 기회가 찾아왔다. "학창 시절에 문학상을 받은 것을 알게 된 〈스타〉 편집장이 범죄 보도 기사를 쓰게 해주었습니다. 범죄 이야기를 어디서 찾아야 하는지 아무도 가르쳐주지 않았기 때문에 혼자 알아서 해야 했습니다. 오토바이를 타고 시내를 돌아다녔고, 경찰 무전을 들었고, 다양한 사람과 이야기를 나누며 단서를 찾았습니다. 제

기사의 거의 절반은 직접 구상한 아이디어와 조사에서 나왔습니다. 그렇게 열심히 일했더니 1974년에 〈스타〉 부편집장이 되었습니다."

　말레이시아에서는 경력을 발전시키는 데 한계가 있다고 생각한 체아는 아시아를 벗어나 더 멀리 내다보기 시작했다. 1974년, 〈홍콩 스탠더드〉 부편집장 자리를 제안받았고 주저 없이 수락했다. 그해 8월 그는 짐을 싸서 화물선에 올라 새로운 삶을 향해 출항했다. 불과 스무 살이었고 금융시장에 대한 지식은 전혀 없었다. 그런 그가 19년 뒤 투자 펀드를 운용하게 된 것이다. "장기적인 계획은 관심이 없었습니다. 여기저기 떠다니며 기회가 생겨나는 대로 대응했습니다. 투자에 대한 관심이 부족했던 것도 당연합니다. 투자할 돈이 아예 없었으니까요."

　체아는 〈홍콩 스탠더드〉에서 몇 년간 일한 뒤 〈아시아위크〉에 들어갔고, 그 후 〈파 이스턴 이코노믹 리뷰〉를 거쳐 마침내 〈아시안 월 스트리트 저널〉에서 일하게 되었다. 1989년까지 언론계에서 일했고, 홍콩이 아시아 금융의 중심지로 지위를 굳히면서 점차 경제와 비즈니스 뉴스에 집중했다. 깊이 있고 정확한 기사를 쓰려면 다양한 분야를 두루 읽고 공부하는 수밖에 없었다. "아시아 저명인사를 인터뷰할 기회를 가지면서 아시아 지역에 대한 통찰력을 키울 수 있었습니다. 관련된 정치, 사회, 역사, 금융을 이해하지 않고서는 일할 수 없다는 것을 깨달았습니다. 그 덕분에 역사서를 많이 읽었습니다. 특히 대영제국에 관심이 많았습니다. 홍콩은 식민지였고 제 조국인 말레이시아도 한때 식민지였기 때문입니다. 작은 섬나라 영국이 그렇게 오랫동안 세계를 지배할 수 있었다는 사실에 매료되었습니다. 그 자체가 세계의 불가사의죠!"

체아는 역사를 공부하며 아시아 정치를 깊이 이해하는 동시에 금융에도 관심을 가지게 되었다. "재무 모델링과 회계를 알게 되면서 존 트레인의 《대가들의 주식투자법(The Money Masters)》을 읽었습니다. 그 책을 통해 훌륭한 투자자가 자신의 돈을 어떻게 투자하는지 배웠죠. 더 나은 언론인이 되려고 시작한 공부였지만 결국 금융과 투자에 대한 열정을 가지게 되었습니다."

평범한 기자는 사건이 벌어진 뒤 조사해 보도하지만, 비범한 기자는 사건이 발생하기 전에 미리 예상하고 준비한다. "기자로서 배운 것은 투자에도 적용됩니다. 첫째, 좋은 아이디어는 대개 자기의 머리에서 나옵니다. 솔선수범해서 새로운 것을 배우고 세부적인 것에 주의를 기울일 때 나옵니다. 우리가 읽고 듣는 것은 대부분 유용한 정보가 아니라 단순한 소음이기 때문에 우선순위를 정해서 핵심에 집중해야 합니다. 풍부한 지식과 집중력이 있다면 어떤 일에도 잘 대비할 수 있습니다. 기자라면 남보다 더 빠르고 정확하게 뉴스를 보도할 수 있죠. 투자자라면 기회가 나타날 때 더 빠르고 단호하게 대응할 수 있습니다."

지식과 집중력은 체아에게 확실한 결실을 안겨주었다. 1983년 〈아시안 월스트리트 저널〉에서 근무했을 때 그는 아시아 최초로 '홍콩 달러가 미국 달러에 연동될 것'이라는 기사를 썼다. 한편 같은 해 홍콩을 뜨겁게 달군 캐리언 그룹 사건을 조사하던 그는 캐리언이 이해할 수 없는 회계 관행을 따르고 있으며 말레이시아 은행인 뱅크 부미푸트라와 이상한 거래에 연루되어 있다는 사실을 발견했다. 회계 부정 의혹과 회사 고문의 자살, 또 다른 말레이시아 은행의 감사 살해 사건 등 일련의 극적인 사건을 겪으며 캐리언 그룹은 곧 파산했다. 〈아시아 월스트리트 저널〉에 실린 그의 후속 기사는 범죄 수사와 회사의 재무 상황에 대한 심층 분석이 조합되어 인상적이었다.

1983년과 1984년 내내 체아는 카 와 뱅크와 오버시즈 트러스트 뱅크의 붕괴 등 홍콩의 은행 스캔들을 집중적으로 조사했다. 1986년에는 필리핀 센트럴 뱅크를 조사해 은행의 회계 장부 조작을 보도했다. 또한 페르디난드 마르코스 대통령의 몰락을 초래한 '피플 파워(People's Power, 민중의 힘)' 혁명을 마닐라 거리에서 현장 취재하며 언론계에서 두각을 나타냈다. "언론계에서 18년간 일하면서 투자 대상에 대한 심층 리서치에 꽤 소질이 있다고 생각했습니다. 친구를 통해 당시 싱가포르 모건 그렌펠 투자은행의 시에 푸 후아 대표를 만났습니다. 은행에서 투자 리서치 일을 할 생각이 있는지 묻더군요. 잃을 것도 없었고 뭔가 다른 일을 시도해보고 싶은 갈망이 있었기 때문에 언론계를 떠나 증권 애널리스트가 되었습니다."

좋아하는 것을 판매하다

1989년, 시에 대표가 리서치 책임자 자리를 제안했다. 모건 그렌펠은 홍콩에 브로커리지 사업부를 만드는 데 관심이 있었고 주식 리서치를 담당할 사람이 필요했다. "처음 만났을 때 제게 저를 채용해야 하는 이유를 설명하라고 하더군요. 어느 사업이든 부가가치가 있고 그다음에는 '차별화된' 부가가치가 있다고 대답했습니다. 누구나 자신이 하는 일에 가치를 더하려고 노력하겠지만, 저는 언론에서 일한 배경과 광범위한 주제에 대한 리서치 경험을 바탕으로 남과 다른 것을 제공할 수 있었습니다. 제 분석은 경쟁자와 다른 시각을 제공할 것이며 본질적으로 제 전문 지식은 특별하다고 대답했습니다."

체아는 1980년대가 금융업을 하기에 좋은 시기였다고 회상한다. 은행가와 브로커는 당시 33개 종목으로 구성된 항생지수를 주로 추종하며 느긋하게 점심 식사를 즐겼다. 33개 종목 안에서 사고팔기를 반복하며 안락한 생활을 누린 시기였다. 편한 것에 안주하고 싶지 않았던 체아는 중소형주에 집중해 차별화하겠다는 계획을 세웠다. 상사의 승인을 얻었고 새로운 투자 여정을 시작했다.

체아는 모건 그렌펠에서 투자 아이디어를 발굴하는 동시에 프롭 트레이더로서 회사 고유 계정을 운용했다. 재무적 측면뿐만 아니라 역사, 정치, 사회적 맥락에서 주식시장을 분석해 동료보다 더 정확하게 경제 현실을 해석할 수 있었다. 회사에 많은 이익을 창출한 그는 연말이면 기대 이상의 성과급을 받았다.

1992년 체아는 미래의 사업 파트너인 브니 예를 만났다. "브니는 미국에서 돌아와 가족 기업인 신총의 상장 폐지와 비공개 기업 전환을 추진했습니다. 모건 그렌펠이 신총의 소액 주주를 대표했기 때문에 저는 신총의 적정 가치를 산출할 책임이 있었습니다. 브니와 저는 서로 반대편을 대표했지만 그의 지성과 정직함을 존중하게 되었습니다. 언젠가 제 사업을 시작한다면 브니는 좋은 대화 상대이자 좋은 동업자가 될 수 있겠다고 생각했습니다."

1993년 체아는 실제로 투자회사 설립을 생각하기 시작했다. 모건 그렌펠에서 몇 년 동안 일하며 상당한 돈을 번 그는 이제 자신의 운명을 직접 통제할 때라고 생각했다. "솔직히 기존 금융 산업에 조금 진저리가 났고 제 일을 하고 싶었습니다. 금융업은 제가 '해적'이라고 부르는 사람으로 가득했고 지금도 마찬가지일 겁니다. 이런 사람은 투자에 열정이 있어서가 아니라 '돈병'을 앓고 있어서 금융 산업에 참여했습니다. 오로지 돈 때문에 엔지니어나 변호사가 아니라 은행가가 된 것이죠. 이들은 사회에 기여하는 것이 전혀 없는 인류 문명의 수치입니다! 좋은 의사는 돈을 많이 벌면서도 자기 분야에 가치를 더합니다. 반면 금융계의 해적은 가치를 파괴하고 일반 투자자에게 피해를 입히며 많은 돈을 법니다. 출신이 좋고 많이 배운 그들은 근사한 정장을 입고 투자자가 사지 말아야 하거나 살 필요가 없는 상품을 만들어 판매하며 시장을 착취합니다."

절대로 '돈병'에 걸리지 않겠다고 결심한 체아는 자기 할 일을 하며 오로지 투자에만 집중했다. "제대로 된 원칙이 있다면 돈을 따라다닐 필요가 없다는 사실을 알았습니다. 돈이 저를 따라올 테니까요!" 제대로 된 원칙은 그를 재무 분석과 가치 평가에 집중하게 했고 그것은 자연스럽게 가치투자로 이어졌다. "타당한 이유 없이는 주식을 사고팔지 않는 것을 원칙으로 했습니다. 이 단순한 개념을 바탕으로 밸류 파트너스가 탄생했죠."

체아는 사업에 대한 개념을 예에게 이야기했고 우연하게도 예 역시 같은 시각과 포부를 가지고 있었다. 두 사람은 힘을 합해 1993년 2월 홍콩에서 밸류 파트너스를 공식 설립했다. 체아는 초창기를 이렇게 회상했다. "지금은 웃으며 이야기하지만 사업을 시작했을 때에는 우리 두 사람과 비서 한 명, 이렇게 셋뿐이었습니다. 560만 달러를 조달했는데, 사실 각자 가진 돈이었으니 회사가 취미 용품 상점이었던 셈이죠. 자기가 좋아하는 수집용 장난감과 모형 자동차를 파는 사람이 있는 것처럼 우리는 신중하게 분석한 가치주를 팔았습니다."

가치의 사원을 짓다

밸류 파트너스는 홍콩의 중소형주에 집중했다. '돈병'에서 스스로를 보호하고 개별 종목을 제대로 선택해 실질적인 가치를 창출하기 위해서였다. 이 투자 전략은 항생지수를 모방한 상품을 주로 제공했던 당시 펀드 대부분과 밸류 파트너스를 차별화했다. 두 사람은 명확하게 정의된 각자의 역할에 빠르게 정착했다. 체아는 투자 대상 분석과 종목 선정에 주력했고 예는 자금 조달에 집중했다. 체아가 말했다. "훌륭한 애널리스트, 훌륭한 펀드매니저, 훌륭한 최고경영자가 되는 것에는 큰 차이가 있습니다. 분석 능력이 뛰어난 것과, 펀드매니저로서 최종 방아쇠를 당기는 데 필요한 킬러 본능과 결단력이 있는 것은 별개입니다. 둘 다 잘한다고 해도 자본을 조달하고 투자 펀드를 운용하는 것은 또 다른 영역입니다. 다행히 예와 저는 잘 협력해서 서로의 능력을 보완하고 있습니다. 가치투자 이론가와 펀드 운용 달인의 차이를 3차원적으로 뛰어넘은 예 같은 동업자가 있다는 것은 굉장한 행운입니다. 그는 가치투자 철학을 도입하고 그 철학을 바탕으로 아시아 시장에서 견고한 사업 모델을 구축했습니다."

예의 강력한 지원과 체아의 투자 지능 덕분에 밸류 파트너스는

1990년대 중후반부터 비상했다. 직원이 늘기 시작하면서 체아는 자신이 아시아의 가치투자 문화 구축에 앞장서고 있다는 사실을 깨달았다. 그는 직원이 올바른 정신과 사고방식을 키울 수 있도록 모든 신입 사원에게 '나의 약속'이라는 서약서에 서명하게 한다. 모든 직원은 다음 열 가지 기본 규칙으로 이루어진 서약서를 책상 위 보이는 곳에 두어야 한다.

1. 정직하고 솔직한 태도를 가진다.
2. 자존심이 아닌 자부심으로 일을 대한다.
3. 항상 자기 계발에 매진한다.
4. 고객의 이익을 최우선으로 한다.
5. 공정하고 책임감 있게 주주를 대한다.
6. 사내 정치를 배제한다.
7. 비밀을 지키고 기밀을 유지한다.
8. 창조적인 고부가가치 해법을 제시한다는 우리의 평판에 맞게 행동한다.
9. 사용자 친화적이고 효율적인 접근법을 강조한다.
10. 과도한 절차가 아닌 구체적 결과에 초점을 맞춘다.

체아는 모든 직원이 '나의 약속'과 함께 도덕적이고 존경받는 삶을 영위하기 바란다. 그는 변장한 금융계의 해적을 가려내기 위해 '배우는 능력'과 '가르치는 능력'을 확인한다. "신입 사원을 평가할 때 배우는 능력과 가르치는 능력이 있는지 판단합니다. 새로운 것을 배울 수 있는지, 자신이 배운 것을 다른 사람에게 가르칠 수 있는지를 보는 것이죠. 좋은 학생이지만 좋은 선생은 아닐 수 있고, 그 반대일 수도 있습니다. 두 범주 모두에서 높은 점수를 받으려면 열린 마음, 겸손함, 나누는 자세가 필요합니다. 기자였을 때에는 모든 과제를 빈 종이 한 장에서 시작했습니다. 좋은 이야기를 쓰려면 '배우는 능력'을 향상시킬 새로운 방법을 끊임없이 찾아야 했습니다. 그다음에는 독자가 이해할 수 있는 방식으로 이야기를 써야 했기 때문에 '가르치는 능력'도 키워야 했죠. 이 두 가지 개념은 투자에서도 중요합니다."

아시아에 가치투자의 사원을 지은 체아는 회사 문화에 불교의 가르침을 접목했다. 가치주는 성격상 인기가 없거나 투자자의 주목을 받지 못하기 때문에 단기적으로 시장 수익률을 하회하는 경향이 있다. 그는 그런 경우에도 침착함을 유지하려면 불교 신앙의 기본 교의인 인내와 의연함이 중요하다고 강조한다.

불교에서 강조하는 몰아(沒我)도 투자에 유의미하다. "사업을 오래 지속하려면 자존심을 버리고 '자아'를 내려놓는 것이 중요합니다. 밸류 파트너스가 특정한 '스타'에게 의존하는 것은 결코 바라지 않습니다. 그러려면 평균 이상의 개인으로 이루어진 집단이 수행할 수 있는 투자 공정을 구축해야 합니다. 그 공정은 배울 수 있고, 가르칠 수 있고, 반복할 수 있고, 확장할 수 있고, 지속할 수 있는 것이 되어야 합니다. 팀을 이끌 리더가 필요한 것은 분명하지만 전체적인 공정은 팀 단위로 수행되어야 합니다. 팀을 구성하는 각 개인에게는 한계가 있을 수 있지만 팀 단위로 접근하면 각자의 강점에 집중하고 역량을 극대화할 수 있습니다. 이 투자 공정을 산업화해서 밸류 파트너스를 가치투자 아이디어 생산 공장으로 만드는 것이 제가 가진 궁극적인 목표입니다. 우리는 한 팀으로서 시장을 이길 수 있다는 것을 입증해왔습니다. 우리의 공정은 반복될 수 있으며 옮겨 심는 것이 가능합니다."

산업화한 투자 공정

체아는 투자 공정 산업화 구상을 뒷받침할 수 있는 체계를 서구에서 찾았다. 서구에서는 벤저민 그레이엄, 워런 버핏 등 유명한 투자자가 가치투자를 지지해왔다. 체아는 아시아 환경에 적합하도록 가치투자 개념을 조정해 투자 공정을 개선했다. 투자 아이디어를 수립할 때 그의 팀은 3R, 즉 적임자(right people)가 운영하고 적절한 가격(right price)에 거래되는 적절한 기업(right business)을 찾는다. 그들은 역발상으로 생각하며 아시아 유니버스의 주식을 세 가지 범주로 구분한다.

1. 저평가 및 비선호 종목
2. 적정하게 가치가 매겨진 적극 추천 종목
3. 고평가된 개념주(concept stocks)

"우리는 주로 범주 1에 있는 주식에 투자합니다. 범주 1과 2 사이에 있는 주식에 투자하는 것도 가능합니다. 셀 사이드 애널리스트는 범주 2의 주식을 추천하는 경향이 있지만 우리는 회의적으로 봅니다. 범주 2는 언론과 택시 운전사가 추천하는 종목입니다. 범주 1 주식을 매수해서 범주 2가 될 때까지 기다리는 것이 우리의 일관된 목표입니다. 이들 주식이 범주 3에 접근하기 시작하면 매도합니다." 이론상으로는 단순하게 들릴지 몰라도 실제 적용은 어렵다. "아시아 투자자 가운데 비난을 감수하면서까지 인기 없는 종목을 사려는 사람은 없습니다. 유동성이 풍부한 미국 증시와 달리 아시아의 저평가 주식은 일일 거래량이 0이 될 수도 있기 때문에 매수와 매도 과정이 고통스러울 수 있습니다."

이렇게 주식을 분류한 뒤 관심 종목의 밸류에이션을 살피고 나면 다음 단계로 사업에 대한 심층적인 리서치를 수행한다. 체아의 팀은 업종 내와 업종 간 정량적 비교가 가능하도록 가치 평가 모델과 지표를 표준화했다. 1990년대에는 그레이엄의 《증권분석》이 참고서 역할을 했지만 이후 마틴 프리드슨의 《Financial Statement Analysis(재무제표 분석)》를 활용해왔다. "점차 정량적 분석보다는 정성적 리서치에 집중하고 있습니다. 아시아에서 싸게 거래되는 주식은 사업이 형편없는 상황일 가능성이 높기 때문입니다. 그레이엄이 말한 것처럼 한두 모금밖에 남지 않은 '담배꽁초' 주식일 가능성이 높다는 뜻이죠. 싼 가격에 살 수는 있겠지만 이런 기업은 지속 가능성과 경쟁력이 부족하기 때문에 파산할 수 있습니다."

밸류 파트너스는 기업의 사업 경쟁력과 핵심 역량에 초점을 맞추고 있으며 애널리스트 팀은 연간 2,500개 기업을 직접 방문해 좋은 기업과 나쁜 기업을 구별한다. 일단 기회가 확인되면 투자 결정을 내리기 전에 신중하게 고민한다. "투자는 결국 누군가가 방아쇠를 당겨야만 하는 일입니다. 재무 관련 교수로 팀을 꾸려 수십억 달러 규모의 실제 투자에 방아쇠를 당기라고 하면 아마 방아쇠는 당겨지지 않을 것입니다. 애널리스트 역시 자신의 이론이 옳다는 것을 알아도 쉽게 결정을 내리지 못할 수 있습니다. 일이 잘못되었을 때 비난받고 싶지 않기 때문입니다. 저는 이것을 킬러 본능의 결핍이라고 부릅니다. 결정을 주저하지 않도록 우리는 실수를 비난하지 않습니다. 그렇다고 해서 아무렇게나 결정하는 것은 아닙니다. '자아'를 제거하라는 불교의 가르침에 따라 자존심을 내려놓고, 틀렸다고 판명될 때 남이 어떻게 생각할지 걱정하지 않습니다. 그런 다음 온전히 사실에만 초점을 맞추다 보면 객관적인 판단을 하게 됩니다."

그러면서도 이렇게 강조했다. "물론 우리는 천하무적이 아닙니다. 우리도 실수를 저지르죠! 사실 1993년 이후 우리 의사 결정 과정을 분석해봤더니 약 3분의 1이 잘못된 것이었습니다. 나머지 3분의 1은 맞지도 틀리지도 않았고, 나머지 3분의 1만 제대로 맞았습니다. 시장을 이기려면 포트폴리오를 끊임없이 감시하고 그 안에서 좋은 종목과 나쁜 종목을 구별해서 실수로 인한 손실을 최소화해야 합니다." 그는 소크라테스의 명언을 이렇게 응용했다. "아는 사람은 자신이 아무것도 모른다는 것을 안다. 자신이 모른다는 것을 아는 사람이야말로 모든 것을 아는 사람이다." 투자라는 게임에서 더 멀리 나아가려면 똑똑한 체하기보다 겸손해야 한다.

체아는 펀드매니저로 활동을 시작할 때만 해도 집중 투자 포트폴리오가 옳다고 믿었지만 나중에는 분산 투자 포트폴리오가 더 합리적이라는 결론을 내렸다. "처음에는 30~40개 종목에 집중 투자한 포트폴리오가 자랑스러웠습니다. 그러던 중 설득력 있는 말과 자료로 주주인 우리를 속이는 사기꾼이 너무 많다는 사실을 깨닫기 시작했죠. 게다가 아시아에서는 사건, 경제, 정치 등 많은 외부의 힘이 시장에 영향을 미칩니다. 손실을 막으려면 한 종목의 비중이 2%를 넘지 않도록 포트폴리오를 분산하는 것이 현명합니다."

규모가 작았을 때의 밸류 파트너스는 공개 시장에서 직접 주식을 매수해 투자했다. 그러나 운용 자산 규모가 커진 뒤에는 중소형주 유동성이 제한된 공개 시장에서 매수하는 것이 사실상 불가능했다. 유동성 문제는 체아를 곤란하게 했다. 1998년 12월 홍콩 증권선물위원회는 밸류 파트너스와 체아를 공개적으로 질책했다. 장 종료 전 다섯 개 종목에 대량 매수 주문을 넣어 인위적으로 종가를 부풀렸다는 이유였다. 위원회는 다음과 같은 성명을 냈다. "비록 의도하지 않았더라도 체아는 이런 방식의 거래가 종가에 영향을 미칠 가능성이 있고 따라서 시장의 건전성을 해칠 수 있다는 사실을 생각했어야 한다."

체아는 설명했다. "1993~1999년에 소형주에 특화된 포트폴리오를 운용하면서 겪은 어려움은 말로 표현할 수 없을 정도입니다. 소형주는 마치 비상장 주식 같았고 거래량이 전혀 없는 날도 있었습니다. 1997년에 금융위기가 닥쳤고 1998년 말에는 우리가 보유한 주식을 사고팔려는 사람이 몇 개월 동안 나타나지 않았던 적도 있었습니다. 거래 상대만 나타나면 주식을 매매해서 시장을 조성하려고 했지만 아무도 없었습니다. 일반 대중에게는 우리가 가격 조작에 관여한다고 보였겠지만 실제 상황은 이렇듯 단순했습니다. 어쨌든 저는 책임을 지고 우리 행동의 근거를 증권선물위원회에 설명했습니다. 그들은 우리 설명을 받아들이기는 했지만 만족하지 못했고 결국 경고한 것이죠."

교훈을 얻은 체아는 주식 딜러로 구성된 전문 팀을 새로 꾸려 매매를 수월하게 하는 방식으로 절차를 수정했다. 홍콩에서 밸류 파트너스는 상당히 큰 회사가 되었기 때문에 소형주에 포지션을 취하려면 다른 접근 방식이 필요하다는 판단도 있었다. "지금은 소형주 지분 5~10%를 어렵지 않게 취득합니다. 공개 시장에서 주식을 사기보다는 우리의 규모와 평판을 활용해 회사로부터 직접 대량으로 주식을 사들입니다. 미국식 표현으로는 상장기업 주식에 대한 사모 투자(private investment in public equities), 줄여서 파이프(PIPE)라고 합니다. 이런 거래의 묘미는 할인된 가격에 살 수 있고 전환사채를 활용할 수도 있다는 것입니다."

일단 거래가 성사되면 체아의 팀은 투자 포지션을 면밀히 주시한다. 체아는 이 과정에서 저널리즘적인 요소를 더해 보유 주식에 대한 신문 기사 헤드라인을 상상해보라고 이야기한다. "팀에 미래를 시각화하라고 요구합니다. 기자가 3개월이나 1년 후에 그 회사에 대해 어떤 기사를 쓸지 상상해보게 하는 것이죠. 단순히 주가 차트를 참고할 수도 있겠지만 그것은 제가 원하는 답이 아닙니다. 미래를 진정으로 시각화하기를 원합니다."

가치로 무장하고 진격하다

체아는 2001~2002년 사이 총 운용 자산 10억 달러를 달성한 일을 회사 역사상 가장 기억에 남는 사건으로 꼽았다. "펀드를 폐쇄하고 회사를 작게 유지하자는 사람도 있었고, 회사를 성장시켜 아시아 자산 운용사도 많은 자금을 조달할 수 있다는 것을 보여주자는 사람도 있었습니다. 그래서 팀이 약간의 불화를 겪기도 했죠. 저는 성장을 추구하는 사람의 편에 섰습니다. 토론은 몇 달 동안 계속되었습니다. 자산 운용사의 장점은 규모가 아니라 실적이라는 데 동의했지만 결국 우리 쪽이 이겼습니다. 제가 공동 창업자이기 때문이 아니라, 우리가 팀으로서 철저한 투자 공정을 만들었고 그 공정을 적용해서 마치 군대처럼 회사 내에 작은 단위 조직을 만들었기 때문입니다."

이런 방식 덕분에 전체적으로 규모가 커지면서도 작은 조직 단위의 문화를 유지할 수 있었다. "지금은 단위 조직이 6개 있고 조직마다 구성원 5~6명이 펀드를 운용하고 있습니다. 단위 조직은 반자율 방식으로 운영됩니다. 구성원은 대기업에서 일한다고 느끼지 않습니다. 모두 여전히 굶주렸고, 열정이 있고, 혁신적입니다. 우리의 좌우명은 '효과적일 만큼 작게, 강할 만큼 크게!'입니다."

밸류 파트너스의 회장이자 공동 최고투자책임자의 위치에서 리더십을 발휘하고 방향을 제시하려면 거시경제를 분석하는 능력이 추가로 요구된다. "리더로서 회사를 다음 단계로 끌어올릴 수 있는 새로운 전략과 아이디어를 끊임없이 배워야 합니다. 회사의 구조뿐만 아니라 거시적 환경에 맞추어 회사 전체가 어떻게 진화할 수 있을지도 고민해야 합니다. 2000년대 초반에 펀드를 폐쇄하고 작은 법인으로 남기로 했다면 아시아의 성장 잠재력과 거시적 전망을 무시해왔을 겁니다. 진전이 없으면 뒤처지게 마련입니다. 완고한 가치투자자로서 우리는 기업에 초점을 맞춥니다. 그러나 제 위치에서는 하향식 분석에도 주의를 기울여야 합니다. 하향식 분석으로 경제 상황이나 전망을 분석해서 팀의 자산 배분과 포트폴리오 구축을 이끌어야 합니다. 경제가 둔화되고 있다면 현금 보유량을 늘리거나 경기 방어적인 업종에 포지션을 더 배분해야 합니다. 단순히 기업에만 집중하고 주변 환경을 무시해서는 안 됩니다."

일중독이라고 보는 사람도 있겠지만 체아는 배움을 멈추지 않는 헌신적인 독서가다. 취미이자 휴식인 독서에 더해, 독실한 불교 신자인 그는 하루에 40분 명상을 한다. 명상은 긴장을 풀어주고 마음을 자유롭게 하며 내면을 들여다보게 한다. 그 때문인지 명상을 하고 나면 어김없이 몇 가지 투자 아이디어가 나온다.

체아는 자신의 성공이 어느 정도는 운이었다고 생각한다. 1978년 12월 중국이 경제를 개방하기 시작하고 덩샤오핑이 개혁 개방 정책을 발표했을 때 체아는 마침 적절한 자리에 있었다. 1992년 중국 남부를 순방 중이던 덩샤오핑은 "부자가 되는 것은 영광스러운 일"이라고 선언했다. 그는 1960년대에 시작된 '4대 현대화' 정책을 강력히 지지하며 1997년 사망할 때까지 농업, 공업, 국방, 과학 기술 강화에 힘을 쏟았다.

체아는 여기에 다섯 번째 현대화, 즉 금융시장의 현대화를 향해 밸류 파트너스를 이끌고 진격한다. "19세기와 20세기는 중국에 특히 고통스러운 시대였습니다. 한때 '아시아의 병자'로 여겨지기도 했죠. 최근에는 한국이 경제 개발, 빈곤 퇴치, 도시화 측면에서 우리가 감히 예상하지 못한 수준에 올랐지만 금융 시스템은 아직 걸음마 단계에 머물러 있습니다. 중국은 금융 산업을 세계적인 수준으로 발전시킬 것입니다. 이때 밸류 파트너스와 홍콩 사람이 할 역할이 있습니다. 우리는 다섯 번째 현대화에 기여할 수 있습니다. 자산이 늘면서 중국인은 그곳에 도사리고 있는 금융 해적의 공격에 노출될 것입니다. 가치투자의 장점을 입증해서 그들을 보호하는 것이 우리의 임무입니다."

17
가치투자자의 탄생

THE
VALUE
INVESTOR

성공은 끝이 아니고 실패는 치명상이 아니다.
중요한 것은 계속 해내는 용기다.

— 윈스턴 처칠

이 책을 쓰는 동안 '성공에 이르는 유일한 공식은 없다'는 것을 알게 되었다. 모두가 지키려고 애쓰는 핵심 원칙이 있기는 하다. 하지만 적시에 적절한 장소에 있는 것, 기회가 왔을 때 포착하는 것 역시 철저한 준비만큼 중요하다. 이 책에서 인터뷰한 투자자 중 그 누구도 처음부터 선두에 서게 되리라고 예상하지 못했다. 그들을 지금의 위치로 이끈 길에는 풍부한 자양분이 있었다. 그 길이 온전히 평탄했던 적은 단 한 번도 없었다.

투자의 대가가 걸어온 길도 마찬가지다. 이제는 잘 알려진 이야기지만 워런 버핏은 1960년에 투자조합 자금을 조달하기 위해 훗날 코카콜라 사장과 버크셔 해서웨이 이사가 된 이웃 도널드 키오를 찾아가 1만 달러 투자를 요청했다. 아직 수련 중이던 버핏에 대해 회의적이었던 키오는 수억 달러를 벌 수 있었던 기회를 거절했다.

2010년 키오의 사무실에서 그를 인터뷰하면서, 모험에 나서는 버핏에게 어떤 조언을 해주었는지 물었다. "위대한 지도자와 성공한 사람은 모두 각양각색입니다. 정말로 무엇이 될 때까지는 어떤 사람일지 예상하기 어렵습니다. 젊은 버핏에게 더 잘할 수 있는 방법을 조언하기보다, 그렇게 제안을 거절하기 전에 열린 마음으로 충분히 경청하고 그의 진가를 알아보았어야 합니다." 겉표지로 책을 판단하지 말라는 말이 있듯이 비록 버핏의 첫인상이 대단하지 않았더라도 그의 제안에 좀 더 아량을 보였어야 한다는 뜻이다. 키오의 후회는 이 책에서 논의한 개념과 통한다.

책을 쓰는 과정에서 확인한 또 하나의 사실이 있다. 가치투자자들은 출신과 배경이 서로 다르지만 공통적으로 성공하려는 의욕이 있으며, 집중하고 규율을 지키는 것이 적성에 맞는다는 것이다. 한편 성공한 투자자는 대개 현장에서 기량을 키웠고, 학습보다 경험에서 더 큰 지식과 지혜를 얻었다.

투자의 대가에게 배운 것들을 정리해본다.

투자 스튜어드십을 가져라

좋은 수탁자는 자신의 일에 책임을 다한다. 투자자의 이익을 최우선으로 한다는 것은 손실을 피한다는 뜻이다. 버핏이 '투자의 제1 원칙은 돈을 잃지 않는 것이고, 제2 원칙은 제1 원칙을 잊지 않는 것'이라고 한 이야기는 유명하다. 돈을 잃지 않는 것은 자신의 돈으로 투자할 때도 중요하지만 다른 사람의 돈으로 투자할 때는 필수다.

월터 슐로스 회장은 하방 경직성과 자본의 보전을 다른 무엇보다 중요한 요건으로 강조했다. "투자자가 최선의 이익을 얻을 수 있도록 일해야 했습니다. 제 투자자는 대부분 부자가 아니었습니다. 생활비를 충당할 수 있는 수익을 바랐죠." 2012년 2월 슐로스가 세상을 떠난 뒤 버핏은 성명을 발표하고 슐로스의 원칙을 거듭 강조했다. "슐로스가 보유한 투자 기록은 놀랍습니다. 하지만 더욱 중요한 것은 그가 투자 운용에서 청렴과 성실의 모범 사례를 제시했다는 것입니다. 그는 투자자가 큰돈을 벌지 않는 한 그들에게 한 푼도 받지 않았습니다. 확정된 수수료를 받지 않았고 이익이 발생할 경우 투자자와 나누었습니다. 슐로스에게는 자신의 투자 능력에 걸맞은 수탁자로서의 자각이 있었습니다."

윌리엄 브라운은 슐로스가 가장 중점을 둔 것은 언제나 손실로부터 투자자를 보호하는 것이었다며 '슐로스는 청렴과 성실로 충만한 사람'이라고 강조했다. 브라운은 말했다. "친구와 고객은 여러분이 주식시장에서 저지른 어리석은 실수를 용서할 것입니다. 하지만 기만적인 실수는 결코 용서하지 않을 것입니다."

현명한 스튜어드십(stewardship, 수탁자의 책임)은 현실적인 기대를 의미하기도 한다. 때로는 아무것도 하지 않는 것이 승리로 간주될 수 있다. 슐로스는 말했다. "끔찍한 일이 벌어지지 않는 것이 곧 이익입니다. 제 목표는 손실을 줄이는 것입니다. 상승세에 있는 주식 몇 개만 찾을 수 있어도 복리의 마법이 발휘될 것입니다."

하워드 막스와 그의 팀 역시 부진한 수익률을 용납하지 않았으나 공격적인 전략은 철저히 경계했다. 막스는 이렇게 강조했다. "우리는 매년 평균보다 약간 더 높은 수익률을 내기 위해 노력하고 있습니다. 우리가 무엇보다 중요하게 생각하는 것은 고객의 돈을 잃는 상황에 처하지 않는 것입니다."

복음주의 작가 릭 워런은 '겸손'에 대해 "자기 자신을 낮추는 것이 아니라 자신에 대해 덜 생각하는 것"이라고 말했다. 이 개념은 개인의 도덕적 잣대뿐 아니라 투자에도 적용된다. 이 책을 쓰며 펀드매니저가 투자 수탁자로서 갖추어야 할 다섯 가지 요소를 생각하게 되었다. 바로 청렴과 성실, 통찰, 안정성, 수익률, 효율적인 인맥 유지다. 청렴과 성실은 수탁자가 투자자를 위해 옳은 일을 하도록 이끈다. 수탁자는 부지런히 시장을 조사하고 통찰을 얻어 투자자에게 해법을 제공해야 한다. 안정성을 생각하는 수탁자는 다양한 시장 환경에 적용할 수 있는 견고하고 강력한 투자 체계를 개발한다. 이렇게 마련한 체계로 평균 이상의 투자 수익을 창출하는 것이 목표다. 이 목표가 달성된다면 수탁자는 자신의 이해관계자와 회복 탄력성이 더욱 강화된 인맥을 형성하게 된다.

훌륭한 수탁자가 되려면 자신을 덜 생각하고 고객을 우선시해야 한다. 또한 지적 겸손이 중요하다. 자신감을 버리고 자신의 리서치를 신뢰하지 말라는 뜻이 아니다. 모든 문제에 해답을 가진 사람은 없다는 사실을 용기 내어 인정하는 것이다.

지적 겸손이 필요하다

'자신의 결핍을 인정하라'는 '자신의 지식이 부족하다는 것을 이해해야 성장할 수 있다'만큼이나 잘 알려진 원칙이다. 플라톤의 대화편 중 하나인 《테아이테토스(Theaitetos)》에서 소크라테스는 지식에 대한 다양한 정의를 논한다. 소크라테스는 이렇게 말했다. "나 자신은 아는 것이 거의 없어서 지혜로운 사람과 논쟁하는 것을 받아들이지 못한다."

궁금히 여기는 태도와 배우려는 의욕은 모든 가치투자자에게 필수다. 체아 쳉 하이는 꾸준한 배움이 출발점이라고 믿고 평생 배움에 몰두했다. 스물다섯 살 때에는 서명을 '배운다'는 뜻의 'learn'으로 바꾸었을 정도다. 기자 출신인 그는 첫 경력이 투자 세계로 진출하는 데 견고한 토대를 제공했다고 믿는다. 그리고 저널리즘과 투자를 이렇게 비교했다. "첫째, 좋은 아이디어는 대개 자기 머리에서 나옵니다. 솔선수범해서 새로운 것을 배우고 세부적인 것에 주의를 기울일 때 나옵니다. 우리가 읽고 듣는 것은 대부분 유용한 정보가 아니라 단순한 소음이기 때문에 우선순위를 정해서 핵심에 집중해야 합니다. 풍부한 지식과 집중력이 있다면 어떤 일에도 잘 대비할 수 있습니다. 기자라면 남보다 더 빠르고 정확하게 뉴스를 보도할 수 있죠. 투자자라면 기회가 나타날 때 더 빠르고 단호하게 대응할 수 있습니다."

체아와 마찬가지로 토머스 칸도 독서와 배움 없이 아이디어를 찾아내는 좋은 투자자를 본 적이 없다. 그에게 아버지 어빙은 누구보다 좋은 본보기였다. "아버지는 책을 수천 권 읽었고 특히 과학에 대한 흥미가 각별했습니다. 과학에 대한 방대한 지식 덕분에 아버지는 과거에 머무르지 않고 미래에 집중합니다." 프란시스코 파라메스는 '세상을 꾸준히 이해해서 기존에 축적한 모든 정보와 동기화할 때' 아이디어 창출이 가능하다고 생각한다. 다양한 주제를 읽고 배우는 다학문적 접근은 자연스럽게 좋은 아이디어로 이어진다. 세계의 추세와 뉴스를 따라갈 때 다방면을 아우르는 최선의 방안을 알게 된다.

독서는 지식과 지혜를 얻는 방법 중 하나다. 질문 역시 매우 중요하다. 텡 응이예크 리앤은 자신이 모든 해답을 가지고 있지 않고 앞으로도 마찬가지일 것이라고 시인한다. 가치투자 세계에서는 어느 정도 보편적이지만 금융 생태계 전체로 보면 굉장히 드문 태도다. 그는 말했다. "시장의 역학과 기업의 다양한 특성을 고려해야 합니다. 이곳 아시아에서는 업종을 제대로 선택했더라도 손실이 날 수 있습니다. 업계의 먹이사슬을 자주 들여다보면서 누가 업계를 이끌고 누가 우위에 있는지 파악해야 합니다." 투자에서 최적의 성과를 낼 수 있는 지점을 찾으려는 텡은 바보 같아 보일지라도 질문하기를 주저하지 않는다.

텡과 마찬가지로 필립 베스트는 직접 현장에 접근하는 방법이 유효하다고 믿는다. 그는 '블룸버그 단말기 앞에 앉은 사무실의 애널리스트'가 현실을 보지 못한 채 데이터를 지나치게 신뢰한다고 생각한다. 과거의 대면 방식을 선호하는 그는 "일대일 미팅을 효과적으로 활용하기 위해서는 제대로 된 질문이 중요합니다. 가장 힘든 질문을 할 때 대개 가장 유익한 답을 얻습니다"라고 강조했다. 필요와 접근법의 균형을 맞추는 것 역시 중요하다. 옛말에도 있듯이 식초보다 꿀이 파리를 더 잘 잡는 법이다.

회사 경영진과 직접 대화하는 것은 펀드매니저의 특권일 수 있다. 정보를 수집하는 또 다른 방법은 사회적 인맥을 확장하는 것이다. 베스트는 투자자, 펀드매니저, 애널리스트, 브로커, 실사 과정에서 확실한 단서를 제공하는 업계 참여자로 이루어진 자신의 인맥에서 투자 단서와 산업에 대한 통찰을 많이 얻는다고 말했다. 물론 견고하고 신뢰할 수 있는 인맥은 하루아침에 구축되는 것이 아니라 오랜 인내의 결과물이다.

브니 예는 투자 대상에 지불하는 대가에 지적 겸손이 반영된다고 생각한다. "가치투자의 본질은 적정하고 온전한 가치를 알아보는 감각을 키우는 것입니다. 보수적인 지점에서 출발해 안전마진을 찾아야 하기 때문입니다. 보수적으로 출발하지 않으면 오차 범위가 커질 수 있고 이것은 진정한 가치투자자의 태도에서 벗어납니다. 하락 위험을 먼저 생각한다면 남보다 더 신중한 경향이 있다는 것이고 이런 자질은 군중을 따르는 대신 자신만의 의견을 형성하는 데 도움이 됩니다. 남에게 쉽게 휘둘리지 않을 때, 투자자로서뿐 아니라 한 인간으로서도 점차 적정한 가치를 알아보는 눈이 생깁니다."

이 책에서 상세히 소개한 가치투자자는 아무리 많이 읽어도 만족하지 못하고, 면밀히 질문하고, 안전마진을 생각한다. 지식이 힘이라는 믿음, 무엇도 '사실'이라는 견고한 토대를 대체하지 못한다는 전폭적인 믿음이 있기 때문이다. 그렇더라도 누구든 실수를 피할 수 없고 따라서 실수로부터 배우는 능력 유무가 평범한 사람과 뛰어난 투자자를 구분 짓는다. 자신의 실수를 기꺼이 인정하는 것이 장기적인 성공을 위해 중요하다는 것은 이 책에 소개한 투자자 거의 모두가 강조한 사실이다.

알바로 구스만과 페르난도 베르나르는 '일로 맺은 관계에서 중요한 것은 과거의 실수를 반복하지 않도록 책임을 확실히 하는 것'이라고 말했다. 구스만이 말했다. "우리는 지금까지 함께 성장해왔습니다. 같은 실수를 반복하기도 하면서 공통의 어휘를 만들었습니다." 베르나르가 덧붙였다. "지난 실수를 돌이켜 보면, 서로에게 솔직했고 팀으로서 함께 실수를 인정했습니다. 투자자로서 계속 배우고 성장하는 구스만의 무한한 에너지를 높이 평가합니다. 그는 회사와 저를 위해 좋은 문화를 조성합니다. 덕분에 우리는 서로의 사각지대를 살펴 과거의 실수를 반복하지 않을 만큼 충분히 단련되었습니다."

자신만의 리듬을 개발하라

가치주에는 다양한 유형이 있고 개인의 가치투자 스타일은 시간이 지나면서 변하거나 발전할 수 있다. 하지만 어떤 방식을 선택하든 스스로에게 진실하고 충실하게 자신만의 기준을 세워야 한다.

버핏 같은 업계의 우상은 무한한 영감을 제공한다. 하지만 베르나르는 이렇게 설명했다. "구스만과 저는 피터 린치, 필립 피셔, 워런 버핏, 벤저민 그레이엄 같은 인물에 대해 공부했습니다. 많은 사람이 버핏처럼 차기 코카콜라를 찾으려고 애씁니다. 하지만 사람은 다 다르기 때문에 그런 연습은 오히려 해가 됩니다. 자기 자신에 충실하고, 자신의 리듬을 찾고, 자신만의 스타일을 형성하는 것이 더욱 중요합니다. 이것은 결국 규율과 열정이 필요한 일입니다. 여정을 함께할 사업의 동반자를 찾은 덕분에 홀로 연습하지 않고 함께 팀으로서 노력할 수 있으니 저는 운이 좋은 사람입니다. 감사한 일이죠."

슐로스 역시 버핏을 단순히 모방하는 것은 역효과를 가져올 수 있다고 말했다. 예를 들어 버핏은 집중 투자 포트폴리오를 지지하지만 슐로스는 스스로를 버핏과 "심리적으로 다르게 만들어진 사람"이라고 선언했고, 포트폴리오를 분산해서 시장의 붕괴 위험을 헤지할 수 있다고 믿었다. 버핏의 접근법이 틀렸다는 것이 아니라 슐로스에게 효과가 없었다는 것이다. "버핏처럼 되려고 노력하는 사람이 많다는 것을 압니다. 하지만 그들이 주목해야 하는 것은 버핏이 훌륭한 분석가일 뿐만 아니라 사람과 기업을 판단하는 능력을 지녔다는 사실입니다. 저는 제 한계를 알기 때문에 제게 맞는 가장 편한 방식으로 투자하는 것을 선택했습니다."

장마리 에베이야르는 사람들 대부분이 가치투자에 필요한 강인한 정신력을 가지고 있지 못하다고 생각한다. "가치투자자의 숫자가 얼마 안 되는 이유는 무엇일까요? 저는 인간의 심리와 연관이 있다고 생각합니다. 가치투자자가 된다는 것은 장기 투자자가 된다는 뜻입니다. 장기 투자자는 자신의 투자 성과가 동료나 벤치마크 지수에 비해 단기적으로 뒤처지는 것을 감수합니다. 그렇게 뒤처질 때 심리적, 재정적 고통이 따르는 것도 미리 감수합니다. 가치투자자에게 피학적 성향이 있다는 뜻은 아닙니다. 보상은 때가 되면 주어질 것이며 즉각적인 만족은 없다는 사실을 감수하는 것이죠."

필립 베스트 역시 합리적이고 지속 가능한 투자에 즉각적인 만족은 없다는 것을 인정한다. 그는 탄탄한 토대가 되어줄 투자 원칙의 중요성을 강조한다. 그의 원칙은 발길이 덜 닿은 길을 택하는 것이다. "이 일을 시작할 때, 대세를 멀리하고 아무도 눈길을 주지 않는 대상을 보라는 조언을 들었습니다. 제게는 그것이 제1 원칙이고 성격에도 맞습니다. 그 원칙이 지금까지 저를 이끌었습니다."

아시아에서 일본 시장에 주력하는 아베 슈헤이는 수십 년 동안 일관성 있고 체계적인 판단으로 사업을 이끌어왔다. 그의 목표는 '일본 투자를 원하는 사람에게 투자 정보와 해법을 제공하는 것'이다. 좋은 결정을 내리기 위해서는 집중력을 유지하는 것이 무엇보다 중요하다. 프란시스코 파라메스 역시 "거리가 멀어지는 만큼 평가의 질도 낮아진다는 말이 있습니다"라고 동의한다. 투자 정보를 개발하고 제공하는 것은 결코 쉽지 않다. 아베와 파라메스가 분명히 보여주었듯이 상당한 시간과 에너지를 들여야만 비로소 가능하다.

위에서 언급한 투자자 모두 주식 분야에서 일하는 반면 하워드 막스와 킨 챈은 주식을 특별히 좋아하지는 않는다. 둘은 채권 투자를 선호한다. 주식 투자에는 낙관적인 태도가 필요하다고 생각하는 막스는 자신의 성격에 주식이 맞지 않는다고 말했다. "주식 투자를 하려면 어느 정도 낙천주의자이자 몽상가가 되어야 합니다. 채권 상품 투자에서 수익은 계약상의 문제입니다. 상황을 검토해서 이자 지급과 최종 상환 약속이 잘 이행될지 여부를 파악하기만 하면 됩니다. 저처럼 태생이 보수적인 사람에게는 채권이 더 낫습니다."

챈은 자신에게 주식 투자에 요구되는 창의성이 부족하며, 자신의 기질에는 부실기업 자금 조달이 더 잘 맞는다고 생각한다. "투자하는 기업에 신앙 같은 믿음이 있어야만 합니다. 반면 부실기업 투자는 부정적인 면에 초점을 맞춥니다. 제게는 그것이 더 설득력 있었습니다."

"인생의 템포는 끊임없이 변화하는 리듬의 비트에 맞춰진다." 얼마

전 우연히 본 출처 분명의 이 짧은 문장에서 자신만의 가치투자 방식을 찾아야 한다는 내 생각을 다시 한번 확인했다. 가치가 비트라고 할 때, 관건은 자신의 투자 템포에 맞는 리듬을 찾는 것이다. 나는 이 책에 소개한 투자자들에게 영감을 받아 투자 활동을 위한 다양한 리듬을 만들었다. 분산 혹은 집중 투자, 부채 활용, 매매 빈도 등은 투자의 리듬이다. 이 리듬을 조합하고 다양한 시장 상황에 맞추어 그 조합을 적용할 때 나만의 투자 템포가 만들어진다.

관습에 얽매이지 말라

성공적인 가치투자자는 발길이 덜 닿은 길을 향해 기꺼이 나서야 한다. 자신에게 충실한 것과 비슷한 개념이다. 앞서 소개한 거의 모든 가치투자자가 흐름에 몸을 맡기는 방법은 통하지 않는다고 말한다. 가치투자자로서 투자에서 성공하려면 다양한 기량을 활용해야 하며 자신의 기질을 거스르는 용기가 있어야 한다.

막스는 이렇게 조언했다. "투자의 목표는 평균 수준의 수익률이 아니라는 것을 명심해야 합니다. 평균을 넘어서야 합니다. 그러려면 다른 사람보다 더 뛰어난 사고를 해야 합니다. 더욱 강력해야 하고 더욱 수준이 높아야 합니다. 다른 사람이 똑똑하고 정보가 많고 고도로 전산화되어 있을 가능성이 있으므로 그들에게 없는 우위를 확보해야 합니다. 남이 생각하지 못한 것을 생각해야 하고, 그들이 놓친 것을 보아야 하며, 그들이 갖지 못한 통찰력을 갖추어야 합니다."

베스트도 같은 이야기를 했다. "제 장점은 정원을 훑어서 누구의 손길도 닿지 않은 잔디를 발견하는 데 있습니다." 다시 말해 가공되지 않은 보석을 발굴하고 그 진가를 알아보는 것으로 다른 투자자와 차별화해야 한다는 것이다.

토머스 칸은 기업이 명확한 방향성을 가졌고 이미 많은 애널리스트의 분석 대상이며 충분한 리서치가 이루어져 있다면 저평가되어 있을 가능성이 크게 낮다고 본다. 그러므로 가치투자자는 대개 시장이 간과한 종목을 분석하는 역발상 투자자일 수밖에 없다고 생각한다. 그는 말했다. "가치투자는 본질적으로 흐름에 역행하는 접근법입니다. 지금 인기가 없는 것을 사서 인기를 얻기까지 기다리는 과정이 필요합니다. 미니스커트가 유행할 때 중고 매장에서 긴 치마를 사는 것, 여름에 히터를 사고 겨울에 에어컨을 사는 것과 같죠."

가치투자에는 용기, 담대함, 외로운 전략일지라도 그것을 수용하는 태도가 필요하다.

분산과 집중 사이에서 균형을 찾아라

시장은 도취와 공황의 순간 사이에서 오락가락하는 추라고 할 수 있다. 자신이 무엇을 모르는지 아는 겸손하고 신중한 투자자에게 분산은 불확실성을 헤지하는 역할을 한다.

브라운은 말했다. "제일 좋은 10개 종목에 집중하지 않고 25개 종목에 분산하는 이유를 묻는 투자자도 있습니다. 사실 어느 것이 최고의 10개 종목인지 확신할 수 없기 때문에 분산하는 것입니다."

에베이야르도 동의한다. "집중 투자 포트폴리오는 강세장에서 나타나는 현상입니다. 약세장에서 투자를 집중하면 어떤 일이 벌어질지 모릅니다. 어떤 것이 최고의 아이디어인지 미리 알 방법이 없기 때문에 투자를 분산하는 편입니다." 유럽에서는 규제에 따라 많은 펀드매니저가 의무적으로 분산 투자를 한다. 이유는 크게 다르지만 아시아 신흥국에서도 분산 투자가 중요하다고 체아 쳉 하이는 설명했다. "처음에는 30~40개 종목에 집중 투자한 포트폴리오가 자랑스러웠습니다. 그러던 중 설득력 있는 말과 자료로 주주인 우리를 속이는 사기꾼이 너무 많다는 사실을 깨닫기 시작했죠. 게다가 아시아에서는 사건, 경제, 정치 등 많은 외부의 힘이 시장에 영향을 미칩니다. 손실을 막으려면 한 종목의 비중이 2%를 넘지 않도록 포트폴리오를 분산하는 것이 현명합니다."

투자 대상을 선택하는 데 특히 까다로운 텡 응이예크 리앤은 약 30개 종목을 보유하고 있다. 그는 포트폴리오가 집중되면 확실한 대상에 집중할 수 있고 자신이 잘 아는 기업에 더 많은 시간과 전문성을 쏟을 수 있다고 말했다. 그는 스스로 집중 투자 포트폴리오를 구성했다고 생각하지만 30개 종목은 사실 많은 숫자다. 경제학자 버턴 맬킬에 따르면, 포트폴리오에 약 20개 종목을 같은 비중으로 분산해서 편입할 때 총 위험은 약 70% 감소한다. 텡은 아시아·태평양 지역 전체에 걸쳐 자산을 분산해 다양한 국가와 그곳의 정치 상황에서 기인하는 위험의 크기를 줄였다.

베르나르와 구스만은 인수 합병 건이 있을 때 항상 최악의 시나리오를 염두에 두고 가능한 한 싸게 사려고 노력한다. 2008년 금융위기와 최근의 코로나19 팬데믹처럼 투자 기회가 저평가되는 위기 상황은 공격의 순간이다. 구스만은 설명했다. "옵션을 생각하면 됩니다. 우리는 프리미엄을 손해 보지 않으면서 옵션 같은 성과를 내려고 합니다. 최악의 경우에도 돈을 잃지 않고, 최선의 경우에는 위로 볼록한 수익률 곡선을 가지게 되는 전략입니다." 결론은 확률이 정말로 유리하다면 포트폴리오를 집중하라는 것이다. 팻 피치(fat pitch, 야구에서 타자가 쉽게 칠 수 있게 들어오는 공)를 노린다면 가만히 기다릴 수 있는 자제력이 필요하다.

기질이 가장 중요하다

이 책에 등장하는 투자자와 이야기를 나누며 성공은 기질에 크게 좌우된다는 것을 확신하게 되었다. 성공적인 투자를 위해 어떤 기질이 필요한지 뚜렷한 답은 없다. 그보다 다양한 시장 상황에서 적절하게 마음의 평정을 찾는 것이 중요하다. 시장에 어떻게 반응하고 행동할지를 좌우하는 것은 정신력, 투자 전략, 경험이다.

토머스 칸은 이렇게 설명했다. "감정적인 것이 나쁜 것은 아니지만 투자할 때에는 자신만의 가치 평가 기준을 세워야 합니다. 그런 다음 늘 감정을 억제한 상태를 유지하고, 시장 전반의 영향에서 벗어나야 합니다. 때로는 아무것도 하지 않는 것이 최선입니다. 물론 강세장에서 모두가 사라고 외칠 때 매수 유혹과 싸우는 것은 말처럼 쉽지 않습니다. 위기가 닥치고 모두가 주식시장이 끝났다고 말할 때 매수에 나서려면 용기가 필요하기도 합니다."

막스는 이렇게 말했다. "자산의 가격은 현실(펀더멘털)에 인식(감정,

심리 혹은 인기)을 곱한 함수입니다. (중략) 인기나 인식이 저평가일 때에는 매수하고, 인기나 감정이 고평가일 때에는 보유나 매수를 피하는 편이 낫습니다."

나 역시 투자 세계에서 성공하기 위해서는 어떤 기질이 필요하다고 믿는다. 러디어드 키플링의 시 '만약에(if)'를 읽으며 가치투자자에게 필요한 기질을 생각한다.

"만약 뭇사람이 냉정을 잃고 너를 비난할 때 냉정을 유지할 수 있다면 / 모두가 너를 의심할 때 자신을 믿고 그들의 의심을 감싸 안을 수 있다면 / 기다리되 기다림에 지치지 않을 수 있다면 / 그러면서도 너무 선한 척, 너무 현명한 척하지 않는다면 / 승리와 재앙을 만나 두 협잡꾼을 똑같이 대할 수 있다면 / 군중과 이야기할 때 너의 덕을 지키고 / 왕들과 거닐 때 민중을 놓지 않는다면 / 이 세상과 이 세상의 모든 것이 네 것이 될 것이며, 무엇보다" 가치투자자가 될 것이다. 이 책은 가치투자에 다양한 유형이 있다는 사실을 입증한다. 어쩌면 가치투자가 무엇인지가 아니라, 가치투자가 아닌 것은 무엇인지를 찾는 편이 더 현명하지 않을까!

감사의 글

전 세계 가치투자자의 참여가 아니었다면 이 책은 존재하지 못했을 것이다. 2019년, 이 개정판을 위해 시간을 내준 하워드 막스, 필립 베스트, 킨 챈, 알바로 구스만 데 라자로, 페르난도 베르나르 마라세에게 감사한다. 초판에서도 소개한 월터 슐로스, 어빙 칸, 토머스 칸, 윌리엄 브라운, 장마리 에베이야르, 프란시스코 가르시아 파라메스, 앤서니 너트, 마크 모비우스, 아베 슈헤이, 텡 응이예크 리앤, 브니예, 체아 쳉 하이에게도 역시 감사를 표한다.

이들을 인터뷰한 것은 큰 영광이었다. 가치투자의 본질을 찾는 데 직접 배우는 것만큼 좋은 방법은 없다. 2012년 2월, 월터 슐로스는 95세의 나이로 세상을 떠났다. 슐로스가 세상을 떠나기 5개월 전, 뉴욕에 있는 그의 아파트에서 함께 아침 시간을 보낼 수 있었다. 그곳에서 그는 벤저민 그레이엄, 워런 버핏과 찍은 사진, 그리고 1940년대부터 1950년대까지 그들과 주고받은 편지를 보여주었다. 그 만남은 슐로스의 마지막 인터뷰가 되었다. 그의 오랜 친구인 어빙 칸은 2015년 109세의 나이로 세상을 떠났다. 칸은 1920년대로 거슬러 올라가는 금융시장의 역사를 폭넓게 통찰할 수 있게 해주었고 이제는 나와 좋은 친구가 된 손자 앤드루를 소개해주었다.

이 책에 등장한 투자자를 모두 만나는 일은 쉽지 않았으며 오랫동안 계획하고 일정을 조정해야 했다. 매튜 쿠보, 앤드루 칸, 벨트란 파라게스, 헤다 내들러, 로버트 크로쇼, 하비에르 생츠 데 첸자노, 리처드 필리에로, 데비 루스만, 알리샤 윌리, 비디 헝, 앤 루이, 리사 그리피스, 주디 라르손, 지타 응의 도움이 아니었다면 이 책의 초판은 생명을 얻지 못했을 것이다. 런던 가치투자자 콘퍼런스(London Value Investor Conference) 조직자 로버트 헌터가 개정판을 위한 새 인터뷰를 제안하고 투자자를 연결해주며 큰 도움을 주었다. 런던 콘퍼런스의 단골 진행자인 데이비드 샤피로는 각 투자자에게 해야 할 질문에 관해 귀한 조언을 주었다. 인터뷰 일정을 조정하고 후속 작업을 책임진 안드레아 웹스터, 브라이언 리우, 캐롤라인 힐드, 비비안 곤잘레스에게도 감사를 전한다.

감사하게도 컬럼비아대 자산 운용 및 재무 전공 브루스 그린왈드 로버트 헤일브룬 기금 명예교수가 이 책의 서문을 맡아주었다. 〈뉴욕타임스〉가 '월스트리트의 스승'이라고 칭한 그린왈드 교수의 기여가 이 책에 무게를 더해주었다. 서평을 써준 바이런 빈, 웨이지안 샨, 로버트 헌터, 존 하인스, 래리 커닝햄, 프렘 제인, 데이비드 다스트, 도널드 약트먼, 도널드 키오에게 감사를 표한다.

코카콜라 사장과 버크셔 해서웨이의 이사를 역임한 도널드 키오는 2015년 2월 24일, 어빙 칸과 같은 날 세상을 떠났다. 키오는 첫 번째 책 《Behind the Berkshire Hathaway Curtain(버크셔 해서웨이의 커튼 뒤: 워런 버핏이 선택한 최고 경영자들에게 배우는 교훈)》을 쓰던 나를 격려해주었고, 이 책의 초판이 나왔을 때에는 공개적으로 지지를 보내주었다. 마지막으로 그의 애틀랜타 사무실을 방문한 것은 2013년이었다. 일과 관련한 내 고민을 참을성 있게 들어준 그는 젊은 시절 겪은 어려움을 들려주었다. 그에 비하면 내가 겪는 어려움은 대수롭지 않은 것이었다. 그는 사무실을 나서는 내 어깨를 두드리며 말했다. "원래 인생은 절대로 쉽지만은 않지. 그저 계속 헤엄쳐 앞으로 나아가게!" 그것이 키오와 나눈 마지막 순간이었다.

이 책의 구상 단계부터 인터뷰 진행까지, 그리고 영어판을 출간하고 스페인어, 일본어, 중국어, 태국어, 인도네시아어 등 수많은 언어로 번역되기까지 많은 사람에게 영감을 얻고 도움을 받았다. 구로다 게이고, 리치타 샤르마, 하나오카 히로시, 야마모토 미토시, 고바야시 고세이, 솜퐁 수완지트쿨, 솜폽 삭푼파놈, 길리안 아놀드, 데보라 리, 크리스토퍼 리, 데이비드 유, 트리스탄 완, 사무엘 우, 브라이언 리우, 윌리엄 창, 대런 위엔, 샤론 초우, 테렌스 슈, 에이미 페르난도, 에리카 헤블스웨이트, 마이크 풀, 닉 케이스, 바버라 리히터에게 감사한다.

이 책이 나올 수 있도록 전적으로 지지해준 존 와일리 앤드 선(John Wiley & Sons) 출판사에 감사한다. 초판을 함께한 닉 월워크, 줄스 야프, 젬마 로지 디아즈, 스테판 스킨과 개정판이 나오도록 힘써준 글래디스 가나던, 폴린 펙, 푸르비 파텔, 데비 라히니에게 감사한다.

마지막으로 가족의 한결같은 지지에 감사를 표한다. 2012년에 초판이 나왔을 때 나는 두 아이의 아버지였다. 이제는 딸 첼시, 웰즐리, 브라이튼과 아들 로널드 주니어, 이렇게 네 아이의 아버지가 되었다. 훌륭한 가정을 일궈온 아내 재신스에게는 영원한 빚을 졌다. 어머니 마일린, 돌아가신 아버지 얏산, 누이 부부 제이드와 존슨, 조카 제일린과 조엘에게도 감사한다. 아이들과 조카들이 언젠가 이 책을 읽고 분별력 있는 재정 관리와 투자에 도움을 받을 수 있기를 바라는 마음이다.

가치투자자의 탄생

초판 1쇄 | 2022년 6월 15일
2쇄 | 2022년 7월 15일

지은이 | 로널드 챈
옮긴이 | 김인정

펴낸곳 | 에프엔미디어
펴낸이 | 김기호
편집 | 김형렬, 양은희
기획관리 | 문성조
마케팅 | 박강희
디자인 | 채홍디자인

신고 | 2016년 1월 26일 제2018-000082호
주소 | 서울시 용산구 한강대로 295, 503호
전화 | 02-322-9792
팩스 | 0303-3445-3030
이메일 | fnmedia@fnmedia.co.kr
홈페이지 | http://www.fnmedia.co.kr
ISBN | 979-11-88754-62-5 (03320)
값 | 18,000원